新编大学生就业与创业指导

主　编　路长胜　肖东平　许　峰

副主编　范瑞生　魏海涛　王武元　李　荣

　　　　马晓龙　唐小勇　黄　笑　王建东

　　　　李　彤　何　松　秦焕明　胡芬芳

　　　　王蕴韵　丁力轩

主　审　曾昭海　赵一静　潘　浩　郭宇光

电子科技大学出版社

图书在版编目（CIP）数据

新编大学生就业与创业指导／路长胜，肖东平，许峰主编.
—成都：电子科技大学出版社，2013.5
ISBN 978-7-5647-1600-4

Ⅰ.①新⋯ Ⅱ.①路⋯ ②肖⋯ ③许⋯ Ⅲ.①大学生
—职业选择 Ⅳ.①G647.38

中国版本图书馆 CIP 数据核字（2013）第 086738 号

新编大学生就业与创业指导

主 编 路长胜 肖东平 许 峰

出 版：电子科技大学出版社（成都市一环路东一段 159 号电子信息产业大厦 邮编：610051）
策划编辑：谢应成
责任编辑：谢应成
主 页：www.uestcp.com.cn
电子邮箱：uestcp@uestcp.com.cn
发 行：新华书店经销
印 刷：北京市彩虹印刷有限责任公司印刷
成品尺寸：170mm×240mm 印张：15 字数：300 千字
版 次：2013 年 5 月第一版
印 次：2013 年 5 月第一次印刷
书 号：ISBN 978-7-5647-1600-4
定 价：32.00 元

职业活动将伴随我们每个人的大半生。人们通过从事一定的职业，在满足自己生存需要的同时，也可以从中展示自己的智慧和才华，发挥自己的潜力，实现人生理想和个人价值。因此，拥有成功的职业生涯才能实现美好的人生。

当今社会处于急剧变革的时代，到处充满着激烈的竞争，职业竞争更是"身先士卒"。要想在这场激烈的竞争中脱颖而出，立于不败之地，就必须针对自己的主客观条件进行测定、分析、总结；在此基础上对自己的兴趣、爱好、能力、特性等进行综合分析与权衡，进而结合时代特点、根据职业倾向，确定自己的最佳职业奋斗目标，并为实现这一目标做出行之有效的安排，也就是规划、设计并实施好自己的职业生涯。这样不仅可以帮助个人按照自己的独特条件找到一份合适的工作，达成与实现个人目标，而且也可以帮助个人真正了解自己，为自己定下职业大计，筹划未来，拟定一生的发展方向。

然而，当前不少应届大学毕业生并没有充分认识到职业生涯规划的意义与重要性，认为找到理想的工作靠的仅仅是学识、业绩、耐心、关系、口才等因素，职业生涯规划毫无意义，而且耽误时间。于是他们往往拿着简历与求职书到处乱跑，总幻想撞大运找到好工作……结果是浪费了大量的时间、精力与金钱，却依然高不成低不就。

实际上，磨刀不误砍柴工，有了清晰的认识与明确的目标之后，再把求职活动付诸实践，这样的效果要好得多，也更经济、更科学。大学生正处在个体能力迅速提高、职业兴趣趋于稳定的时期，并逐步形成了对未来职业生涯的预期；而完成了职业学习和职业准备，大学生毕业后则会走上初次就业岗位，正式开始职业生涯——这时大学生需要就自己的未来职业生涯做出关键性的决策。所以，大学期间可以说是个人职业生涯规划的黄金阶段，对大学生个人的未来职业走向和职业发展具有深远的影响。

因此，高等院校有必要全方位地、系统地开展并加强对毕业生的就业指导和职业生涯规划教育。从大一新生期开始就应对其进行职业生涯规划教育，帮助其逐渐了解本专业、了解职业体系、了解自我，最终确立自己职业发展的领域和途径。根据《国务院办公厅关于加强普通高等学校毕业生就业工作的通知》（国办发〔2009〕3 号）文件的精神，按照 2007 年教育部办公厅印发的《大学生职业发展与就业指导课程教学要求》，我们编撰了这本教材。

本书由路长胜（菏泽学院）、肖东平（湖北城市建设职业技术学院）、许峰（桂林山水职业学院）担任主编，范瑞生（河北女子职业技术学院）、魏海涛（永州职业技术学院）、王武元（陕西航天职工大学）、李荣（四川科技职业学院）、马晓龙（四川国际标榜职业学院）、唐小勇（重庆正大软件职业技术学院）、黄笑（广东省源天工程公司）、王建东（重庆正大软件职业技术学院）、李彤（陕西工商职业学院）、何松（河北司法警官职业学院）、秦焕明（潍坊工商职业学院）、胡芬芳（湖北青年职业技术学院）、王蕴韵（浙江旅游职业学院）、丁力轩（湖北城市建设职业技术学院）担任副主编，曾昭海（湖北城市建设职业技术学院）、赵一静（菏泽学院）、潘浩（亳州师范高等专科学校）、郭宇光（郑州交通职业学院）担任主审。

本书共分为十二章，其中第二章、第三章、第四章由菏泽学院的路长胜编写，从大学生综合素质培养、大学生就业形势分析、大学生就业程序与技巧、大学生职业选择、大学生就业单位类型、大学生职业适应、大学生权益保障、大学生创业准备、大学生创业项目选择、大学生创业企业建立、大学生创业管理、大学生创业风险控制方面切入，广泛、深入地论述了大学生职业生涯发展规划的各个要素，着力帮助大学生解决职业生涯规划中出现的关键问题。在编写过程中，我们力求兼顾科学性、实践性和系统性，努力做到理论联系实际，科学与时效并重，竭力为大学生有效地进行职业生涯规划做好铺垫和准备。本书在编写过程中，参考了相关的著作和最新成果，限于篇幅和体例，难以一一列举，在此，谨对原作者深表谢意！书中的错误和疏漏之处，恳请读者不吝指正！

本书是高等院校开设职业生涯发展规划课程的专门教材，也可作为其他择业人员的培训教材和自学参考书，同时对从事职业生涯规划教育的研究者也具有一定的参考价值。

编　者

contents 目 录

素 质 篇

就 业 篇

创 业 篇

素 质 篇

第一章 大学生综合素质培养

学习提示 ⅢⅢ▶

本章主要介绍大学生的职业素质、就业心理素质、创新素质、组织协调能力、沟通交流能力、团队合作能力等内涵特征和诸种能力素质培养的方法要求，帮助同学们加强对自身诸多能力素质培养的认识和锻炼。

当今时代，求职择业和自主创业已经成为大学生就业的重要途径，在这个艰难而曲折的从业过程中，汗水、泪水、痛苦、快乐和收获五味俱全，职业岗位和就业市场对从业人的能力素质要求也在日臻攀升。对高校的学子们来说，年轻是其最大、最宝贵的财富，但加强自身心理、职业、创新、沟通协调、团队合作等综合能力素质的锻炼培养，才是时代弄潮儿乘风破浪的个人资本。

第一节 大学生的心理素质培养

常言说：信心比黄金更重要！大学生的创业和就业是一个面对现实、承受压力、挑战自我的过程，具有乐观、积极、向上的心态在大学生的求职择业、自主创业过程中同样重要。心理准备已是一个大学生求职择业、自主创业过程中不容忽略的重要环节。

一、创业、就业过程中的心理矛盾及化解

现实实际表明，一些毕业生在求职择业、自主创业时往往因实际与自己的想法存在差异而产生一些心理矛盾和障碍，这也是经常碰到的事情。一般来说，创业、就业过程中常见的心理矛盾有以下几种。

1. 常见的心理矛盾表现

一是有远大理想，但时常不能正视现实。如许多大学毕业生都想成为企业

家、大经理、大老板和"大款"，但在求职择业或自主创业中尚未考虑自身的知识、能力、性格、爱好、气质等是否适合走"商业巨子"之路；或者未真正考虑所选择职业和单位是否有利于自己的发展，容易因理想与现实之间的差距而产生矛盾心理。二是注重人生价值的实现，但缺乏艰苦创业的心理准备。在就业、创业过程中，多数毕业生虽然也关注国家民族的前途，自愿根据自身的理想、专业实现其人生价值，但却过分地强调自我价值。三是有较强的自我意识，但缺乏把握自我的能力。如不少同学对自己的评价偏高，时常产生自我欣赏、自我陶醉的心态，择业时的期望值过高，缺乏承受挫折的心理准备；有的同学则自我评价过低，时常产生自卑自贱、自怨自艾的心态，择业时容易期望值过低，缺乏主动争取和利用机遇的心理准备；还有的同学常常处于上述两种情况之间，择业时往往目标与行为不稳定，而缺乏理智、冷静的心理准备。四是渴望竞争，但又缺乏竞争的勇气。在世界经济面向"大市场"的背景下，人力资源的市场化配置为毕业生的就业、创业提供了公开、平等的竞争环境。但是许多同学在社会为其提供的竞争机会面前则顾虑重重，表现出在工作和待遇上求稳的心理倾向，要么怕竞争失败丢了面子，要么怕竞争伤了和气，要么担心因不正之风干扰而竞争难以取胜等。

2. 常见的心理矛盾的化解

一是确立正确的求职创业目标，以避免产生不恰当的就业期望值。作为大学毕业生来说，确立求职创业目标是保持良好就业心态的第一步，也是关键的一步，需注意两个问题：首先是正确认识自我，认真客观地分析息的兴趣特长、性格气质、能力水平等，检查自己想干什么，能干什么，竞争力如何；其次是正确研判就业形势，如自己的专业和理想职业在社会上的需求量如何，竞争强调怎样？自己的理想职业与自己所学的专业是否相符？求职的目标岗位对求职者有何具体要求等。二是树立十足自信心，以避免消极情绪的产生。经过大学阶段的学习锻炼，同学们已经具备某项职业所要求的基本条件，但仍需要我们在就业过程中鼓足勇气，参与竞争，朝着既定的目标去努力；要多给自己积极的心理暗示，相信"天生我才必有用"。要搞好自身学业，发展特长，全面提高综合素质，去体验每一个进步和每一次成功带来的快乐。三是对就业创业的那份"爱"要越挫越勇、温故知新、知难而进，提高心理承受力，做个真正的强者。四是根据就业市场的需求与自身实际情况，及时调整就业期望值和自己的知识能力结构，加强应变能力培养，以提高其对社会和各类工作的适应能力。

二、创业、就业过程中的心理障碍及应对

心理障碍是大学毕业由于面临抉择、挑战、压力，而致使心理异常或行为

异常，创业或就业过程中常见的心理障碍及应对办法是：

1. 常见的心理障碍

一是迷惘心理。毕业生在求职择业、创业过程中，由于职业目标上理想和现实的反差，自我认知上自傲与自卑的并存，职业选择上独立性和依赖感的错位，于是使得部分同学在就业和创业中感到十分迷惘和困惑。二是焦虑心理。毕业生走出校门、走向社会、走向职业岗位是人生中的一次重大转折，面对纷繁复杂的社会环境和日益激烈的就业竞争，在各种选择和诱惑面前无所适从，成了每一个涉世未深、社会经验不足的青年学生最为困惑的难题。三是依赖心理。在就业过程中，一些同学缺乏主动参与意识和竞争意识，信心和勇气不足，不能主动地参与就业市场的竞争，而是寄希望于学校和地方政府，寄希望于家庭，使自己的主动就业始终处于被动地位。四是自傲心理。在择业过程中，有的同学受陈旧观念影响，以"天之骄子"自居，对自己的劣势和困难估计不足，不能摆正位置，不是好高骛远、眼高手低，就是盲目乐观、脱离实际。五是自卑心理。在择业过程中，一些同学过低估计自己的知识和能力水平，或因某些不足而缺乏自信、悲观失望，或因对已评价过于保守，一到笔试或口试现场就心理发憷、精神紧张、举止拘谨，从而坐失良机。六是挫折心理。当代大学生由于一直囿于校园，生活经历比较简单，未曾经历过挫折和严峻考验，于是致使一些同学心理承受能力和自我调节能力不强，一旦受到挫折就感到失落、悲观失望、自惭形秽，或者怀才不遇、固执狭隘等。

2. 常见的心理障碍的消除

应对毕业生就业创业过程心理障碍的方法很多，最常用的有以下几种：一是自我反省法。自我反省就是在面对矛盾和冲突时理性地进行自我反思、自我认知、自我定位，既要客观地分析就业创业环境，把面临的情况搞清楚，也要思考自我、找到自己的准确位置，不要因为招聘失败的事发生在你身上就感到自卑自弃。二是自我转化法。职场的失意是痛苦的，长期伴随这种不良情绪更是损害身心的。可采用参加体育活动、看电影、听音乐、读书学习、聊天写作、漫步郊游等转移注意力的办法，把自己的情感和精力转移到自己感兴趣和自信的其他活动中去。三是松弛练习法。心理和躯体放松训练可以帮助人们减轻或消除各种不良的身心反应，如焦虑、恐惧、心理冲突、入眠困难、血压升高、头痛等症状，毕业生遇到心理压力时，可在专业人员的指导下做一些放松练习。四是心理测验法。毕业生可在专业人员指导下，进行智力、人格、神经心理、能力测验等，了解自己的心理特点和问题，决定自己的职业选择或调整自己的情绪，使之达到良好的状态。五是专家咨询法。沮丧和焦虑是因心理堵塞的结果，出现心理矛盾（特别是较大的心理负担）之后，往往内心冲突激烈、自我调节难以奏效，此时及时寻求外来力量的帮助就显得非常重要。择业或创业产生心理矛盾时，可寻求心理专家帮助及时消除因择业挫折带来的焦虑、烦恼、抑郁等不良情绪，调整自己心态，以积极、主动、正确的心态面对就业和创业。

第二节　大学生的职业素质培养

职业素质是劳动者对社会职业了解与适应能力的一种综合体现，主要表现在职业兴趣、职业能力、职业个性及职业情绪等方面，它与从业人的"就业能力"（一个人综合素质与多种能力的组合，即专业技能、通用技能、个人素质等）紧密相连的，在大学生的职业生涯中也是举足轻重的。

一、大学生应该具备的职业素质

求职择业就像是"相亲"，一方面求职者根据社会需要、个人意愿、能力、个性特征，选择适合自己发展的职业和工作岗位；另一方面，职业和工作岗位也对求职者进行选择，不同职业和岗位对求职者的知识、能力、性格等心理品质有不同要求，只有"两相情悦"，才能"喜结良缘"。是否具备良好的职业素质是知识经济时代个人、企业、国家在激烈的竞争环境中成败的关键。

1. 时代及社会对职业人提出的素质要求

美国提供了一份《成功人士共同特点》的材料：美国一位专家向 1000 名美国成功的人物访问调查，结果发现凡是能登峰造极的人，通常具有十二个共同特点：一是成功的人热爱他们的工作；二是他们有积极的态度与十足的信心；三是他们善于利用反面经验培养实力；四是他们是果断的、训练有素的目标制订者；五是他们有完整的人格，愿意帮助他人成功；六是他们有坚忍不拔的毅力；七是他们有冒险精神；八是他们已经培养了良好的沟通与解决问题的技巧；九是他们团结着一批负责、能干和有支持力的人；十是他们有健康的身体、充沛的精力，并能安排时间重振精神；十一是他们认为信念是一种更强大的力量。他们并不因自己的成功而不可一世；十二是他们有目标感与社会的奉献感。美国"全国大学与雇主协会"的调查也显示，美国雇主们最为重视的技能和个人品质按顺序排列如下：①沟通能力；②积极主动能力；③团队合作精神；④领导能力；⑤学习成绩；⑥人际交往能力；⑦灵活性；⑧适应能力；⑨专业技术；⑩诚实正直；⑪工作道德；⑫分析问题能力；⑬解决问题能力等。由此表明，求职者能否顺利就业或创业并取得成就，在很大程度上取决于其职业素质，职业素质越高的人，获得成功的机会就会越多。

　　大学毕业要想在就业中掌握主动权，就必须明确职业岗位素质的要求，积极主动地培养自己和塑造自己。以下是近年来，用人单位在招聘大学生中所看重的一些职业素质条件（按百分比计算）：综合能力占 70.18%，潜力占 42.94%，品德占 30.42%，专业技能占 26.44%，专业成绩占 10.54%，社会经历占 6.16%，学历占 5.37%，学校名气占 5.77%，性别占 1.19%，生源占 0.60%。随着社会分工的不断细化，职业对人的素质要求提出了更为严峻的挑战，不同职业对从业人员职业素质的要求除了必备的共同条件外，往往对其的职业道德、科学文化、专业能力、观念、业务、身心等素质，还有本职业的一些特殊要求。例如，在北京国际展览馆的一次人才交流会上，在某外贸公司的招聘现场，招聘人员是一名外方主管和一位中国女秘书。一名男求职者递上自己的资料，女秘书问道："你的英语水平如何？"求职者指着他的六级证书，用汉语回答："我通过了英语国家级考试。"一旁的外方主管看了一眼证书，一副不屑一顾的样子，用英语很快地向他提了个问题，意思与秘书小姐问的一样。但求职者也许是没有听懂对方的英文，也许是太紧张，没有作答。外方主管双肩一耸，两手一摊，秘书小姐随即说："对不起，先生！"这位应聘者就这样被拒之门外。所以了解社会对从业人的职业素质要求，明确自己的职业能力倾向，既有助于大学毕业生找到适合自己能力倾向的工作，也有助于其个人潜能的发挥和职业成功。

　　2. 大学生应该掌握的主要职业能力

　　职业能力是指一个人胜任某种特定职业的程度，包括专业能力、方法能力和社会能力等，作为一位当代大学生在毕业后，要想找到一份如愿的工作和职业，应该掌握哪些主要职业能力呢？

　　（1）实践操作能力。实践操作能力是人们知识转化为物质力量的凭借，是专业工作者必须具备的一种能力。在现实生活中，尤其是教学、科研、生产第一线，大学生实践操作能力的强弱，将直接影响到其作用的发挥。光有知识，没有能力，等于白搭，那叫"书呆子"。一个大学生只有在实践操作上有过硬的本领和真才实学，才能得到用人单位的认可，才会受到用人单位的青睐。

　　（2）自我决策能力。自我决策能力是一个人能否独立思考、果断处事和独立完成某项工作的能力。对于即将毕业走向社会的大学生来说，面临求职择业时，别人的意见和忠告各种各样，但最终要靠自己决定，这就是对自我决策能力的一次检验。在未来的工作中，每一件事情、每一个问题必须靠自己迅速做出决定，及时予以处理。因此，具有良好的自我决策能力，对大学生的就业是十分重要的。

　　（3）适应社会能力。适应社会和改造社会是对立统一的两个方面。现实生活常常有不尽如人意之处，五彩缤纷的现实生活使刚刚步入社会的大学毕业生眼花缭乱，产生不安、不满的情绪，很不适应。因此说，适应社会是为了担当社会赋予我们的职责和使命。大学生只有具备较强的社会适应能力，走向社会后才能缩短自己的适应期，才能充分发挥自己的聪明才智。

（4）表达能力。表达能力是指运用语言阐明自己的观点、意见或抒发感情的能力，主要包括：口头表达能力和书面表达能力。一个人要想让别人了解你、重视你，更好地发挥你自己的才能，其前提就是要有表现自己的能力。要准确表现自己，就离不开出色的表达能力。比如要撰写求职信、自荐信和个人材料，回答招聘人员的提问，接受用人单位的面试等，每一个环节都需要较强的表达能力。

（5）社交能力。社交能力，实际上就是与他人相处的能力。大学生步入社会后，能否正确、有效地处理和协调好工作生活中人与人的各种关系，不仅影响一个人对环境的适应状况，而且影响着他的工作效能、心理健康和事业的成就。因此，大学生自觉地培养良好的社交能力非常重要。

（6）组织管理能力。现代社会职业表明，不仅领导干部、管理人员应当具备组织管理能力，其他专业人员也应当具备。随着时代的发展，纯"书生型"的人才已不能适应社会需求。近年来，许多用人单位在挑选录用大学毕业生时，在同等条件下，往往会优先考虑那些曾担任学生干部，具有一定组织管理能力的毕业生，这正反映了时代的客观要求。此外，大学毕业生如能掌握一技之长，诸如文艺、球类、驾驶等，就更能增加顺利就业的砝码。

二、如何培养大学生的职业素质

大学生职业素质培养的内容涉及面很广，方法途径也比较多，要提炼出一个具有代表性的语言并非易事。职业素质是大学生又好又快发展的基础，只有把职业素质培养贯穿于学生学习生活的全过程，才有可能让大学生身心健康、明荣知耻、坚持原则、遵纪守法、诚信为先、高效工作、团结合作、顾全大局、勤奋钻研、言行有责、与时俱进，其主要途径如下。

1. 通过职业生涯规划培养其职业素质

职业生涯规划的目的是围绕个人的人生目标，明确人生阶段的任务，有计划、有步骤地去完成，最终实现自己的人生目标。从高职生入学开始，就要抓住时机进行职业理想和职业规划教育，让学生明白专业培养目标，了解专业发展方向，使学生逐步树立正确的职业理想。

2. 通过"两课"教学培养职业素养

为适应高职培养目标，两课教学的内容、方法在不断改革，组织学生学习职业道德规范的基本要求，了解职业道德的特点、意义和内容，掌握加强自我道德修养的方法和途径，让学生树立劳动光荣、诚实守信、团结合作、爱岗敬业服务奉献、艰苦奋斗、开拓进取等观念。

3. 通过技能训练和资格证书考试培养其职业素质

技能训练的各项要求无疑是在培养学生的职业素养。职业资格证书已经成为职业准入的标准，它反映了劳动者的职业素养。内容全面、训练科学且具有权威性的职业资格证书考试，必将提升学生的职业素养。聘用越来越多的企业优秀人才为学生上课，给学生树立了学习的榜样，同样有利于职业素养的培养。

4. 通过社会实践和第二课堂活动培养其职业素质

高职生的职业素养培养要渗透到学生学习生活的各个方面。积极开展大学生社会实践三下乡活动，开展向雷锋、李素丽、邓建军、洪战辉等先进人物事迹学习活动，举办体育竞赛、演讲比赛、技能展示、科技制作、知识竞赛，报告讲座等，让职业素养培养无处不在。

5. 通过就业和创业教育培养其职业素质

就业和创业教育就是要大学生在选择职业时根据就业形势和自身条件进行全面权衡，在科学的职业理想指导下树立正确的就业观念，形成正确地职业态度。通过教育，使大学生明白人生价值主要是通过自己的本职工作来体现，要尊重自己的工作，全身心投入工作，脚踏实地、一点一滴地积累，只有这样不断提升职业素养，才能迈向更高的目标。

第三节　大学生的创新素质培养

创新是科学精神的一个方面，是新知与新行的统一。新知即创新性思维，想前人所未想、想他人所不敢想的事；新行即进行创新实践活动，做前人所未做、做他人所不敢做的事。创新就是创造新事物。创新精神以敢于摒弃旧事物、旧思想，创立新事物、新思想为特征，同时又以遵循客观规律为前提。只有当创新精神符合客观需要和客观规律时，才能顺利地转化为创新成果，成为促进自然和社会发展的动力。创新精神提倡独特的思考，同时又受一定的道德观、价值观、审美观的制约。说自己的话，走自己的路；追求新颖、独特，异想天开，与众不同；不僵化、呆板，灵活地运用已有知识和能力解决问题……这些都是创新精神的具体表现。就个人素质而言，创新素质主要包括创新意识、创新思维、创新知识、创新能力与创新人格。

一、当代大学生创新素质现状及原因

某研究单位的一个课题组对几所高校大学生创新素质开展了调研活动，从调研报告表明，当今大学生的创新素质有喜有忧，主要表现及生成原因有以下方面：

1. 大学生创新素质的现状

（1）具有创新意识，但不善于利用和创造条件。当今大学生普遍具有创新动机，对创新有一定程度的认识，希望在学习中产生新思想与新理论，积极寻找新的学习方法。但是，由于学校创造性学习条件的局限及学生自身不善于创设和利用学校现有的条件，他们普遍存在着缺乏向知识经验丰富的教师或同学请教的勇气，往往不能把握本学科最新的发展动态和相关学科知识的横向关系，由此限制了学生创新能力的进一步发展。

（2）思维相当敏捷，但缺乏创新性思维的方式。随着知识和经验的积累，大学生的想象力逐渐丰富，其思维能力、尤其是逻辑推理思维能力有了很大程度的发展，思维相当敏捷。然而，由于他们的知识面宽度不够，知识的吸收是独立的、互不相关的，因而出现了"见树不见森林"的现象。他们机械地、片面地看待各科知识的结构，对知识缺乏必要的合理整合，致使他们的思维方式往往是直线式的，思考问题也缺乏灵活性、全面性和深层次。他们处理问题的方式方法也千篇一律、没有太多的新意和突破，最明显的是他们的发言、作业、试卷、论文缺乏新意。

（3）有创新的灵感，但缺少必备的创新技能。大学生经过不断的脑力劳动，其大脑皮层已产生某些暂时性的神经联系。在特定因素的诱发和引领下，这些神经联系会彼此刺激、产生灵感。然而，其灵感往往是短暂的、昙花一现。此时若有较强的创新技能，就会使灵感成为现实。创新技能是指创新主体的动作能力，包括新信息加工能力、动手操作能力、掌握和运用创新技法能力、创新成果表达能力及物化能力。由于长期受应试教育的影响，我们学生的应试能力较国外学生具有很大的优势，但在动手能力与运用创新技能方面却远远弱于外国学生。

（4）有创新的兴趣与热情，但缺乏毅力。创新过程并不仅仅是纯粹的智力活动过程，还需要以创新情感为动力，在智力和创新情感的共同作用下获得综合效应的能量。调查显示，大学生在兴趣的深度、广度、稳定性及效能上都有相当的发展，但还有待于进一步提高，这需要具有坚强的毅力。毅力是人类自觉确定目标，根据目标来支配、调节自己的行动，克服各种困难，实现自己目标的心理过程。它是能动性和个体积极性的集中体现。大学生能够意识到毅力在创新活动中的重要性但缺乏毅力，在实际工作中往往是虎头蛇尾、见异思迁、甚至放弃追求。

2. 大学生创新素质不足的原因

分析上述现状可以发现，造成目前大学生创新素质不足的主要原因有以下两个方面：

（1）思维标准化。思维标准化对学生的独立思考有以下三种破坏作用：①功能固着。功能固着指的是学生将某种对象的功能或用途看成是固有不变的。比如在学习当中，功能固着突出表现为"一题一解"、"一问一答"的思维惯性，缺乏"一题多解"、"一问多答"的思维灵活性。②权威迷信。权威迷信指的是学生绝对相信所学过的知识、全无批判意识，它导致思想的僵化和禁锢。北京市一项对 1200 人的调查显示，如果教师在课堂上出现了错误，敢于当堂纠正老师错误的学生只有 5.5％。这严重地压抑了学生的问题意识，阻碍了学生创新能力的发展。③思维惰性。思维惰性是标准化思维的另一后果，它使得学生不愿也不善于对学习内容作深入的思考。通常是教师考的就学、不考的就不学。这种功利性的教学对创新的阻滞非常明显。它不但养就了学生的思维惰性，也奴化了学生的人格。

（2）知识无活力化。知识无活力化指学生所学的知识很少或不能在实践中加以运用。①见树不见森林。知识无活力化的一个后果是使学生缺乏综合联想能力，所有的知识吸收都是独立而互不相关的。这导致了知识吸收的"见树不见林"现象，它使得学生机械、片面地看待各科知识的结构，不善于相互联系、融会贯通。它还使得学生对自己专业以外的知识持敌对的态度，对跨专业的理论设想嗤之以鼻。②学不致用。知识无活力化的另一后果是使学生对所学知识无法学以致用。知识是死的、寥无活力，也毫无用途。这不仅会使学生很快淡忘自己所学过的知识，也会使他疏于学用结合的练习，进而增强了思维的惰性。

二、大学生的创新思维培养

1. 培养大学生创新思维的积极意义

创新思维（也称为创造性思维）是指在创造性活动中或需要创造性解决的情境中表现出的思维能力。这是人类未知领域的一种思维能力，亦是每个人都有可能发展的一种思维。现实社会的激烈竞争决定了创新思维的重要性，因此积极培养大学生的创新思维具有重大的现实和长远意义。

（1）利于大学生自身能力的完善和社会价值的实现。创新思维的开发，可以激发个人自身潜能，增加我们发现问题，解决问题的手段，实现自我能力的完善。此外，社会价值是人类的根本价值，而个人社会价值的实现应当具备敏锐的创新思维。只有具备敏锐的创新思维，你才能按照自己的意愿开拓，塑造自己心目中的世界，实现自我的社会价值。

（2）利于科技的发展和原创竞争力的增强。如果学习只在模仿，那么我们就不会有科学，大凡实际接触过科学研究的人都知道，不肯超越事实的人很少会有成就。因此，在科学上，每一条道路都应该走一走。成功固然好，但如果发现一条走不通的道路也是对科学的一大贡献。大学生作为将来科研力量的核心，培养其创新思维对科技发展的积极意义可见一斑。现实中，中国留学生成绩往往比一起学习的美国学生好，然而若干年后，科研成果却少得多，为什么呢？原因在于美国学生思维活跃，创造精神强。正因如此我国原创技术之少，原创竞争力之单薄，着实令人担忧。要改变这一现状只有创新。科技需要创新，只有创新才能打破传统的束缚，才能发展科学。竞争也一样，其优势的秘密是创新，这在现在比历史上任何时候都更是如此。

（3）利于经济的发展、社会的稳定、文化的繁荣。大学生要作为社会主义事业的合格建设者和可靠接班人，开发其创新思维是极有意义的。敏锐的创新思维有利于我们更好地把握经济规律，实现经济理论的创新，促进经济的飞跃进而促进社会的稳定和发展。此外，中华之明作为人类历史上唯一源远流长且从未中止过的文明。大学生作为及其重要继承者，具有创新思维，更能提高我国文化的质量，最终实现中华文明之伟大复兴。

2. 大学生创新思维能力的培养

（1）突出一个"多"字，训练创新思维的广度。训练创新思维的广度，主要是训练思路的广延，横向扩散。在教学中，要善于引导学生全面的考察问题，从事物多种多样的联系中去认识事物。一是从渠道——改写，不拘泥于原题的客观顺序，从不同的渠道重组改写。这样唤起了学生广泛性思维，对已学知识进行反馈，又能为后面学习铺垫，更重要的是训练了学生思维的广度。二是多方向——思考，根据思维材料的不同内容，针对具体问题的具体特征，在确定思考方向时，"八仙过海，各显神通"。三是多侧面——联想，根据知识的网状结构，围绕同一个问题，从不同的侧面展开联想，探求多种多样的正确答案。

（2）体现一个"变"字，训练创新思维的深度。训练创新思维的深度，主要是纵向的发散思维，向深处发展。在教学中注意培养学生能够洞察客观条件的发展与变化，不受习惯定式的局限，自我调节思维方向，步入解题的捷径。一是变条件——转化，根据知识的联系，引导学生善于把问题的关键条件进行转化，通过转化，可以收到化难为易和举一反三的效果。二是变问题——延伸，根据知识内在联系，变化问题，综合发散，逐步引申发展，扩展知识的应用范围，加深对知识的理解，拓展思维的深度。三是变思路——转向，在探究某个问题时，一旦思维受阻，可及时改道转向，寻求解决问题的捷径。

（3）落实一个"新"字，训练创新思维的力度。训练创新思维的力度，是训练摆脱习惯性思维的束缚，进入创新的意境。在教学中，注意引导学生迅速地从发散转向集中思维，抓住事物的本质，运用新观点、新办法，提出与众不同的新见解。一是新途径——探索，不受固有模式的制约，打破教材例题的局限，探究问题的结构特征，寻求异于常规的探索途径。例如，推导出梯形的面积计算公式，学生在思考之后，在教材图解的基础上，通过动手剪拼，寻找新思路，将一个梯形进行割补后再推导。二是新角度——概括，周密考察客观事物的实质，独辟探索的蹊径，从新的角度概括出新的结论。三是新办法——求解，不满足循规蹈矩的思考方式，敢于跳出条条框框，寻求解决问题的新办法。

3. 培养大学生良好的思维习惯

（1）注意质疑提问习惯的培养。教师要大胆鼓励学生质疑，不要怕丢面子。人民教育家陶行知说："发明千千万，起点一个问。"质疑提问是创新的开始，而好奇、质疑正是学生的天性。例如，教学"乘法估算"时，例题 $21×48$ 可以看作 $20×50$ 进行估算，一位学生质疑提问："48 看作 50 后，$21×50$ 也可以口算，为什么一定要两个数都看作整十数呢？"问题的提出，引起学生争论，最后在质疑提问中得出了估算根据需要只要方法合理、方便都行。课堂中让学生质疑提问，既满足了学生的好奇心与求知欲，又使学生在宽松愉悦的课堂氛围中养成了质疑、敢问的习惯，学生创新意识的萌芽得到了保护，并逐步培养了会问、善问的思维品质。

在当今的信息社会，知识更新的速度大大加快。要在海量般的信息中获取有用的知识，教师必须培养学生具有良好的判断能力和批判精神。老师应当鼓励学生在学习和继承人类创造出来的优秀文明成果的基础上，勇于突破成规，勇于对现有知识质疑，挑战旧的学术体系，在发现和创新知识方面敢于独辟蹊径。要打破"听话的孩子就是好孩子"的观念，倡导勤思、善问的良好学风。老师要以一颗平常心对待学生的质疑，不要怕被学生问倒。我国著名特级教师宁鸿彬老师就对他的学生提出了"三个欢迎"和"三个允许"，即欢迎质疑，欢迎争辩，欢迎发表意见；允许出错，允许改正，允许保留意见。这些民主的教学思想为学生创新精神的培养创造了积极的条件。

（2）注重手脑结合，实践习惯的培养。实践是创新活动中必不可少的一个过程。在课堂教学过程中，培养学生手脑结合，注重实践的习惯不仅可以让学生主动参与知识的形成过程，了解知识的来龙去脉，还能促进学生思维的发展，有助于激发学生创新意识。例如：在讲解"分数的初步认识"这一节时，让学生通过联系生活中分东西的实际，对分数有一个初步的认识。并且通过动手操作：一张长方形纸的面积，圆形纸片的面积等，使动手和动脑结合起来，有很多同学就可以总结出几分之几的含义，并能说出关键"平均分"。

（3）注意多角度思考习惯的培养。多角度思考问题的习惯有利于培养和发展学生的求异思维、发散思维、逆向思维等进行创新活动所必需的思维形式。对数学而言，题目的答案可以是唯一的，而解题途径却不是唯一的。课堂上有了一种解法后，还要求两个、三个直至更多，甚至能从不同侧面来探讨和否定已有的答案，使学生善于打破思维定式，提高思维的灵活性。在轻松愉快的氛围中，学生的思维得到了很好的锻炼，体会到了数学的魅力。

三、大学生创新能力的培养

创新能力是指人们产生新认识、新思想和创造新事物的能力，它涉及一个人的多种能力，如认识能力、观察能力、记忆能力、判断能力、分析能力、想象能力、实验能力、自学能力、吸收知识能力、吸收信息能力等。创新能力是检验大学生是否成才的关键指标：在大学时代努力培养自己的创新能力是大学生增强个人竞争力的重要方面。哈佛大学校长普西认为："一个人是否具有创造力，是一流人才和三流人才的分水岭。"成才是青年发展需求中最本质和最重要的需求。青年要成才，就要不断加强各方面的学习，学习各种有用的知识，培养各种能力，而其中最关键的是学习各种新知识，以求知识常新，培养创新能力，以求成为一流人才。

1. 大学生的创新能力现状分析

从前面的一些范例中可见，大学生应该是最具有创新潜能的。只要采取适当的方式方法，创新能力是可以大幅度提高的。目前，我国大学生，特别是一般普通高校的大学生，创新能力普遍较低。如不培养创新能力，创新潜能很可能萎缩，以至消失。大学生创新能力不足主要表现在以下几个方面：

（1）缺乏创新的兴趣。现在，大学生的兴趣往往随着时间、环境、心情而经常变化，缺乏深度和广度。

（2）缺乏创新观念和创新欲望。许多大学生虽然不满足于现状，但往往只会牢骚满腹，唉声叹气，缺乏行动。

（3）缺乏创新的毅力。虽然有些大学生认识到毅力在创新活动中的重要性，但在实际的学习和工作中，往往虎头蛇尾，见异思迁，最终放弃追求。

（4）缺乏创新所需要的观察力。在观察的速度和广度、观察的整体性和概括性、观察的敏锐性和深刻性、观察的计划性和灵活性等方面，大学生普遍都存在着不足。

（5）缺乏创新性思维能力。有些大学生想创新，但不知道如何去创新。他们在直觉思维能力、逻辑思维能力、联想思维能力、发散思维能力、逆向思维能力等方面都还比较稚嫩，需要加强培养和锻炼。

2. 大学生创新素质培养的基本途径

培养大学生的创新素质不能只挂在嘴上，而要落实在高校的各门课程、各项专业、各项活动的教育中，归纳起来需要做好以下几方面的方法和途径：

（1）树立创新教育的理念。创新教育是全面素质教育的具体化和深入化，是以加强学生的创新精神、创新能力、创新人格的培养为基本价值取向的教育。作为培养创新人才重要基地的高校，教师应转变教育理念中那些不利于创新人才培养的价值观、质量观、人才观，要以树立创新教育观念为先导，加强学生的创新精神和实践能力培养为重点，培养创新人才为核心目标，改变过去传授知识为主的教育模式，构建新型教育体系，将创新教育贯穿于人才培养全过程，落实到每个教学环节。为此，教师在教育理念上要实现三个转变：一是从传授知识为主转向培养学生会学习和创造为主的教育方式；二是从以教师为中心转变为以学生为中心，在教学中要充分发挥学生的主体地位与作用，使学生积极主动地参与教学，培养其创新心理素质；三是教师必须具有创新思想和创新意识。

（2）改变教育教学方法。要把过去"授业"为主的教学方法转变为启发式和讨论式的教学方法，激发学生进行独立思考，培养学生的科学精神和创新思维习惯。必须采取切实有效的措施，把培养学生的创新意识放在首位。要积极创造条件，让学生积极参与教学过程，使学生从被动学习变为主动学习，使其思维活跃、敏捷、善于动脑筋，能够解决各种问题。高等院校要根据创新人才的需要和提高学生创新思维的需求，开设一系列专门课程。通过创造技法、智力与创新能力的训练，培养学生的创新意识。

（3）营造创新教育的氛围。我们要积极营造创新教育的氛围，培养学生的创新意识。教育工作应该从单纯的教育、管理向引导、咨询、服务转变，从垂直、直线的管理体制向复杂的网络化方向发展。要加强校园文化建设，着力构建一种适合大学生成才的校园文化环境和学术氛围，调动学生的积极性和主动性。要通过各种社团活动，让学生在活动中长见识、增才干，培养创新精神。

（4）尊重学生的首创精神。大学生在参加活动的过程中，由于知识和能力的局限性，难免出现幼稚之举，甚至可笑之处，这是正常的。在培养学生创新能力过程中，应当充分尊重学生的首创精神，尊重并鼓励学生的创新意识，使学生在良好的学术氛围中大胆交流，共同提高。

第四节　大学生的互动能力培养

现代组织和群体是讲究团队精神的组织和群体，是相互依赖而生存发展的组织和群体，组织和群体中每个人都离不开他人的支持与帮助。美国贝尔实验室经调查发现，人际关系好的科研人员硕果累累，人际关系差的科研人员成果较少。计划组织协调、人际关系沟通、团队合作等互动能力，是职业人在职业生涯中不可缺少的。

一、大学生组织协调能力的培养

计划组织协调是大学毕业的求职择业中必不可少的一种职业能力，它不仅反映求职者互动职业能力，同时也影响着从业者往后事业的成败。

1. 计划组织协调能力及测试

（1）基本含义：所谓计划组织协调能力就是指为完成一定的工作任务而具有的预先系统地安排工作的素质以及过程中合理调配各种资源的素质。它包含计划能力、组织能力、协调能力三方面的内容。计划是参照，组织是执行，协调是方法，三种能力对于一项工作或任务来说，缺一不可，互为条件。切实可行的计划、严密的组织实施、科学的工作方法，三者相一致才能使工作顺利高效地完成。计划组织协调能力是领导者必备的基本素质之一。对于领导者来说，面对的工作错综复杂，必须要有明确的目标、要统筹兼顾、协调各方、要合理安排各种资源，协调各方关系，才能把工作做好。因而，在公务员结构化面试中，该项能力往往是必考的项目，几乎各地区各行业均会设题进行考核。

（2）主要测试内容：①依据工作目标，预见未来的要求、机会和不利因素，并做出计划；②计划切实可行，具有操作性；③按计划执行的能力，执行过程中的变通能力；④组织实施的严密性、条理性、有条不紊、主次分明；⑤合理调配、安置人、财、物等有关资源，做到人尽其才、物为其用、财尽其力；⑥善于总结提高，把感性认识上升到理性认识，更好地开展工作。

2. 大学生计划组织协调能力的培养

不是每一件事情都要作计划。在实际工作中，有一些题是让你直接组织的，并不是要按部就班地作计划，而是需要直接去做，如单位里正在搞一次活动，负责这件事的人突然有事不能继续负责了，领导让你去接手，你该怎么做？俗话说："凡事预则立，不预则废"，又说"计划不如变化快"，讲的就是一个计划组织协调能力，没有完善的计划，没有较好的组织协调，任何工作都不会做好。组织协调能力是指根据工作任务，对资源进行分配，同时控制，激励和协调群体活动过程，使之相互融合，从而实现组织目标的能力。一般任务组织协调能力包括：组织能力；授权能力；冲突组织能力；激励下属能力。组织协调能力是必需的，而且是能否顺利开展工作的前提条件。只有具备较强的组织协调能力，才能有效地安排各项工作，使每个下级都承担相应的工作。组织能力对领导者来说是至关重要的，同样协调能力是必不可少的。

（1）组织能力的培养。组织能力是指组织人们去完成组织目标的能力，它是领导者成功有效地完成心理特征。良好的组织能力是公务员完成工作的保证。组织能力可以通过以下途径进行培养：①培养坚强的意志，不被困难吓倒，不让失败和挫折压垮；②明确追求目的，目标明确，才能增强一个人的自信，并积极排除干扰和克服困难；③提高知觉能力。这是提高人的观察能力，获取信息和加工信息的主要通道；④积累丰富经验。经验可有效地引导人们处理好日常工作，并提高人的决策判断能力；⑤提高记忆能力。记忆力是提高领导者及管理时提取必要的信息；⑥勇挑工作重担。重要的工作经验及疑难问题的处理可以锻炼、检验人的组织才能；⑦提高交际及沟通技巧。这可以帮助一个人协调好各种人际关系，发挥团体组织能力的作用，调动员工的积极性，形成良好的群众基础和干群关系；⑧养成良好的工作习惯。良好的工作习惯可以提高工作效率，节省时间，分清主次；⑨培养广泛的兴趣。广泛的兴趣可以扩大知识面，提高综合能力和统揽全局的能力；⑩克服保守思想和惰性心理。可以增强人的活力，培养创新能力；⑪学会宽容。宽容是获得友谊和支持，营造良好人际关系及工作环境的保障；⑫充分信任下属能做好工作。让下属自己开展工作，由他们自己决定是否需要接受你的帮助和指导。

（2）解决冲突的能力培养。冲突产生的原因通常是人们对于同一个问题，往往有着不同的看法，以及人们在未实现自己的目标而奋斗时，往往会触犯他人的利益。在日常生活中，许多冲突都是可以避免的，然而怎样才能避免工作中的冲突呢？其方法是：①承认人们的价值观和需求期望以及对问题的看法往往存在差异；②对他人和自己都要诚实；③抽出足够的时间和精力与你常打交道的人多进行交流，更好地了解他们的价值观和信仰等；④不要以为你总是对的，要以为自己有时也会不对；⑤不要对不同意自己看法的人怀恨在心；⑥耐心倾听别人的谈话；⑦为人们表达某个看法和意见提高适当的渠道。

如果某种冲突的发生没能避免，那就要采取积极地建设性的措施来处理这些冲突。成功的处理方法必须建立在对工作冲突正确而充分的了解基础之上，其方法有：一是否认或隐瞒。这种方法是通过"否认"工作冲突的存在来处理冲突，当冲突不太严重或者冲突属于暴露前"平静期"时候采用这种方法比较见效；二是压制或缓解。掩盖矛盾，使组织重新恢复"和谐"。同样，这种方法也是在冲突不太严重或者冲突双方都能保持克制时候才能取得满意效果；三是支配式处理方式。这种方法是冲突中的某一方利用自身的地位和权威来解决矛盾，冲突的旁观者也可利用自身的权威和影响，采用类似的方法来调节冲突双方的矛盾。这种方法只有当凭借的"权威"确实有影响力或者冲突双方都同意这种方法时才能取得满意效果；四是妥协。这种方法要求冲突双方为达到和解目的都必须做出一定的让步。使用这种方法的前提是冲突双方都必须有足够的退让余地；五是合作。当承认人与人之间确实存在许多差别的事实之后往往就可以通过和解的方式来处理冲突。通过这种方式处理冲突，冲突双方都会感到他们是受益者。不过要使这种方法行之有效，一方面要有足够的时间保证，另一方面还必须让员工信任这种方式，而且冲突双方都必须具有较高的素质。

（3）激励下属的能力培养。著名管理者马斯洛把人们的需求分为五个层次：生理需求、安全需求、社交需求与接纳需求等。部下的积极性一般都是由领导者激励功能的发挥和个体需要得到满足等因素产生的。通常情况下，部下的积极性包括：接受和执行组织及团体目标的自觉程度；为实现组织及团体目标的热情；在为实现组织及团体目标的过程中所产生的效率、聪明才智和责任心等。因此，优秀的领导及管理者都善于将团体目标和个人目标统一起来，将团体目标和实现满足员工的需要统一起来，提高部下对团体目标的感受性，让部下充分体验团体目标中包含个人利益。只有将这两者统一起来，部下才能产生积极性。究竟怎样才能调动部下的积极性呢？一是高度信任。领导者对部下信任，部下才能与领导真心相处；管理者对部下放心，部下才不会有戒心。因此，领导者一定要善于利用部下对自己的信任来换取尊重，既正确看到部下的能力和水平，又勇于把担子交给部下，且适当放权。二是诚心尊重。诚心尊重部下，使部下体验到人格价值所在，这是调动起积极性重要的一环。管理者要做到诚心尊重部下，决策前虚心听取部下意见，对部下工作不轻易干预。三是主动关心。主动关心部下是领导者的责任，也是领导艺术的具体体现，既要关心部下的学习，又要关心部下的思想，还要关心部下的工作生活。四是用其所长。作为领导必须克服私心杂念，看到部下的长处，努力创造条件，使其发挥自己的才能。

二、大学生人际沟通能力的培养

在人类的交流过程中，人际沟通一直占据着很重要的位置。通过人际沟通交流，我们可以充分获取职场就业信息，实现资源共享目的。当今是信息时代，能否及时得到有价值的信息，这与一个人的人际关系密切相关。关系好人家就乐意把信息告诉你。因为信息中包含着机遇，有时一条有价值的信息就能改变你的一生；关系不好人家就不乐意告诉你，多一事不如少一事。若信息不通就可能错失良机，使事业发展受阻。

1. 人际沟通的特点及方法

（1）人际沟通的特点：①目的性。在人际沟通中，沟通双方都有各自的动机、目的和立场，都设想和判定自己发出的信息会得到什么样的回答。因此，沟通的双方都处于积极主动的状态，在沟通过程中发生的不是简单的信息运动，而是信息的积极交流和理解。②两重性。人际沟通借助言语和非言语两类符号，这两类符号往往被同时使用，二者可能一致，也可能矛盾。③激励性。人际沟通是一种动态系统，沟通的双方都处于不断的相互作用中，刺激与反应互为因果，如乙的言语是对甲的言语的反应，同时也是对甲的刺激。④依附性。在人际沟通中，沟通的双方应有统一的或近似的编码系统和译码系统。这不仅指双方应有相同的词汇和语法体系，而且要对语义有相同的理解。语义在很大程度上依赖于沟通情境和社会背景。沟通场合以及沟通者的社会、政治、宗教、职业和地位等的差异都会对语义的理解产生影响。

（2）人际沟通的方法：①言语沟通。言语是人际沟通的主要手段。利用言语交流信息时，只要参与交流的各方对情境的理解高度一致，所交流的意义就损失得最少。特别是言语沟通伴随着合适的辅助言语和其他非言语手段时更能完美地传达信息。社会心理学家研究言语沟通的重点放在说者和听者是怎样合作以及对信息的理解是怎样依赖于沟通情境和社会背景的。②非言语沟通。非言语沟通是言语沟通的补充形式，有时也单独使用。非言语符号系统主要包括副言语和视觉符号两大类。视觉符号主要包括面部表情、身体运动和姿势、目光接触、人际距离、衣着等，身体接触也是人们常用的一种非言语符号。

2. 大学生人际沟通能力的培养

大学生人际沟通能力培养主要包括宽容待己、宽容待人、增强个人信心、获得他人信任、稳固人际关系等。

（1）悦纳自己，克服自卑心理。要想协调好人际关系，让别人接纳和喜欢自己，首先要悦纳自己。正所谓：己不爱，焉能爱人，己不尊，何谈尊人。一个人自卑、缺乏自信往往与对自己没有形成正确的认识和评价有十分紧密的联系。我们与他人进行社会比较时，既要注意比较的标准，不能以己之短去比别人之长，这样势必导致比较的误差。同时比较时必须注意要客观，千万不能认为自己某一方面不如他人就什么都不如人。要善于发现自己的优点和长处。只有这样，才能对自己有一个客观公正、符合实际的自我认识与评价。当对自己的认识与评价客观合理时，才会增强自己的信心，自信心强才有可能克服不必要的自卑心理。如果对自己的认识与评价不符合实际，夸大了自己的缺点和短处，看不到自己的优点和长处，则只会使自己在别人面前丧失信心，增强自卑感。在沟通中，要有交往成功的信心，不要总是被人际交往会失败的心理所困扰。只有通过多与人沟通，才能增加与他人进行社会比较的机会，也才能有利于发现自己的长处，从而有利于形成正确的自我认识与评价，增强自己的信心，克服自卑感。

（2）真诚待人，尊重他人。大学生在认识交往中真诚待人，需要澄清若干错误的认识，需要分清真诚、正直、直率、正言四者间的关系。一般情况下，应该遵循如下两条原则：第一，对事不对人。对事不对人就是在表达不满的时候，只对事件有本身发表自己不同的看法，不要攻击对方的人格。第二，对己不对人。对己不对人就是在表达不满的时候，要直接表达自己的内心感受，而不要轻易地对对方的行为下结论。要做到对他人的尊重，首先要学会面带微笑。英国诗人雪莱曾经说过："笑实在是仁爱的象征，快乐的源泉，亲近别人的桥梁。有了笑，人类的感情就有沟通了。"微笑是发自内心的对别人的友好、接纳、赞同、理解、宽容和尊重，不是皮笑肉不笑的虚情假意；严肃对人传达的则是封闭、冷漠、拒绝、敌对，仇恨等信息。其次，要认真倾听。尊重的另一个重要的表现方式是认真倾听。怎样才算是认真地倾听了呢？就是要诚心、耐心、细心地听，而且要四个"耳朵"听——两个耳朵、眼睛、头脑一起听。用眼睛观察对方讲话的表情，用脑子分析对方讲话的意图，以示对交往对象的尊重，即使对方讲的话并不十分令人感兴趣，也应让人家把话讲完。

（3）平等待人、宽诚待人。人际交往中的平等主要是指精神和人格上的平等。实际生活中，交往双方在政治、经济、文化、社会地位等方面是很难完全平等的，每个人的相貌、才学等也是有差异的，但每个人的人格尊严应该是平等的。马克思说过："搬运夫和哲学家之间的原始差别要比家犬和猎犬的差别小得多，他们之间的鸿沟是分工造成的。"在现实生活中，人与人之间在智力、体力、技能、成熟等各方面均存在差异，在政治、经济、文化以及社会地位上也不尽相同。但这是社会分工造成的，并不意味着人与人生下来就有高有低。因此，平等待人的原则意味着一种对一个人基本人权的尊重。同时平等待人的原则也意味着一个人基本人格的独立，意味着对人与人之间人身依附关系的否定。然而现实生活中，人际之间真正要做到平等交往是很困难的，例如，地位较高的人往往轻视地位较低的人，常常带有一种居高临下的心理；而地位较低的人往往会自卑、不敢高攀或不愿高攀的心理，这就容易造成交往中的心理障碍。要把握平等交往的原则一方面要一视同仁，平等待人；不以貌取人，以势取人，以才取人，以物取人，以家境取人，以学习成绩取人。另一方面，也要平等待己，克服自卑心理，不要自视低人一等。

新时代的大学生应该有比古人更为远大的志向和更加广阔的胸怀，应该严以律己，宽限以待人，应该在与人交往中学会忍让，学会妥协，学会宽恕别人，这在某种意义上是一种更高水平的人格风范。大学生个性的多样化，感觉的"过敏"，不可避免地会产生一些矛盾。这就要求大学生在沟通中不要斤斤计较，而要谦让大度、克制忍让，不计较对方的态度，不计较对方的言辞，并勇于承担自己的行为责任，做到"宰相肚里能撑船"。只要胸怀宽广，发火的人一定也会自觉无趣。宽容克制并不是软弱、怯懦的表现。相反，它是有涵养"肚量"的表现，是建立良好人际关系的润滑剂，能"化干戈为玉帛"，赢得更多的朋友。

（4）掌握人际沟通的技巧。沟通方式的得体与否直接影响到良好人际关系的好坏。人际沟通中，语言是土壤，非语言技巧是雨衣阳光。

首先，掌握语言沟通艺术。语言艺术运用得好，就能吸引和抓住对方，调动彼此倾谈的激情、兴趣，从内容到形式适应对方的心理需要知识经验、双方关系及交往场合，使交往关系密切起来。只有有效地将语言和非语言沟通技巧有机地结合并在现实沟通中最大化地加以运用，是当代大学生必备的能力之一。掌握人际沟通的语言艺术的方法有：①称呼得体。称呼反映出人们之间心理关系的程度。恰当得体的称呼，使人能获得一种心理满足，使对方感到亲切，交往便有了良好的心理气氛；称呼不得体，往往会引起对方的不快甚至反感，使交往受阻或中断。所以，在交往过程中，要根据对方的年龄、身份、职业等具体情况及交往的场合、双方关系的亲疏远近来决定对方的称呼。对长辈的称呼要尊敬，对同辈的称呼要亲切、友好，对关系密切的人可直呼其名，对不熟悉的要用敬辞。②说话注意礼貌。正确运用语言，表达清楚、生动、准确、有感染力、逻辑性强，少用俚语和方言，切忌平平淡淡，滥用辞藻，含含糊糊；语音、语调、语速要恰当，要根据谈话的内容和场合，采取相应的语音、语调和语速；讲笑话要注意对象、场合、分寸，以免笑话讲得不得体，伤害他人的自尊心。③适度地称赞对方。每个人都希望别人赞美自己的优点。如果我们能够发掘对方的优点，进行赞美，对方会很愿意与你多沟通。但是赞美要适度，要有具体的内容，绝不能曲意逢迎。真诚的赞美往往能获得出乎意料的效果。④避免争论。青年大学生喜欢争论，但争论往往是在互不服输、面红耳赤、不愉快甚至演化成直接的人身攻击或严重的敌意中结束。这对人际关系的有害影响是显而易见的。因此大学生要尽量避免争论，而要通过讨论、协商的途径解决分歧。最终要以"求同存异"的方式，既表明必要的原则性，又不伤害彼此友谊，不强加于人，相互有保留的余地。

其次，掌握非语言沟通技巧。掌握非语言沟通技巧是大学生必备技能，它包括形体语言（目光、表情、手势、动作）、空间距离、衣着打扮等，所以又被称为身体语言沟通。非语言沟通在人际沟通中占有重要的位置。在人们每天的沟通中，语言沟通仅占 7%，高达 93% 的沟通是非语言的。其中 55% 是通过面部表情、形体姿态和手势传递的，38％通过音调。爱默生说，"人的眼睛和舌头所说的话一样多，不需要字典，却能够从眼睛语言中了解整个世界，这是它的好处。"可见非语言沟通的学习在当代大学生成长成才的过程中起着非常重要的作用。在与外界的沟通中，把握形体语言的好坏直接关系到个人在社会中的成长。"眼睛是心灵的窗户"，"眼睛像嘴一样会说话"。面部表情是内心情绪的外在表现，它们均能表达人的态度和情感。如眉飞色舞表示内心高兴，怒目圆睁表示愤怒等。沟通中还可以用人体动作来表达思想，大学生在人际交往中根据谈话的内容和场合，正确运用非语言艺术，巧妙地表达自己的思想感情，有时能起到"此时无声胜有声"的作用。但非语言艺术要运用得恰到好处不可过于频繁和夸张，以免给人矫揉造作之感。大学生还要学会有效的聆听。人际关系学者认为，"倾听"是维持人际关系的有效法宝，几乎所有的人都喜欢"听他讲话"的人。所以，大学生要学会有效的倾听、聆听。在沟通时，作为听者要少讲多听，不要打断对方的谈话，最好不要插话，要等别人讲完之后再发表自己的见解；要尽量表现出聆听的兴趣和恰如其分的肯定和称赞。听别人讲话时要正视对方，切忌小动作，以免对方认为你不耐烦；力求在对方的角色上设身处地地考虑问题，对对方表示关心、理解和同情；不要轻易地与对方争论或妄加评论。

三、大学生团队合作精神的培养

团队精神就是团队成员为了共同的目标而奋斗，为达到这个目标而具有的承担责任、拼搏奉献，共同分享，舍小我而顾大我的精神。团队合作精神的核心是具有共同的理念、信念和目标。

1. 团队合作的意义及作用

所谓团队，是指一群互助互利、团结一致为统一目标和标准而坚毅奋斗到底的一群人。团队不仅强调个人的业务成果，更强调团队的整体业绩。团队是在集体讨论研究和决策以及信息共享和标准强化的基础上，强调通过队员奋斗得到胜利果实，这些果实超过个人业绩的总和。这种共同奉献需要每一个队员能够为之信服的目标。要切实可行而又具有挑战意义的目标，能激发团队的工作动力和奉献精神，为企业注入生命活力。俗话说："一个和尚挑水喝，两个和尚抬水喝，三个和尚没水喝。一只蚂蚁来搬米，搬来搬去搬不起，两只蚂蚁来搬米，身体晃来又晃去，三只蚂蚁来搬米，轻轻抬着进洞里。"上面这两种说法有截然不同的结果。"三个和尚"是一个团体，可是他们没水喝是因为互相推诿、不讲协作。"三只蚂蚁来搬米"之所以能"轻轻抬着进洞里"，正是团结协作的结果。有首歌唱得好，"团结就是力量"，而且团队合作的力量是无穷尽的，一旦被开发这个团队将创造出不可思议的奇迹。当今社会，随着知识经济时代的到来，各种知识、技术不断推陈出新，竞争日趋紧张激烈，社会需求越来越多样化，使人们在工作学习中所面临的情况和环境极其复杂。在很多情况下，单靠个人能力已很难完全处理各种错综复杂的问题并采取切实高效的行动。所有这些都需要人们组成团体，并要求组织成员之间进一步相互依赖、相互关联、共同合作，建立合作团队来解决错综复杂的问题，并进行必要的行动协调，开发团队应变能力和持续的创新能力，依靠团队合作的力量创造奇迹。团队合作往往能激发出团体不可思议的潜力，集体协作干出的成果往往能超过成员个人业绩的总和。正所谓"同心山成玉，协力土变金"。红军长征胜利是中国革命史上，乃至世界军事史上的一次奇迹。创造这个奇迹的红军战士和整支红军队伍就是有一个为天下所有贫苦人民打天下的共同目标。他们都不畏艰险，相互帮助、共同合作，充分发挥了团队合作的力量。他们是一个优秀的团队，在共同协作下不仅走出了困境还为革命的胜利打下了基础。在美国硅谷，有人做了这样一个调查，发现那些完全由聪明人组成的公司，只要是不注意团队精神培养的，95％的都失败了，成功的只有5％，这种现象被称之为"阿波罗现象"，"阿波罗"意为聪明的人组成的团队。这就像一支完全由豪华球星组成的球队，有时反而不能战胜一支配合默契的二流球队一样，是因为他们缺乏磨合与共同的团队精神。由此可见，人生事业的成功与否、单位（部门）能否发展壮大，与其成员是否具有团队精神密切相关。

2. 培养大学生团队合作的能力

培养大学生团队精神，对团队的发展意义重大，对个人的就业、发展也有好处，大学生的团队合作能力培养要从以下着手：

（1）树立并坚持培养团队精神的出发点。①团队精神要求团队成员有基本一致的价值观。这里讲的价值观，是指认为做什么事是有价值的？俗话说的"物以类聚，人以群分"讲的也是具有基本一致价值观的人才能走到一块。让一个大公无私的人和一个损公肥私的人共事，肯定会有很多矛盾。但如果大家都树立了公私两利的价值观，沟通起来、合作起来可能就容易多了。②新入职人员要认真学习和研究企业的核心精神。大学生刚刚走出校园后，社会经验不足，而你入职的机构可能已经经历了漫长的发展岁月，已经形成了比较稳定的机构文化和核心价值观，大型企业更是如此。作为新入职人员，要多听（听领导讲、听同事讲）、多看（看规章制度、看行为规范）、多学习（研究和学习企业文化的内涵，思考其合理性和先进性），然后主动与之协调和融合。③个人要努力服从团队，不要太计较小事。一个人有没有团队精神，往往看他有没有大局观，看他是看大局还是看局部，是看长远还是只顾眼前。这就好比树的主干如果枯死了，枝叶肯定也不能存在。皮之不存，毛将焉附？所以当个人利益与团队利益出现矛盾时，当个人意见与团队意见不相吻合时，要努力服从团队，不要太斤斤计较。④注意时时处处维护团队的声誉。生活中我们常看到这样的人，他（她）把自己的单位说得一无是处，领导不能干，制度不健全，同事不好处，问题一大堆。这种人一开口就丢分了。那么，不好的单位你还在那儿待着干什么？既然还在那儿待着，这个单位就是你的安身立命之处，就应该努力维护它的声誉，千方百计建设好它，而不是埋怨乃至诋毁它。⑤搞好人际关系是具有团队精神的一种表现。团队是一个集体，是由一个一个活生生的人组成的，所以与团队中的大多数人搞好人际关系是一个人是否具有团队精神的具体体现。

（2）强化大学生团队合作精神的培养。①积极发现每个成员的优点。在一个团队中，每个成员的优缺点都不尽相同。我们应该积极发现团队成员的优秀品质，并且学习它和发扬它，让自己的缺点在团队合作中逐渐消灭掉。团队强调的是协作，最好不要有命令和指示，这样团队的工作气氛就会变得轻松和谐，工作就会变得很顺畅，团队整体的工作效率就会大大提高。②对每个人都寄予鼓励。每个人都有被人重视的需求，特别是那些辛劳工作的基层员工更是如此。就如我们的保安、清洁工工作时间长，工作又苦又累，有时给予他们一句小小的鼓励和赞许就可以使他释放出无限的工作热情。最关键是，当你对他们寄予表扬的同时，他们也同样会给予你希望。③时刻检讨自己的缺点。"金无足赤，人无完人"，我们应时刻检讨自己缺点，比如检讨一下自己的工作心态好吗？对待日常工作是不是有所怠慢？对待客户的沟通工作做得够不够好？能否虚心接受别人对自己的批评？这些缺点在自己看来可能不算什么，但在团队合作中它就会成为你进步成长的障碍。如果你固执己见，无法听取他人的意见，你的工作状态不可能有进步，甚至会影响到其他成员的工作积极性。团队的效率在于每个成员配合的默契，如果你意识到了自己的缺点，不妨坦诚的承认它，想方设法改掉它，也可以让大家共同帮助你改进。当然，承认自己的缺点可能会让你感到尴尬，但你不必担心别人的嘲笑，你只会得到他们的理解和帮助。④保持足够的谦虚。团队中的任何一位成员都可能是某个领域的专家，所以你必须保持足够的谦虚。任何人都不喜欢骄傲自大的人，这种人在团队合作中也不会被大家认可。你可能会觉得在某个方面他人不如你，但你更应该将自己的注意力放在他人的强项上，只有这样才能看到自己的肤浅和无知。谦虚会让你看到自己的短处，这种压力会促使自己在团队中不断地进步。在团队中，如果每个队员都能够不断地释放自己的潜在才能和技巧，能够相互尊重和被重视，相互鼓励和坦诚交流，大家就能在各自的岗位上找到最佳的协作方式，为了团队共同的目标，自觉地担负起各自的责任并为此积极奉献。

3. 积极打造高绩效的团队。

高绩效团队是一个具有持续的突出成绩的团队，这种团队通常具有革新性，关注质量和富有效率。此类团队的成员经常有很高的满意度、成就感，甚至是接受度。每个人都希望他们的团队是一个高绩效团队。成为高绩效团队的一个好方法是了解其他高绩效团队显示出来的特征。研究表明，至少有 8 个特征是高绩效团队经常显示出来的特征。非高绩效团队经常缺少这些特征中的一个或多个。而事实上，高绩效团队一位著名的顾问声称他们"就像母鸡的牙一样少"。但它依然是我们追逐的期望。

（1）高绩效团队的特征。①目的意识。"我们在这里到底是为了什么？"向高绩效团队的成员提出这个问题，你会立即得到明确的答复。他们很清楚他们在干什么，以及他们的工作为什么很重要。他们有着共同的目的，并且为实现他们的目的设定了雄心勃勃的目标和阶段性标志。②开放的交流。交谈，共享，听取。这些都是高绩效团队的标志。群体的开放使得成员们能确定并解决冲突、达成共识、彼此心照不宣并共同成长。③信任和相互尊重。许多小组都"一起工作"。在高绩效团队，情况是不一样的。他们相互信任、相互尊重甚至相互关照。他们有很强的专业尊重和个人尊重意识，这些都是由强有力的关系纽带连接起来的。④共同领导。高绩效团队由谁负责？人人负责！根据手头的任务和小组的需要，不同的团队成员承担不同的领导责任，而所有人都对团队的效用负责。⑤有效的工作程序。这些团队有规则，有实践，也有程序（通常都很有效）。但是他们不受这些程序的阻碍。相反，成员们鼓励创造性、革新性、冒险和挑战"老套路"。⑥以差异为本。"差异是好事"，可能是很多高绩效团队的口号。这些团队将团队成员的不同技能、知识和个人力量最大限度地融合起来。他们追求各抒己见，相互学习。⑦灵活性和适应性。你必须站在自己的立场考虑并迅速参与高绩效团队的团队行动。实际上，高绩效团队希望出现变化，并将变化视为重新思考和学习的机会。⑧不断学习。高绩效团队鼓励冒险，并从错误中学到东西。他们欢迎有难度的挑战，并通过彼此的互动学到东西。

（2）学会做好团队的一面镜子。①扮演好"导演和教练"的角色。一个企业的领头人往往要比别人看问题看得高，看得远。1999 年，何恩培曾提出团队每一个管理人员都必须具有三个顾问：第一个必须是行业的老大；第二个必须有一个不在自己的行业；第三个至少在某一方面有特长。这样在管理团队有 10 个人的时候，那实际上就有 30 个人参与管理，这可以把各种思想先经过顾问放大，回来再缩小，取其精华。他认为自己在企业里扮演的是一个"导演和教练"的角色。自己最擅长做团队中每个人的一面镜子，做一个交流者和沟通者。他说道："作为领导者，当大伙热火朝天干活的时候，你要提醒他人方向可能要调整一下；当大伙在埋头苦干的时候，你要要求他们更换一种方式；在大伙某种工作方式不对的时候，你更要鼓励大家探讨一些新的方式。""我们不是学习 MBA，而是通过请顾问在实战中学习，我们团队的创新能力就来源于这种机制。"②勇于带领团队不断创新。一个团队工作的核心，首先是需要有一个能带领大家不断开创新天地的领头人，并让整个团队都具有这种能力，要不断地进行交流，使每个人都懂得如何去做。因为一个团队存在的价值和原因不是金钱，而是共同的新的希望和理想。比如交大铭泰团队就是一个稳定的团队，不仅团队人员自创业以来基本上没什么变化，而且团队在企业创新方面也取得了不少的成绩：最初在互联网刚兴起的时候，他们敏锐地发现人们的学习能力不可能一日之间就能上升，但是信息量和信息的交换速度却是飞速上升的，这时必然需要一种工具，于是他们抓住机会做了《东方快车》翻译软件；在 2000 年互联网步入发展期的时候他们提出了"l软件"；2003 年该团队又提出了东方翻译工厂的概念。③坚持忍耐、宽容、细心，有人情味。处世细腻周到、思考全面、深入，这是何恩培性格的一大特点。他说过："为什么这些年我的挫折少了一些？就是因为比别人多思考百分之一到五，做的每一件事都有120％的准备。每一次商战，我会把各种可能发生的情况和应急措施预先想好。有一句话叫'千里之堤，毁于蚁穴'，而千里长堤也是靠一个个小细节筑就的，哪一个小细节被忽略，可能就会功亏一篑，坏了大事。"忍耐、宽容、细心、有人情味，虽说并不深奥，但真正做到却很不容易。何恩培的高明，就高在别人不一定能做到的他做到了，所以他成功了。比如在他身上的人情味就很浓，非常注意培养下属，给他们提供各种机会，善于帮助他们，使他们一步步走向成功，而且这也正是他感到最欣慰和最快乐的事情。

思考与实训

1. 大学生如何提高自身的职业素质和就业心理素质？

2. 如何提升大学生的组织协调能力、沟通交流能力和团队合作精神？

3. 作为一名当代大学生应具备哪些创新素质？

4. 请同学们用"创造未来"的理念进行测试训练，测试一下你自己、你的家庭或者你的班级。其内容如下：

（1）描述从现在开始四年之后你的职业情况；

（2）描述从现在开始五年之后你个人的情况；

（3）描述 2011 年你的旅游计划；

（4）描述 2012 年你的兴趣、愿望和抱负；

（5）描述 2015 年你的家；

（6）描述 2018 年你的工作场所将会是怎样的；

（7）描述 2020 年与朋友的一次聚会；

（8）描述 2021 年的某个周末；

（9）描述 2022 年你的房子；

（10）描述 2025 年价钱的个人经历；

（11）描述 2026 年时，你的业余时间将会做些什么；

（12）描述你在 2028 年的回忆。

就 业 篇

第二章　大学生就业形势分析

我眼中的就业情况

我是物流管理专业大三的学生，和其他同学一样，都很关心自己专业的就业情况。作为一个快要毕业的学生，我很喜欢物流，但是真的觉得很迷茫，好像这个行业还处于漂浮状态，要么就是外企，很专业，很系统的。要么就是运输公司（现在都改名为物流公司），都没有真正的第三方物流，可以实现提高整体供应链效益的物流公司。

毕业的人多了，找工作就难了。南宁的陈玉今年 56 岁了，女儿刚大学毕业，正在为找工作辛苦地奔走在各大招聘会上，她非常心疼，也非常感慨："改革开放后国家恢复了高考制度，大学毕业实行统一分配，大学生个个都是'抢手货'，现在想想真的非常留恋'皇帝的女儿不愁嫁'的那种骄傲。"陈玉很庆幸自己早生了几年，一张派遣证，国家就把你分配到指定的地方，工作就算定下来了，今后的生活和事业也就从此开始了。

大学毕业后刚找到工作的黄鹏认为，毕业分配是个时代烙印，想起来自然有着独特的感觉。而现如今，自己每天都要上网浏览各种招聘信息，奔波应付用工单位的考察面试。"我去过 6 次招聘会，每次去我都被踩脚，被人挤得浑身疼"。这也许就是像黄鹏一样的当今大学毕业生找工作的真实缩影吧！

包分配当然是件好事，但也有遗憾！包分配其实就是"拉郎配"，管你愿意不愿意，已经确定，就必须服从，没有自己的选择和取舍。陈玉一直认为自己笨嘴拙舌，不适合当老师，在高考填报志愿时就没有选择一个师范类专业。虽然自己学的是会计专业，但出乎她意料的是，社会上除了语文老师、数学老师、英语老师……还有会计老师，学会计专业的她最终也没逃脱做老师的命运！在四年的会计教师生涯中，陈玉承受着"身在曹营心在汉"的窘迫，一直想跳槽！最后，不顾校方苦苦挽留，还是毅然决然离开了教师这个岗位。陈玉曾先后换了四个单位，从老师到私企职业经理、又从国企财务主管到国家公务员。

　　临近毕业，大学生都忙于找工作，受国际金融危机的影响，找工作变得相当的困难。特别是想找一个理想的工作，那就更不容易了。尽管如此，同学们还是要端正就业态度，转变就业观念，既不要悲观放弃，也不该挑三拣四。先就业，后择业。在初次选择工作时，不要过多考虑环境的好坏、收入的多少，而应该把如何使自己能独立生存和实现自身价值放在首要考虑的位置上。正如陈玉所经历的，如果没有四年的教书经历，没有四年的工作积累，就不可能有后来自己理想的选择和目标的实现，更没有自身价值的充分体现和对社会的积极贡献。

　　广告说得好：越磨砺、越光芒！有首歌唱得也好：阳光总在风雨后，不经历风雨，哪能见彩虹！

第一节　我国大学生择业形势

　　由于高校毕业生数量的快速增长和全球金融危机的严重影响，以及高校人才培养方式和学生就业观念与经济社会发展要求的不相适应，大学生就业形势变得异常严峻，就业压力变得异常突出。一方面，大批学生找不到工作岗位，无业可就；另一方面，学生盲目追求理想岗位，有业不就。同时，还出现了"啃老族"、"北漂族"等新兴的大学生游荡群体。近几年，国家陆续出台了一系列经济调整措施和促进就业政策，高校毕业生的总体就业率基本维持在70％左右，有效缓解了大学生的就业压力。但是大学生的就业观念还有待转变，择业误区还有待改变。随着我国经济形势的不断好转、经济产业结构的不断优化、经济发展方式的不断完善，学生就业的岗位会越来越多，学生就业的形势会越来越好。

一、大学生就业面临的困难

1. 全球经济形势剧烈变化

　　中国作为国际金融体系的重要组成部分，世界经济和金融形势的变化，对中国经济必将产生较大影响，进而会波及大学生的就业。20世纪90年代初，以美国为首的西方国家对中国的经济制裁和1997年世界性的金融危机都对中国的经济以及大学生就业产生了较大的影响。随着中国加入WTO，中国与世界的经济联系愈发紧密，中国大学生的就业与世界经济形势也愈发紧密。2008年，因美国次贷危机而引发的金融危机导致了全球金融机构的连锁性破产，也引发了诸多行业的裁员风潮。金融危机渗透到实体经济领域，对整个经济增长带来了巨大的负面影响，很多企业缩减甚至取消了应届大学生的招聘。另外，与国际贸易相关的行业受到的冲击最为明显。全球性的经济形势的动荡恶化，导致了大学生全面的就业困难。

2. 全国大学毕业生数量急剧增长

从 1999 年开始，高校开始大规模扩招，大学生的数量几年内迅速增长，到 2004 年，高等教育毛入学率达到了 19%，我国高等教育进入了大众化教育阶段。随着高校招生规模的不断扩大，每年高校大学毕业生的数量也在迅速增加，从 2002 年的 145 万猛增到 2010 年的 630 万（表 2-1 所示）。

表 2-1　2002~2010 年全国高校大学毕业生数量

项　　目	2002 年	2003 年	2004 年	2005 年	2006 年	2007 年	2008 年	2009 年	2010 年
总量/万人	145	212	280	338	413	495	559	611	630
增量/万人	67	68	58	75	82	64	52	19	
增幅/%	46.2	32.1	21.4	19.2	19.9	12.9	9.3	3.1	

高校毕业生年平均增长幅度达到了 23%。2010 年有 630 万大学毕业生需要就业，2009 年还有 80 万大学生未就业，2010 年实际需要就业的大学生累计达到 700 多万。高校毕业生的急剧增长使得整个社会待就业大军的数量和结构发生了较大的变化，也带来了新的就业形势和问题。

3. 高校人才培养质量堪忧

高校扩招以后，伴随学生规模的急剧扩大，高校人才培养质量不同程度地出现了下滑。一是在办学的观念意识方面，片面地强调了高校要在激烈的生存竞争中实现跨越式发展的战略，盲目地求规模、上层次，而忽视了高等教育对教学质量的根本要求。二是在教育资源和师资队伍建设方面，教育教学的硬件设施严重不足，不能满足教学需要。师资队伍薄弱，一些新增学科专业缺乏师资，师资的年龄结构、学历结构不合理，教学经验不够丰富。三是在计划经济时代，办学规模较小时积累形成的教育教学管理模式和经验，不能适应大规模、大众化的高等教育的发展要求，专业设置和学科布局还不能适应市场经济时代社会与经济发展的需要，人才的创新能力和实践能力还相对薄弱。这些原因都导致了高等教育的办学意识与经济社会发展相脱节，人才培养的模式与经济社会发展还不匹配，高校学生就业与社会经济的需求还不协调。

4. 高校专业设置与社会需求脱节

伴随市场经济的不断完善和深化，用人单位对毕业生的专业要求更加精细，素质要求更加全面，能力要求更加务实。而高校的专业设置受传统教育教学模式的影响，课程安排和教材内容滞后于经济社会的发展，人才培养方案与经济社会的发展要求还存在不适应。有些专业和课程的设置往往不是以经济社会发展的需要为依据，而是仅从学校自身的师资条件、学科专业设置的整体性、关联性等方面来考虑。这样一来，所设专业不是社会经济发展的急需专业，所培养学生也不是经济社会发展的所需人才，从而导致了"人才过剩"和"供不应求"的突出矛盾，这也使得大学生就业更加严重。

5. 大学生就业观念滞后

当前，国家实行的是高校毕业生与用人单位双向选择。学生自主择业，企业择优录用的市场经济条件下的就业录用新机制。但是部分学生受长期形成的"上大学、铁饭碗、有地位、高收入"的传统思想的影响，在就业和择业时，观念意识还不能适应市场经济的客观规律和经济社会发展的现实要求，倾向于把经济发达、环境优美的大城市，收入高、有实力的大单位、国家事业单位和政府公务员作为自己择业的第一选择。这也客观上造成了个别城市、个别行业和个别岗位就业竞争的异常激烈，而广大的农村基层和位于欠发达城市的具有强大经济发展实力的中小企业正处在求贤若渴的尴尬境地。有许多来自农村的大学生，在城市里读完大学后，就不想再回农村基层去就业了，城市的学生就更不想到农村基层工作。在某些学生当中甚至出现了只要不是自己所谓的理想单位"有业也不就"的现象。大学生就业观念的滞后客观上使得就业竞争更加激烈，就业形势更加严峻。

据 2008 年大学生就业调查报告显示，近八成的用人单位认为大学生存在期望过高的现象，主要表现在薪酬、地域、个人发展机会、职位要求、行业要求、假期要求和要求专业对口等诸多方面。学生对企业提供的就业条件和企业对学生就业期望之间的差距和偏离使得大学生的就业产生了某些阻碍和不畅。

二、大学生就业的有利条件

1. 我国经济快速稳定增长

近些年，我国一直保持着高速的经济增长率（如表 2—2 所示）。每 1% 的 GDP 增长可以拉动 80 万～100 万人就业，经济增长是解决大学生就业的根本途径。根据我国宏观经济 2010 年第一季度报告显示，我国第一季度国内生产总值（GDP）增长 11.9%，国民经济回升势头进一步好转。推动中国经济增长的"三驾马车"——消费、投资、出口都有良好表现，社会消费品零售总额同比增长 17.9%。全社会固定资产投资同比增长 25.6%。房地产开发投资 6594 亿元，增长 35.1%。对外贸易加快复苏，进出口总额达 6178.5 亿美元，同比增长 44.1%。

表 2—2 2000～2009 年全国国内生产总值（GDP）增长率

项 目	2000 年	2001 年	2002 年	2003 年	2004 年	2005 年	2006 年	2007 年	2008 年	2009 年
GDP 增长率/%	8.4	8.3	9.1	10	10.1	10.4	11.1	13	9.6	8.7

资料来源：国家统计局历年公布数据

2. 就业政策环境日趋完善

政府已经消除了大学生供给与需求的政策抑制，逐步建立全国统一的大学生就业市场，实施积极的鼓励就业制度，促进大学生无障碍就业和自由流动，为大学生就业创造有利条件。每年国务院办公厅、教育部、各省市、地方各部门均出台积极促进就业的政策，通过加大就业主渠道的招聘力度、鼓励大学生自主创业、引导大学生到基层就业、实施大学生就业见习制度和扩大事业单位招考等措施促进大学生就业。

3. 产业结构不断优化升级

从国家统计局 2009 年 9 月 9 日发布的统计数据来看，我国产业结构发生了巨大变化，国民经济发展的协调性大大增强。一是各类产业协同发展。第一产业占国内生产总值的 11.3%，就业人数占总就业人数的 39.6%。第二产业占国内生产总值的 48.6%，就业人口占 27.2%。第三产业占国内生产总值的 40.1%，就业人口占 33.2%。二是工业、农业结构显著改善。农业结构改变了"农业—种植业—粮食"的高度单一和效率低下的结构模式，向"优质、高效、全面发展"的新型结构模式转变。工业结构从以轻工业为主到轻重工业共同发展转变，从以劳动密集型工业为主导向劳动、资本和技术密集型共同发展的转变，尤其是高技术产业蓬勃发展。三是传统服务业与现代服务业共同发展，相互促进转变。大量服务职能开始逐步从政府、企业和事业机构内部分离出来，扩展了社会服务需求，各种适应市场经济发展需要的现代服务业应运而生，快速发展。可以说，我国的经济发展与产业结构调整初步进入了一个良性循环状态。伴随着我国经济结构的调整，我国下一步社会经济发展在很大的程度上依赖于高端劳动力群体，这就为大学生就业需求的增长准备了广阔的空间。

4. 关注大学生就业的氛围日益浓厚

温家宝一直强调，"要把大学生的就业放在首位"、"就业是天大的事"。大学生就业已经成为当今社会关注的焦点之一。目前，全国基本形成了"高校积极推荐，社会高度关注，政府各部门协同参与"的促进大学生就业的局面。以某省为例，各高校均成立了就业主管部门，每年通过招聘会等各种形式积极促进大学生就业。省人力资源和社会保障厅每年定期通报高校就业率，在很大程度上促进了就业工作的开展。各类媒体一直把大学生就业作为关注的焦点之一，开辟专栏报道、跟踪大学生就业工作。很多城市将大学生就业工作直接纳入了政府各部门的绩效考核体系，保证了就业工作的有效展开，形成了以人力资源和社会保障部门牵头，组织部、共青团、妇联、残联、财政、卫生、工商联以及地方部队等多个部门协同参与的就业机制。

5. 高等教育改革逐步推进

高等教育改革使各高校已经开始强化对外部市场的反应速度和能力，增强高校人才培养的质量和竞争能力。改革教学模式，通过强化通识型教学、实践型教学、研究型教学、国际型教学、能力型教学、参与型教学等，培养更加适应市场需求的大学毕业生。全面提高就业指导服务，充分利用学校就业中心的信息网络及校友的人脉资源，帮助大学生了解就业环境；借助讲座、座谈、模拟、案例、演示等手段帮助大学生了解职业市场要求，改进他们展示专业水平的能力；建立与用人单位之间的伙伴关系，大学生就业指导部门应了解社会需求，并将其传递给各个具体的教学和研究部门，然后这些部门再基于社会的需求创新课程，创新专业甚至于创新大学，从而增强大学生从学校到工作的"市场能力"。

第二节　我国大学生就业政策

伴随计划经济向市场经济的转变，大学生就业也由国家统一计划分配方式向双向选择、自主择业方式转变。按照市场经济对人力资源调配规律和我国经济社会快速发展的客观要求，国家陆续出台了一系列的鼓励和促进大学生就业政策，这些政策集中体现了政府促进就业的主导作用，取消了限制大学生就业的政策性壁垒，积极扩大就业渠道，大力提供就业岗位，鼓励学生到基层就业。

一、大学生就业的专项政策

为了应对金融危机的影响和严峻的就业形势，2009 年 1 月 19 日，国务院办公厅下发了《关于加强普通高等学校大学生就业工作的通知》（国办发 [2009] 3 号），国家相关部门也制订出台了一系列配套政策。教育部专门下发了《国家促进普通高校大学生就业政策公告》，全面解读宣传国家促进大学生就业政策。这些促进就业的专项政策包括如下四个部分。

1. 鼓励高校毕业生到基层和中西部地区就业

（1）对到农村基层和城市社区公益性岗位就业的，给予社会保险补贴和公益性岗位补贴；对到农村基层和城市社区其他社会管理和公共服务岗位就业的，给予薪酬或生活补贴。

（2）对到中西部地区和艰苦边远地区县以下农村基层单位就业并履行一定服务期限的，由政府补偿学费，代偿助学贷款。

（3）对有基层工作经历的，在研究生招录和事业单位选聘时优先录取。

（4）对参加"选聘高校毕业生到村任职"、"三支一扶"（支教、支农、支医和扶贫）、"大学生志愿服务西部计划"、"农村义务教育阶段学校教师特设岗位计划"等项目的，给予生活补贴，按规定参加社会保险；项目服务期满并考核合格的，报考硕士研究生初试总分加 10 分，大学生可免试入读成人本科。政策还规定，今后政府和事业单位相应的自然减员要优先聘用参加基层服务项目期满的高校毕业生。

（5）对高校毕业生毕业后应征入伍的将由政府补偿学费，代偿助学贷款。

（6）应征入伍的高校毕业生在选取士官、报考军校、岗位竞聘等方面要优先考虑。

（7）退役后参加政法院校为基层公检法定向岗位招生考试时，优先录取。

（8）具有大学学历的，退役后免试入读成人本科；或经过一定考核，入读普通本科。

（9）退役后报考硕士研究生初试总分加 10 分；荣立二等功及以上的，退役后免试推荐入读硕士研究生。

政策解读：到城乡基层一线工作，既能实现就业，又能得到锻炼，是大学生就业的大方向。为鼓励高校大学生去基层就业，国家提出了就业补贴政策。对到农村基层和城市社区从事社会管理和公共服务工作的高校大学生，符合公益性岗位就业条件并在公益性岗位就业的，给予社会保险补贴和公益性岗位补贴。对到基层其他岗位就业的，给予薪酬或生活补贴。

基层社会管理和公共服务岗位，包括村官、支教、支农、支医、乡村扶贫，以及城市社区的法律援助、文化科技服务、养老服务等岗位。其中，公益性岗位是指全部由政府出资开发，以满足社区及居民公共利益为目的的岗位。其他岗位，是指在街道社区、乡镇等基层开发或设立的相应岗位。

为缓解到基层就业大学生的后顾之忧，国家提出了学费和助学贷款代偿政策。对到中西部地区和艰苦边远地区县以下农村基层就业并履行一定服务期限的高校大学生，以及应征入伍服义务兵役的高校大学生，实施相应的学费和助学贷款代偿。同时，对有基层经历的高校大学生在研究生招录和事业单位选聘时实行优先，在地市以上党政机关考录公务员时进一步扩大对其招考录用的比例。

2. 积极聘用优秀高校毕业生参与国家和地方重大科研项目

高校毕业生在参与项目研究期间，享受劳务性费用和有关社会保险补助，户口、档案可存放在项目单位所在地或入学前家庭所在地人才交流中心。聘用期满，根据需要可以续聘或到其他岗位就业，就业后工龄与参与项目研究期间的工作时间合并计算，社会保险缴费年限连续计算。

政策解读：鼓励承担国家和地方重大科研项目的单位积极聘用优秀大学生参与研究，给予其劳务性费用和有关社会保险费补助，并提出了一系列新政策，如参与项目期间，大学生户口、档案可存放在项目单位所在地人才交流机构。聘用期满，可续聘或到其他岗位就业，聘用期间工龄、社会保险缴费年限连续计算。高校大学生参与科研项目，既可以促进科研的发展，又可以延长大学生学习和研究时间，对缓解当前就业压力有积极作用。

为提高骨干企业人力资源质量和科研项目质量，国家提出鼓励国有大中型企业特别是创新型企业更多地吸纳有技术专长的大学生。要求高新技术开发区、经济技术开发区和高科技企业集中吸纳高校大学生，以加强人才培养使用和储备。支持困难企业更多地保留大学生技术骨干，并给予社会保险补贴、岗位补贴或职业培训补贴。

3. 鼓励和支持高校毕业生到中小企业就业和自主创业

（1）对企业招用非本地户籍的普通高校专科以上毕业生，各地城市应取消落户限制（直辖市按有关规定执行）；

（2）为到中小企业就业的高校毕业生提供档案管理、人事代理、社会保险办理和接续等方面的服务；

（3）从事个体经营符合条件的，免收行政事业性收费并享受国家相关扶持政策；

（4）登记失业并自主创业的，如自筹资金不足，可申请5万元小额担保贷款；对合伙经营和组织起来就业的，可按规定适当提高贷款额度；

（5）参加创业培训的，按规定给予职业培训补贴；

（6）灵活就业并符合规定的，可享受社会保险补贴政策。

政策解读：目前，70%以上的大学生去中小企业和非公有制企业就业，已成为大学生就业的主要渠道。但一渠道还不够通畅，存在一系列制度性障碍和限制。落户限制一直是影响大学生到中小企业就业的重要障碍。《国家促进普通高校大学生就业政策公告》明确提出，对企业招用非本地户籍的普通高校专科以上大学生，各地城市应取消落户限制（直辖市按有关规定执行）。

企业招用符合条件的高校大学生将可享受相应的就业扶持政策。所谓符合条件的高校大学生主要指就业困难人员，扶持政策包括对企业的社会保险补贴，以及定额税收减免政策；劳动密集型小企业招用登记失业的高校大学生达到规定比例，可享受高至200万元的小额担保贷款。

自主创业是大学生就业的重要增长点。有关调查显示，目前大学生中自主创业的比例仅为 0.3％。创业难度很大，潜力也很大。鼓励大学生自主创业的关键是加大政策扶持和服务力度。

缺乏创业资金是大学生自主创业的主要困难。对此，《国家促进普通高校大学生就业政策公告》提出一系列税费减免政策和小额贷款政策。对大学生从事个体经营符合条件的，3 年内免收行政事业性收费。登记失业的高校大学生可申请不超过 5 万元的小额担保贷款，合伙经营和组织起来就业的，可以适当扩大贷款规模，从事微利项目的享受贴息扶持。

有关部门还将强化高校大学生创业指导服务，提供政策咨询、项目开发、创业培训、创业孵化、小额贷款、开业指导、跟踪辅导的"一条龙"服务，并建设完善一批大学生创业园和创业孵化基地，给予相关政策扶持。

4. 强化对困难家庭高校毕业生的就业援助

（1）就业困难和零就业家庭的高校毕业生，享受公益性岗位安置、社会保险补贴、公益性岗位补贴等就业援助政策；

（2）机关、事业单位免收招聘报名费和体检费；

（3）高校可根据实际情况给予适当的求职补贴；

（4）对离校后未就业回到原籍的高校毕业生，由各地公共就业服务机构免费提供就业服务并组织就业见习和职业技能培训。

政策解读：目前对四类困难毕业生的就业援助：

一是对困难家庭毕业生，高校可根据情况给予适当的求职补贴，公务员考录、事业单位招聘时免收报名费和体检费。

二是对离校后未就业回到原籍的毕业生，各地要摸清底数，免费提供政策咨询、职业指导、职业介绍和人事档案托管等服务，并组织其参加就业见习、职业技能培训等促进就业活动。

三是对登记失业的高校毕业生，各地要纳入当地失业人员扶持政策体系，抓好政策落实。

四是对就业困难和零就业家庭的高校毕业生，要实施一对一职业指导、向用人单位重点推荐、公益性岗位安置等帮扶措施，按规定落实社会保险补贴、公益性岗位补贴等就业援助政策。就业困难人员的标准由省级人民政府规定。

二、大学生就业派遣制度

大学生就业派遣制度是目前大学生在实际就业过程中沿用的唯一政策，具体内容是：大学生按高考前的地域来源（生源地）进行统计。大学生在毕业离校前，找到合适用人单位，签署了"就业协议书"，并且符合用人单位当地落户政策的，离校后到用人单位报到、上班、落户。大学生在毕业离校前，没有找到合适的用人单位，离校后到生源地报到，重新找工作进行二次派遣。排除继续升学的大学生，其他大学生离校时均持有报到证、户口迁移证、毕业证、学位证（本科以上）到用人单位或者生源地落户，报到证是大学生落户不可或缺的凭据之一。大学生离校后，学校会通过机要部门将大学生档案另行转递。

1. 就业协议书

就业协议书是为了明确大学生、用人单位、学校三方在大学生就业工作中的权利和义务，经大学生与用人单位协商的协议，它也是大学生报到前，表明大学生和用人单位双方之间存在就业和录用意向的明确的和唯一的凭证。

学校是凭就业协议书派遣大学生户籍和档案的，学校依据就业协议书的内容填写"大学生就业报到证"和"户口迁移证"上的单位，同时在毕业时转移学生档案。每个学校的派遣时间均不相同，一般在5月底至7月初。如果在派遣日期之前没签署就业协议书，按照规定，大学生将被派遣回生源地。

就业协议书签证制度。大学生与用人单位签署就业协议书是否有效，要看是否符合用人单位当地人事部门的用人政策。与用人单位签约，协议书上需要由单位当地人事部门审核盖章方可生效。签证后的协议书还需送至学校就业主管部门审核通过，方可作为大学生派遣的依据。

2. 报到证

派遣大学生统一使用《全国普通高等学校大学生就业报到证》（简称报到证）。报到证是大学生派遣到接收单位报到的凭证，证明持证大学生是纳入国家统一分配计划的学生，大学生凭报到证以及其他有关材料办理落户手续，并且报到证是大学生的一种干部身份证明。报到证由教育部授权各省市就业主管部门审核签发，如省内的大学生由省人事厅毕业生就业处审核签发。

无论大学生与用人单位签署协议与否，排除升学的大学生，所有大学生毕业时均应持有报到证。报到证非常重要，需要和毕业证、学位证、身份证、户口迁移证等一起妥善保管。

3. 个人档案

个人档案是大学生在校学习的证明，大学生毕业后由学校将其档案寄到报到单位或升学学校。大学生本人不能携带档案，必须通过机要邮件邮寄。大学生在离校一段时间后，需要向用人单位查询档案是否到达单位。

保管大学生档案的单位是需要资质审核的，只有具有人事主管权的单位才可以保管大学生档案，单位如果没有人事主管权，大学生的档案需要转入单位所在地的人才交流中心保管。

大学生档案材料包括：①中学毕业登记表；②高等院校学生登记表；③人团志愿表；④入党申请书（含党校结业表、积极分子推优表）；⑤入党志愿书（含入党申请和转正申请）；⑥大学生体检表；⑦专业实习成绩鉴定表；⑧大学生学籍表（成绩单）；⑨高等学校毕业生登记表；⑩校、院先进材料；⑪就业报到证（副本）；⑫档案转递通知单等。

4. 户口迁移证

大学生来到学校读书，户口从原籍迁到学校，但在学校的户口是临时性的，毕业后应该迁出。大学生户口关系的转移，由学校户口管理部门到辖区公安机关按规定办理，公安机关按报到证上标明的就业单位地址迁移户口，大学生不得自行指定迁移地址。到工作单位报到后，持户口迁移证和报到证及工作单位证明到辖区公安部门办理户口迁移手续。户口迁移证是大学生毕业时其户口从学校所在地派出所迁出的证明，不能丢失，不管到哪里，都要在规定时间内把户口"落"下来，而不要把它放在自己的口袋里。

5. 二次派遣

在毕业时没有找到接收单位的大学生，按照规定被派遣到生源所在地的人事主管部门。二次派遣就是指大学生在 2 年的派遣期内，找到接收单位后的就业手续，此类的派遣由当地人事部门负责办理。

6. 定向生就业

定向生是指入学时与某些单位签订了委托培养协议的大学生，原则上按定向生入学时的合同就业，如有特殊情况，须征得原定向单位的同意，并办理相关手续并交纳相应的违约金和培养费后，可调整就业单位。

第三节　当前大学生择业存在的误区

每一位大学生在找工作时，都应该在充分认识和了解自我的基础上，去寻找适合自己实现自我价值、促进自我发展的工作岗位。目前，大学生择业时存在许多误区，产生这些误区的根源既有传统思想的因素，也有客观现实的影响，这些误区对大学生的求职择业、未来发展会带来负面的消极影响，不利于大学生的更好发展。

一、就业是毕业时的事情

广东省社科院《2009 年公众十大关注问题调查报告》显示，在公众关注的问题中，就业排在首要位置；而在大学生群体当中，对就业的关注程度最高。这表明大学生在攻读学业时，已经在考虑毕业后的就业问题。但是许多大学生只是在思想上关注自己未来的就业，而在行动上并没有具体的职业规划和实际行动，其表现为学习动力明显不足，素质发展没有目标，精神状态松散懈怠。这反映出了学生有意回避面临的就业压力，消极被动等到毕业再去面对就业的心理状态。

核心竞争力是指一个人区别于其他人的相对稳定的素质和能力，是当前衡量人才素质能力的一个普遍认同且广泛运用的综合指标。没有较强的核心竞争力，就不可能在激烈的就业竞争当中脱颖而出。大学开展职业规划教育，就是要帮助学生通过制订和实施自己的职业生涯规划，不断提高自己的核心竞争力，有效解决面对的就业压力。大学的每一年都承担着职业规划的重要任务，大学生从一年级就应该及早树立切实可行的就业目标，并且时时为目标而努力。"凡事预则立，不预则废"，走好大学职业规划的每一步，成功就业才能水到渠成。

二、一定找一个挣钱最多的工作

我国大学教育是非义务制教育，实行以国家为主，国家和个人共同承担教育成本的分担机制。学生个人承担的学费、生活费和其他个人费用支出每年在1万元左右。四年本科毕业也要花费四五万元。这样的教育成本对普通家庭来讲是一个不小的负担。这也成为许多大学生毕业时要找一个挣钱多的工作的内在原因。

"将父母的付出挣回来"、"一定要比没上大学的人挣得多"，这是很多大学生找工作时的心理状态。其实，每个人都想得到挣钱多的工作，而且钱要多多益善，但关键是大学生自身是否具备挣到这些钱的能力。近几年经常有月薪1万元甚至几万元的招聘岗位出现，但无一例外招不到合适的人，不是大家不想干，而是所有应聘的人都干不了。

找工作的原则是"适合的才是最好的"。大学生刚毕业，以后的路还很长，大学生真正能挣钱的工作是找到自己优势和兴趣所在的行业，使自己的能力在工作中不断的积累和提高，如果真的具有能力，肯定会达到"挣钱最多"的目的。

三、一定离开农村，留在体面的大城市

一直以来，选择大城市就业是绝大部分大学生的选择，甚至就业城市成了大学生找工作的首要因素。工作地域的选择无所谓对错，关键还是要看是否适合自己。选择在大城市就业，只是片面关注了大城市好的工作条件和生活环境，但忽视了大城市的激烈的就业竞争压力。对刚毕业的大学生来讲，发展机遇和未来空间并没有太多优势。

因此，大学生要善于在国家倡导的政策中发现就业的机遇。目前，广大的农村、基层、西部存在着大量的适合大学生发展的机遇。各种实践证明，凡是国家倡导的事情，有人先期做了，肯定会受益。例如，国家倡导的"三支一扶"，2006年刚开始时报名的大学生很少，但是两年后这部分人都有了好的发展，等

大学生们都发现了这个机遇，却突然发现报名的人剧增，竞争也相应加大了。

目前，国家倡导和鼓励基层就业、中小企业就业、自主创业，同时国家也配套了很多鼓励的措施。大学生应该充分了解和掌握政策，结合自身职业生涯规划的实际，摒弃地域的限制，把握当前的机遇，把个人的发展同国家的倡导结合起来，这样成功会更容易。

四、专业要对口

学以致用是每个大学生的理想，所学专业与找的工作专业对口，能够缩短融入工作的时间，可以更快地走上发展的"快车道"。2009 年的一项调查显示，有七成大学生找第一份工作的主要参考依据是"专业要对口"。但是如果一味地强调"专业要对口"就成了大学生就业的"障碍"。因为按照目前高校设置的专业来看，有很多专业无法实现与现实中的"专业对口"，而且即使找到了专业对口的工作，也很难保证今后一生就要干同样的工作。在这种情况下再强调"专业要对口"，就成了就业无法逾越的鸿沟，只能"坐以待毙"。在不能达到专业对口的情况下，就要学会适应岗位的需要，修改自身的职业规划，挑选自己感兴趣的岗位。同时也应该要看到，大学里学到的主要是一种学习方法，有更多的需要学习的地方是在实践中。实际上在往届大学生中，大部分人的专业与工作是不对口的，但是很多人在很多岗位上作出了突出的成绩。

五、选择机关事业单位，进国企不进民企

从近几年公务员招考热可以明显看出，机关事业单位成了大学生就业的首选。根据中国人民大学劳动人事学院参与的大学生就业意愿调查显示，有35.4％愿意去党政机关，18.9％选择国有事业单位，17.8％选择教学科研，13.6％选择国有企业，15％选择外资企业，而只有 1.3％选择私营企业。

大学生的就业观念与目前的实际现状有强烈的反差。根据西南财经大学"中国高等教育供需追踪评估系统"项目组，与中国零点调查公司合作开展的《中国企事业对大学生求职与工作能力需求调查》显示，民营企业占招聘应届大学毕业生企业数量的 46％，撑起了大学生雇主方的半壁江山，而国家机关、国有和集体企事业单位只占 22.3％，不到民营企业的一半。在 2010 年国家公务员招考时，北京市明确规定不在应届大学毕业生中招聘，取而代之的是有基层工作经验的往届大学生，这种做法已经得到了很多省市的公开支持。

中小企业就业应该成为大学生就业的首选。一是提供的就业岗位多。目前，我国中小企业提供了约 75％的城镇就业岗位，占每年新增就业岗位的 80％以上。

二是能迅速提高大学生个人的能力。中小企业经常进行岗位调整，使大学生有机会尝试不同性质的工作，从而找到自己真正喜欢的工作。同时中小企业处于初创期，需要创新与发展。具备吃苦耐劳、有灵活思维和创新品质的大学生能迅速得到做事机会，能力会得到更好的锻炼。三是薪酬不一定比大企业低。从历年的薪酬调查发现，收入多少主要取决于选择的行业以及该行业所处的地域，而与企业规模没有太大差别，即使有差别，平均也不会超过 20％。所以中小企业不但在薪酬方面不会落后于大企业，反而为了其自身更好地发展，对有贡献的人才的奖励会比较高。

思考与实训

1. 访谈几位往届毕业生，写出对大学毕业生就业问题的认识和感想。

2. 面对当前的就业形势，大学生应该树立怎样的就业观念？

第三章 大学生就业程序与技巧

场景一：在一次招聘会上，海尔集团的招聘负责人一面回答着应聘人员的各种咨询和问题，一面翻阅着递交来的近千份应聘简历，他要在3个小时内挑选出基本符合招聘条件的简历，带回公司详细考察。

场景二：青岛某高校要招聘辅导员。招考人员在审查求职简历时，所有的人员都被一份简历所吸引，这份简历有20多页，里面有各种奖学金证书、荣誉证书，还有在报纸上发表的文章以及组织演讲辩论大赛的照片等。这是一名有备而来的学生，不仅在自荐书中详细说明了他本人对学校的全面了解和对辅导员工作的深刻认识，而且简历中各种证书的复印件上，都有所在学院加盖的"已审核确认"的公章。虽然大家还没有见到这位学生，但已经对他有了好感。

简历的制作要根据用途来区别对待。参加大型招聘会需要在几秒钟之内让招聘人员看到优势所在，否则，就会被抛弃，这种简历一张纸即可。参加面试，面试考官要通过简历和交谈回答问题等方式，全面充分地了解应聘人员。这种简历则要越详细越好，力求全面，重点突出。

第一节 准备求职材料

大学生找工作需要与用人单位"双向选择"来确定，"双向选择"的过程，实际上就是相互认识、相互了解、相互认可的过程。作为大学生来讲，在了解认识对方的同时，要让用人单位认识自己、了解自己、选择自己，从而实现自己的就业愿望。为达到这一目的，需要利用各种途径和方法正确展示自己，而材料展示是自我推销的最有效形式。

一、求职材料的分类

常见的求职材料一般有纸质材料、电子材料和声像材料。纸质材料主要是纸质的各种证书、简历、表格等；电子材料主要是电子邮件、存储在 U 盘和光盘里的文字材料；声像材料主要是配有声音和图像的展示材料。这些不同种类的材料，要根据求职材料的用途来选择不同的种类。有些时候要用到纸质材料，一般参加招聘会就要现场提交纸质简历，报名应聘许多单位则要求通过电子邮件提交电子材料，有些时候必要的话也可附加某些声像材料。

求职简历是最主要的求职材料，一般分为两类，一类是单页式的，主要用于参加各种招聘会使用的简历。这类简历需要在较短的时间内引起招聘者的注意。因此文字表述要言简意赅，应聘优势要重点突出，一张 A4 的纸即可，如有需要也可以双面打印。另一类是综合式的，主要用来全面介绍自己的综合情况。这类材料包含的内容比较全，材料之间相互支撑、互为补充，能更全面、更细致地展示应聘者的综合素质和业务能力。下面主要介绍综合式求职材料。

二、综合式求职材料的组成

综合式求职材料主要包括：就业推荐表、个人简历、自荐信以及其他辅助材料，必要的话还可以附上一份本专业介绍。

三、综合式求职材料的准备

1. 就业推荐表的准备

就业推荐表是学校向用人单位推荐学生的正式书面材料，具有法定的权威性和可靠性。用人单位非常重视就业推荐表，往往成为招聘考察时的首选材料。就业推荐表一般由三部分组成：一是学生本人的情况介绍，包括学生的本人基本信息、学习成绩和毕业学位信息等；二是学生所在院部的推荐意见；三是学生所在学校就业主管部门的推荐意见。

就业推荐表要求用钢笔或圆珠笔填写。学生在填写时要认真，字迹要工整、清晰、整洁。正式填写之前最好打草稿，以免填错了，再进行涂改会影响推荐效果。学校发给学生的就业推荐表每人只有一份，因此学生自己要多复印几份，以备使用。只有当用人单位决定录用你时，才能将就业推荐表的原件交给录用单位。

2. 个人简历的准备

个人简历反映求职者的简要经历，通过个人简历集中展示求职者的学习成绩、素质能力；性格特征、发展潜力的综合表现。在求职择业时，它是用人单位对求职者进行分析、比较、筛选，决定是否录用的主要依据。个人简历应包括以下几个部分：

个人基本信息，包括姓名、性别、出生年月、政治面貌、身体状况（身高、体重、视力等）、生源地（参加高考时的地点）、家庭所在地、兴趣、爱好、性格、住址、联系方式等；受教育情况（以时间的倒序，从现在往前写，要写明就读学校、所学专业、学位）；主要社会工作（本人担当的社会工作及主要经历）；获得荣誉（三好学生、优秀团员、优秀学生干部、奖学金等方面）；在校期间担任职务及组织活动情况（介绍自己担任的职务及组织参与的活动，及活动效果）；参加社会实践及实习情况（写明参加社会实践及实习的时间、地点及效果）；本人特长（写明中文写作、计算机、外语、艺术、文体等方面的能力）。

个人简历 A4 纸一面即可。文字要简洁精炼、表达要适度，富有个性。简历的格式应便于阅读，有吸引力，如果有需要特别引人注意的内容可加着重号。通常习惯将求职者的照片（小两寸正面像）贴在简历的右上角。

3. 自荐信的准备

自荐信是针对特定的用人单位写的。自荐信要集中突出个人的特征与求职意向，书写要清晰、简明，态度要诚恳，用语要得当并能打动招聘人的心。自荐信由称呼语、正文、结尾、落款四部分组成。

信的开头，要写明收信人的称呼。对于不甚明确的单位，可写成"人事处负责同志"、"尊敬的领导同志"、"尊敬的某某公司领导"等；对于明确了用人单位负责人的，应写出负责人的职务、职称，如"尊敬的某教授"、"尊敬的某处长"、"尊敬的某经理"等。称呼写在第一行，顶格书写，以示尊重和有礼貌。称呼之后用冒号，然后另起一行，写上问候语"您好"，接着写正文。

正文是求职信的主体部分。应写清楚以下几方面内容：个人基本情况，如姓名、就读学校、专业名称、何时毕业等；个人所具备的条件，这是求职信的核心。要谈谈自己对从事此工作感兴趣的原因，愿意到该单位工作的愿望和自己具备的资格。

求职信的结尾可提醒用人单位希望得到他们的回复或回电，或希望能有面试的机会，如"希望得到你的回音"、"盼复"等。附联系地址、邮编、电话。通常结束语后面应写表示祝愿或敬意的话，如"此致"、"敬礼"、"祝您身体健康、工作顺利、事业发展"等。

落款包括署名和日期。应写在结尾祝词的下一行的右后方，与正文的边界线或稿纸的边界线空出两个字或两个格的距离。若有附件，可在信的左下角注明。如"附1：个人简历"、"附2：成绩单"等。

4. 其他求职择业材料的准备

个人简历、自荐信、就业推荐表都是求职择业过程中必不可少的文字材料。

除此之外，还要准备能够体现自己知识、能力、经验等方面优势的"硬件"材料，它包括：成绩单（由教务部门出具）、外语等级证书复印件、计算机等级证复印件、各类获奖证书复印件、各类技能证书（如驾驶证等）复印件、推荐信，其中推荐信是辅导员或相关领导、老师、亲友对你的评价，一般比较权威、可信。如果是他们介绍你到某单位应聘求职，最好带上推荐信。因为这是组织对你的评价，用人单位一般比较重视。公开发表的论文或文章原件及取得的成果等。

第二节　搜集招聘信息

招聘信息是大学生求职择业时进行选择岗位的首要信息。没有招聘信息，学生选择岗位就可能无的放矢。没有充足的招聘信息，学生的就业选择也就不能充分选择。因此，高校毕业生应当充分利用不同的就业信息渠道，及时获取各种就业信息，并对就业信息进行分析，选择适合自己的就业信息，进而实施具体的应聘措施，以期达到理想的就业目标。

一、搜集招聘信息的渠道和方法

1. 学校大学生就业服务机构

学校的大学生就业指导办公室或大学生就业指导服务中心，是代表学校实施就业管理和就业指导的职能部门。因此，它的信息来源准确可靠，信息数量宽泛充足。学生应当经常关注就业信息的网站公告和公告栏目，及时获取对自己有益的就业信息。

2. 大学生就业市场

大学生就业市场是专门为大学生和用人单位的"双向选择"提供服务的，它包括就业的有形市场和无形市场。有形市场主要是指由社会或学校举办的各种类型的招聘会；无形市场是指社会或学校利用网络技术为学生提供更多的信息服务。大学生就业市场与各大型企事业单位及其他用人单位实行信息联网，所有企、事业单位和国家重点建设项目的所需人才都将在网上公告，各高校的毕业生就业信息也能在网上查询，提供了用人单位和毕业生之间通过就业市场的互联网络进行互相了解、沟通的交流平台，进而达到就业与用人的双赢目的。

3. 社会各种传播媒介

伴随我国市场经济的不断完善和快速发展，传播媒介的重要作用越来越凸显。各类单位和机构都可以通过广播、电视、报纸、杂志、电话等工具，面向社会介绍企业现状、发展前景及人才需求信息。专门针对大学生就业的传播媒介，如《大学生就业指导报》、《中国大学生就业》杂志等都在大学生求职择业的关键时期发布用人单位需求信息和招聘信息。各地的《人才市场报》也都开辟了人才需求信息及招聘广告栏目，毕业生要注意关注、经常阅读，从中获得对自己有用的招聘信息。

4. 社会关系

大学生的亲朋好友分布在社会的各个领域，通过他们了解社会需求信息针对性会更强。从自己的家长、兄弟姐妹以及亲戚、朋友、熟人和各种关系的人中获取的信息往往比较准确和直接。况且，他们对用人单位和求职者双方的情况都比较了解。一般来讲，用人单位向社会发布招聘信息后，将会收到大量内容相差无几的应聘函，面对如此众多的陌生人，很难分辨出哪一个更强。所以，在求职中如果有熟人或亲朋好友帮助推荐一下，也许是有效的，况且有些用人单位还愿意录用经人介绍和推荐进来的求职者，参考这种信息的成功率一般较高。

5. 社会实践活动

大学生通过毕业实习、到企业参观访问、参加社会服务等各项社会实践活动，使自己所学的知识直接应用于生产，为社会服务，同时也开阔了视野，还可以有意识地了解到这些单位对大学生的需求情况，对所需人员的素质要求和具体的招聘信息。这对毕业生来讲是非常难得的获取第一手招聘信息的重要环节。

6. 联系用人单位

在报刊上登载求职广告，说明自己的能力和专业特长；也可在因特网上直接设计个人的求职主页，充分地、全方位地展示自我，以便于用人单位与自己联系。对自己向往的公司和企业，可通过电话与人事部门联系，或亲自走访（当然，对那些明确表示谢绝来电、来访的单位就不必选用这种方法），这样既可以节省时间，又能尽快得到确切的信息还能通过实地考察，对公司或企业的地理环境等外部条件有清晰的认识，待决策时参考。

二、招聘信息的筛选

在已经收集到的大量就业信息中，求职者可结合自己的实际情况，对获得的信息进行分析和筛选，准确、全面地把握信息，更好地为自己择业服务。在对招聘信息进行分析和筛选时要注意以下三点。

1. 对所获得的信息进行分析

分析招聘信息有三层含义：一是要做可信程度的分析。一般来说，学校大学生就业机构提供的信息可信度比较高，因为用人单位向学校提供的信息都有一定的根据。其他渠道得到的信息，还需要进一步核实，才能判断其可信程度。二是要做效度分析，对信息的可用性进行鉴别，要看这条信息能否为我所用。三是信息的内涵分析。信息的内涵包括用人单位的性质、要求以及限定条件等。

2. 将招聘信息与自身条件对比

从职业规划的角度来讲，只有适合自己的信息才是最有用的信息。在对信息进行比较的过程中，要根据自己的性格、兴趣、特长来分析，如是否是自己职业规划中的目标所在，看看自己与哪些信息更吻合，哪个单位对自己的发展更有利等。

3. 及时反馈自己的应聘意向

当收集到一条或更多的信息后，一定要尽快分析处理并及时向信息发出者反馈自己的应聘意向，以免错失良机，留下遗憾。就业信息对大学生来说十分宝贵，当获得准确有效的信息后若能及时分析，则有助于在择业中作出正确选择。

第三节　参加招聘会

参加招聘会通常是大学生求职的首选方式。每一位求职大学生都希望能通过参加招聘会，选择自己理想的单位，并能在激烈的竞争当中获得成功。虽然大学生们对参加招聘会满怀期望，但有相当一部分学生对参加招聘会的程序缺乏了解，准备不够充分。即便是参加了招聘会，也只是把自己的个人简历投递给自己想去的单位，匆匆了事，最终结果往往不尽如人意。其实，参加招聘会无论在时机的选择、物品的准备，还是在和招聘企业的对话上都很有讲究。

一、参加招聘会的程序

1. 选定路线

每年从 1 月份开始，全国各省市和高校都举办各种类型的招聘会，有综合性大型招聘会，也有专场小型招聘会。这些招聘会的时间和地点有时比较集中，有时也比较分散。对于即将毕业的求职大学生而言，既要把毕业前的教学环节完成好，又要奔波于各地参加招聘会。因此，首先要从名目繁多的招聘会信息当中，选中自己要去参加的招聘会。其次要本着省时省钱、高效务实的原则，选定自己参加招聘会的合理路线，以期达到圆满的求职目的。

2. 准备物品

（1）求职材料

要准备好就业推荐表的复印件、个人简历、自荐信和相关的辅助求职材料。个人简历既要准备好单页式的，也要准备好综合式的，同时，自己的一些成绩单和各类证书的复印件也要备好带齐，以备所用。因为，有时出去一趟要同时参加几场招聘会，或一场招聘会要应聘多家单位，所以，材料应该多准备几份，以免数量不够，贻误机遇。

（2）笔记本

一本硬壳封面的小笔记本在求职应聘当中会大有妙用，在与招聘经理面谈之后，可以随手把公司的联系电话和 E－mail 记录下来，以备后续进一步联络，同时还可以把重要的求职信息记录下来，方便日后查询。

（3）随身带点食物和饮料

连续奔波于招聘会很是消耗体力的，况且招聘会上人多拥挤，也容易让人精神疲惫。所以，自己最好携带一点方便食品和水饮料等，渴了、饿了，随时补充，这样就能保持好的体力和精神面貌，从容自如地完成应聘活动。

3. 梳理思路

参加招聘会，除了递交个人简历外，还要与招聘单位的工作人员进行交流。在交流前应该对一些常见问题有所准备，不能想到哪儿就说到哪儿。例如，"你想进什么样的企业，国企、民企还是外企？你对工作地点、工作条件有什么要求？你对工资收入的'心理价位'是多少"等。对这些问题的回答，招聘人员最不愿意听到的就是模棱两可、不明确的回答，因为这样的回答表现出你缺乏起码的自信。

4. 选择时段

根据经验进入招聘会的时间应该尽量避开三个时段：①早晨 9 点以前。这时招聘会刚刚开始，大批的毕业生蜂拥而入，用人单位的工作人员也忙于接受，根本无暇与应聘者交谈。不利于被"伯乐"慧眼选中。②中饭时间。虽然招聘会中午不休息，但是招聘人员也要轮流吃饭或稍事休整，在招聘摊位前放上一个"马上回来"的小牌，倘若你这时来应聘，很有可能见不到他们，也就没有机会与他们沟通了。③下午 3 点以后，这时有不少企业开始撤摊了，坚守的人员也无心工作了。

5. 确定单位

一场招聘会一般能有几十家甚至上百家招聘单位，如果一碰到感兴趣的职位就坐下来与之交谈的话，恐怕一上午也走不了几家，影响自己的选择。因此，应当先把招聘会上所有的招聘单位整体浏览一遍，拿出小笔记本，把有意投奔的企业的名称、摊位编号、职位要求记录下来。比较之后，有重点的到自己倾向的用人单位摊位去投简历、细交谈，争取能够被选中、被录用。

二、选择招聘企业投递求职材料

1. 正确定位自身职业

大学生参加招聘会时，首先要明确自己的职业定位，根据自己所学的专业、未来发展方向、个人兴趣和优势，结合企业的发展要求，明确自己的职业定位。坚持"凡是适合于自己的就是最好的职位"的原则，切忌脱离社会现实和自己的实际情况盲目把精力都集中到外企和政府机关上。

2. 全面了解企业信息

对企业信息的全面了解是投递求职材料前非常重要的一项工作。了解企业信息可以通过企业网站、企业宣传单、企业宣讲会等多种形式和渠道来获得企业的经营状况和发展前景、招聘岗位和招聘数量、主要业务和企业文化以及对招聘人员的素质能力要求等重要信息。

3. 适时投递求职材料

在招聘会上投递简历时切勿"渔翁撒网"随便乱投，而是要在对特定企业及职位有充分了解的基础上，有目的的、适时投递求职简历。

三、提高应聘成功率的方法

1. 选择合适的招聘会和求职材料

目前的招聘会主要有两大类：校园招聘会和社会招聘会。前者主要是招收应届高校毕业生，这也是大学生最有效的求职方式。社会招聘会主要是面对有实际工作经历的求职者。大学生要有针对性地选择招聘会，不能盲目赶场、乱投简历。通常情况下，首选大学生专场招聘会，招聘的对象就是高校的应届毕业生，用人单位不会刻意强调工作的经历。其次是选择企业主办的专场招聘会，这类招聘会岗位多、数量大、针对性强。最后是选择行业专场招聘会，比如软件业、金融业、房地产业等专场招聘会。同时，学生尽量不要错过企业在校园举办的小型专场招聘会。这类招聘会一般是企业根据自己的需求，有针对性地选择专业对口的高校进行的，针对性较强、最容易使双方达成协议，促成学生就业。

简历要简洁明了，投放要有的放矢。简历一般包括个人基本情况、专业成绩和相关证书、求职意向等几项，层次要分明。另外，把自己的工作经历及求职意向表述清楚，在简历中还要注明自己的联系方式，使用人单位能及时与你取得联系，否则你的简历很可能就被封存了。另外，参加招聘会时最好不要带过多的证书原件。因为参会人非常多，用人单位没有时间当时验证，主要是见见面和看看简历。带复印件可以避免在招聘会上丢失证件。

2. 礼貌地展示自己，力求留下美好的第一印象

面对招聘人员时不要急于自我介绍，要先礼貌地递上自己的简历，等对方浏览完毕，再用简练的语言做自我介绍。在介绍时要重点突出自己的专业特长和素质优势，切忌面面俱到、平铺直叙、没有重点。在回答问题时，应当沉稳冷静、表述清楚、落落大方。在交流或询问时，也应主动地向用人单位的招聘人员表达

自己的想法和要求。例如，"请介绍一下企业的发展前景和企业文化，企业对应聘者素质有何要求？"切忌一味关注薪水和福利待遇等问题。另外，不要被招聘单位列出的条件所吓倒，要充分表现出你具备适应工作的能力并能创造辉煌业绩的信心。

在与招聘人员见面时，第一印象至关重要，第一印象往往对应聘的成败起到决定性的作用。如何给用人单位的招聘人员留下一个好的印象呢？首先，要表现出良好的精神面貌，满怀自信、富有活力、充满激情。其次，行为举止要彬彬有礼、落落大方，与人握手时要镇定有力，眼睛要直视对方，衣着打扮要得体适宜，语言交流要语速适当，表述清晰；更重要的是，交流问题要紧扣主题，切忌漫无边际的随意发挥。在招聘会现场由于人多，双方不可能进行详细交流，一定要抓紧时间多了解应聘单位的关键信息，索要对方的联系方式，以便会后能及时联系。

3. 充分利用招聘会会刊和各种信息

一般情况下，在招聘会的入口处会向求职者免费发放招聘会的会刊，上面刊登了所有参会单位的聘用人员的数量和条件。应聘者可以索要会刊，对到会单位的招聘情况做个初步了解，然后根据自己的专业、特长和就业倾向来选择哪些单位是适合自己的，从而选定自己的目标单位。确定好目标单位后，安排好应聘顺序，逐一进行沟通交谈，最终争取实现自己理想的就业目标。

在对某一个单位作出取舍决定时，一定要遵循耳听为虚、眼见为实的原则，不要轻信别人的意见和评价，而要本人亲自去交谈接触，了解感受。因为每个应聘者的自身条件和就业倾向各不相同，同样一个单位，适合于别人的，未必适合于你，适合于你的，也未必就适合于别人，所以在应聘时要本着"适合自己的就是最好的"这样一个原则，亲身了解，亲身感受，全面考虑，做出自己明智的选择。

4. 选择单位应视野开阔，切忌家长"越俎代庖"

在选择单位时，既要考虑眼前，也要考虑未来；既要考虑自己的专业方向，也要考虑不同专业的交叉和融合。不同类别，不同规模的企业和公司在整个国家经济发展的系统当中都承担着不同的角色和任务。因此，学生在选择单位时，不要把眼光只盯在自己心目中的最佳单位上，选择的视野应当更开阔一些，一定要用发展的眼光和意识来选择自己的就业单位，切不可只顾眼前，视野狭窄。

参加招聘会时，不要让家长陪同，更不可让家长代替学生向用人单位的招聘人员交流询问有关问题。因为那些有家长陪同或代劳的应聘者会给用人单位留下"不成熟，独立性欠缺，肯定不能胜任工作"的不良印象，应聘成功自然也就成为泡影。

第四节　笔试和面试

　　笔试是一种与面试对应的测试，是考核应聘者学识水平的重要工具。这种方法可以有效地测量应聘人的基本知识、专业知识、管理知识、综合分析能力和文字表达能力等素质及能力的差异。笔试在就业招聘中经常被采用，尤其是在大规模的就业招聘中，它可以一下子把应聘者的基本情况了解清楚，然后筛选出基本符合条件的人员，再做进一步的考察和了解。目前，在一些应聘人数较多的招聘活动中，经常是先采用笔试的方式进行初选。

　　面试是一种经过组织者精心设计，在特定场景下，以考官对考生的面对面交谈与观察为主要手段，由表及里测评考生的知识、能力、经验等有关素质的一种考试活动。面试是招聘的一种重要方法。面试给用人单位和应聘者提供了进行双向交流了解的机会，从而使双方都可更准确做出聘用与否、受聘与否的决定。而且与笔试相比它具有更大的灵活性与综合性，是用人单位常用的一种招聘方式，且越来越受到重视。

一、笔试的内容和题型

1. 笔试题型

　　笔试题型分为两类：一类是问卷式，具体题型包括填充、判断、选择、问答等类型。问卷式被看做是笔试中最常见、最科学、最客观的方法。另一类是论文式，具体题型以论述题为主，通常是让应聘者对择业观的问题作出评价，对某种现象作出分析或感想，从而检验应聘者的分析、综合、比较、归纳、推理等综合思考能力。另外，还有一种作文式并不常见，就是让应聘者根据考官提供的一定素材和要求，写出一篇常见的行政公文。

2. 笔试内容

　　笔试内容一般分为两类：一类是专业理论和专业技能方面的内容，主要考查应聘者运用专业理论知识分析解决实际问题的能力，近几年，在许多行业招聘中，在查阅应聘者学业成绩单的基础上，都加大了对应聘者专业能力的再考查力度。例如，许多外贸外资企业招聘雇员要加考外语，公检法机关录用干部要加考法律知识等。另一类是文化修养、道德素质和心理健康方面的内容，主要考查应聘者的政治理想信念，为人处世态度和心理个性差异。心理状况测试是最近几年来被用人单位广泛关注的一项考查内容，通过标准化量表或问卷判断应聘者的心理状况和个性差异。一些特殊的用人单位也以此来测试求职者的态度、兴趣、动机、智力、个性等心理素质。

二、笔试的准备

1. 注重平时积累

一是要坚持学以致用，不断提高运用理论知识分析解决实际问题的能力，既要把自己的专业知识学懂记住，还要善于学会运用知识解决问题。二是要广泛阅读，不断扩大自己的知识容量，提升自己的素质修养。在学习当中去接受新知识，在领悟当中去塑造新自我。三是要勤思考、多训练，不断提高自己的综合能力，掌握笔试的方法和技巧。

2. 调整身心状态

一要减轻思想负担，二要保证充足的睡眠，三要适当参加一些文体活动，从而使高度紧张的大脑得到放松休息，以充沛的精力去参加考试。在答卷时，要心绪镇定，不要紧张。应该仔细审题，切不可粗心大意，出现漏题、误写等问题。遇到不会的题目，也不要紧张急躁，可以采取先易后难，先简后繁的方式，注意联想、寻找思路，往往能收到意想不到的效果。

3. 进行针对性复习

进行针对性复习时，首先要根据应聘岗位的专业知识要求和以往考试的知识范围，确定要复习的内容和重点。其次就要根据自己的实际情况，制订切实可行的复习计划，合理安排好复习的进度和复习的时间。在复习时一定要注意选择合适的方式方法，常用的复习方法有归纳提炼法、系统排列法、厚书变薄法、串联建构法等，选择适合自己的复习方法，严格执行、倾心努力，就会收到事半功倍的效果。

三、面试的种类

1. 结构化面试

（1）结构化面试的概念

结构化面试是依据预先确定的内容、程序、分值结构进行的面试形式。面试过程中，主试人必须根据事先拟定好的面试提纲逐项对被试人测试，不能随意变动面试提纲，被试人也必须针对问题进行回答，面试各个要素的评判也必须按分值结构合成。也就是说在结构化面试中，面试的程序、内容以及评分方式等标准化程度都比较高，使面试结构严密、层次性强、评分模式固定。

目前，结构化面试因其直观、灵活、深入、具有较高的信度和效度而不断被许多用人单位接纳和使用，它作为现代人员素质测评中一种非常重要的方法，比较适合规模较大，组织、规范性较强的录用面试，结构化面试已经成为目前公务员录用面试的基本方法。

（2）结构化面试的操作步骤

一般来说，结构化面试的具体操作步骤如下。

1）对进入面试的考生讲解本次面试的整体计划安排、注意事项、考场纪律。例如，应考者在面试前不能与已面试过的应考者进行交流，否则就相当于泄题，因为同一职位的应考者面试试题很可能是完全相同的。鉴于此，应考者在候考室等待面试时，不许使用手机，也不允许在外面随便走动。

2）以抽签的方式确定考生面试顺序，并依次登记考号、姓名。在公务员录用面试中，形式上的公平性与内容上的公平性同样重要，甚至形式上的公平性会更令人关注，因为形式的公平与否是人们容易看到的。面试顺序往往由应考者本人在面试开始前抽签决定，以确保面试的公正性和公平性。

3）面试开始，由监考人员或考务人员依次带领考生进入考场，并通知下一名候考人准备。

4）每次面试1人，面试程序为，首先由主考官宣读面试指导语；然后由主考官或其他考官按事先的分工，依据面试题可让应考者按要求回答有关问题；根据应考者的回答情况，其他考官可以进行适度的提问；各位考官独立在评分表上按不同的要素给应考者打分。

5）向每个考生提出的问题一般以6～7个为宜，每个应考者的面试时间通常控制在30分钟左右。

6）面试结束，主考官宣布应考者退席。由考务人员收集每位考官手中的面试评分表交给记分员，记分员在监督员的监督下统计面试成绩，并填入考生结构化面试成绩汇总表。

7）记分员、监督员、主考官依次在面试成绩汇总表上签字，结构化面试结束。

2. 情景模拟面试

情景模拟面试是设置一定的模拟情景，要求被测试者扮演某一角色并进入角色情景中，去处理各种事务及各种问题和矛盾。考官通过对考生在情景中所表现出来的行为进行观察和记录，以测评其素质潜能，或看其是否能适应或胜任工作。

（1）情景模拟面试的主要方式

1）机关通用文件处理的模拟

这种模拟方式以机关的日常文件处理为依据，编制若干个（15～20个）待处理文件，让被测者以特定的身份对文件进行处理，这些待定文件应是机关干部经常要处理的会议通知、请示或批复、群众来信、电话记录和备忘录等，要求被测者在 2～3 小时内处理完毕。

待处理文件大体分为三类：第一类是文件中涉及的工作内容已有明确结论，只需要在查阅以前的文书档案基础上对文件略作加工、提炼。通过对这类文件的处理来对被测者处理文件结果的有效性进行评价。第二类是文件中的某些条件和信息尚不够完备，需要被测者从中发现问题，并进一步获取补充有关的信息和内容。这类文件处理起来应有一定的难度。它主要用来评价被测者观察问题的细致性和深刻性，思维意识的敏感性、逻辑性和周密性。第三类是文件处理的条件已具备，要求被测者在综合分析问题的基础上作出决策。

通用文件处理应以团体方式进行。在测试前，由主持测评者做统一指导，说明测试的目的及要求，消除被测者的紧张情绪，以利相互配合。

2）工作活动的模拟

工作活动的模拟可以采用以下两种形式进行：

一是上下级对话形式。模拟接待基层工作人员的情景，由被测者饰上级，测评员为下级，或向上级领导汇报或请示工作。这种模拟测试可采用主考人员与其对话，其余测评人员观察打分的方式进行。测试前应让被测者阅读有关材料，使其了解角色的背景和要求。测试主题可一个专业一题，需有一定难度和明晰的评分标准，时间以每人半小时左右为宜。

二是布置工作的测试。要求被测者在看阅一份上级文件或会议纪要后，以特定的身份结合部门实际，对工作进行分工布置和安排，这一项目可以按个别测试的方式进行，测评人员一般为招考部门领导。在一定条件下，测评人员可向被测者进行发问，以对其进行较深入的整体测评。最后，依据评分标准分别评分。

3）角色扮演法

事先向考生提供一定的背景情况和角色说明，模拟时要求考生以角色身份完成一定的活动或任务。例如，接待来访、主持会议、汇报工作等。

4）现场作业法

提供给考生一定的数据和资料，在规定的时间内，要求考生编制计划、设计图表、起草公文和计算结果等。被普遍应用的计算机操作、账目整理、文件筐作业都属于此类形式。

5）模拟会议法

将若干（10 人左右）考生分为一组，就某一需要研讨的问题或需要布置的活动或需要决策的议题由考生自由发表议论，相互切磋探讨。其具体形式有会议的模拟组织、主持、记录及无领导小组讨论等。

（2）无领导小组讨论和公文筐测验

无领导小组讨论和公文筐测验是情景模拟面试的一种形式，是近几年在借鉴国外先进测评技术基础上开发的面试方法。这两类方法由于组织简单、实用性强、效果准确等特点，越来越广泛的被招聘单位采用。

1）无领导小组讨论

•无领导小组的概念。无领导小组讨论采用情景模拟的方式对考生进行集体面试。它将一定数目的考生组成一组（5～7人），进行1小时左右的与工作有关问题的讨论，讨论过程中不指定谁是领导，也不指定受测者应坐的位置，让受测者自行安排组织，评价者来观测考生的组织协调能力、口头表达能力、辩论的说服能力等各方面的能力和素质是否达到拟任岗位的要求，以及自信程度、进取心、情绪稳定性、反应灵活性等个性特点是否符合拟任岗位的团体气氛，由此来综合评价考生之间的差别。

•无领导小组讨论的方法。无领导小组讨论由一组应试者组成一个临时工作小组，讨论给定的问题，并做出决策，由于这个小组是临时拼凑的，并不指定谁是负责人，目的就在于考察应试者的表现，尤其是看谁会从中脱颖而出，成为自发的领导者。

在无领导小组讨论中，或者不给应试者指定特别的角色（不定角色的无领导小组讨论），或者只是给每个应试者指定一个彼此平等的角色（定角色的无领导小组讨论），但这两种类型都不指定谁是领导，也并不指定每个应试者应该坐在哪个位置，而是让所有受测者自行安排、自行组织，评价者只是通过安排应试者的讨论题目，观察每个应试者的表现，给应试者的各个要素评分，从而对应试者的能力和素质水平做出判断。

•无领导小组讨论的评价标准。在无领导小组讨论中，考官评价依据的标准主要是：参与有效发言次数的多少；是否有随时消除紧张气氛、说服别人、调节争议、创造一个使不大开口讲话的人也想发言的气氛的能力，并最终使众人达成一致意见；是否能提出自己的见解和方案，同时敢于发表不同意见，并支持或肯定别人的意见，在坚持自己的正确意见基础上根据别人的意见发表自己的观点；能否倾听他人意见，并互相尊重，在别人发言的时候不强行插嘴；语言表达、分析问题、概括或归纳总结不同方面意见的能力；是否具有反应的灵敏性、概括的准确性、发言的主动性等。

2）文件筐测验

•文件筐测验的概念。文件筐测验通常又叫公文处理测验，是情景模拟测试的一种，该测验在假定的情景下实施。

•文件筐测验的方式。文件筐测验一般模拟一种假设环境，如单位、机关所发生的实际业务、管理环境。提供给受测者的信息，如函电、报告、声明、请示及有关材料等文件，内容涉及人事、资金、财务、市场信息、政府的法令、工作程序等多种材料，这些材料放在公文筐里，测验要求受测者以管理者的身份，模拟真实生活中的情景和想法，在规定的条件下和限定时间（通常为1～3小时）

内对各类公文进行现场处理，评委通过对受测者处理文件过程中的行为表现和书面答案，评价其计划、授权、组织、预测、决策和沟通的能力。该测验通常用于管理人员的选拔。测验一般只给日历、背景介绍、测验指示和纸笔，考生在没有旁人协助的情况下回复函电、拟写指示、作出决定，以及安排会议，评分除了看书面结果外，还要求考生对其问题处理方式做出解释，根据其思维过程予以评分。文件筐测验具有考察内容范围广、表面效度高的特点，因而非常受欢迎，使用频率居各种情景模拟测验之首。

四、面试应注意的几个问题

1. 严格守时，保持良好形象

迟到是面试大忌之一，主考官不会喜欢没有时间观念的人。应试者最好提前十分钟到达现场。若未去过面试地点，应事先将路线中可能出现的如堵车等问题考虑在内，早点出发，以保证万无一失。提前到达，除了将有充裕的时间填写表格申请之外，能放松自己，以良好的状态进行面试。

第一印象的好坏往往会影响面试的效果，不好的印象甚至会导致失去一次理想的就业机会。因此，在准备面试时，必须事先整理好你的思路，从穿着打扮和精神面貌两个方面给主考官留下良好的第一印象。

大学生求职面试是一个比较正规的社交场合，最适合于穿正装，以深色西装为宜，适合着白色衬衣、黑色鞋，再配与西装和鞋相近的袜子。这样，服饰就显得朴素、庄重、大方、协调。

女大学生的面试装以整洁美观、稳重大方、高雅端庄为原则。服饰色彩、款式、大小与自身的体态、发型和拟聘的职业相协调一致。女士求职装一般以西装套裙为宜，这是最通用、最稳妥的着装。一套剪裁得体的西装套裙和一件配色得当的衬衣或罩衫，外加相配的小饰物，会使你看起来显得优雅而自信，会给对方留下良好的印象。

2. 发言紧扣主题

在回答主考官提问时，切不可言语离题，漫无边际，让主考官听得莫名其妙。不可对毕业的学校或同来面试的同学评头论足。因为主考官会认为，你对自己曾学习、工作过的学校和同学毫无一点留恋之意，反而有许多怨言，一旦进入单位又怎么能处理好人际关系，这对你应聘非常不利。

3. 文明礼貌，不卑不亢

应试者参加面试，首先考察的就是应试者的文明修养。因此要知道基本的社交礼仪，讲话多用礼貌用语。当进入面试考场，向主试人员打招呼时，如果主试人员有职务，一定要采用姓加职务称呼的形式，如"刘经理"、"李处长"等；如果职务较低，可不采用职务称呼，以"老师"相称为好。如果对方职务是副职，从目前社会上流行的称呼习惯和社会心理来看，最好略去"副"字，就高不就低以正职相称。

面对主试考官应当礼貌自然，既不可过分殷勤、卑躬屈膝，也不可趾高气扬，盛气凌人。两者都会使你失去被录用的机会。

4. 做好细节工作

面试时你的一举一动都会引起主考官的关注，稍有不慎，就有可能名落孙山。第一，面试时不要嚼口香糖，它会给人一种漫不经心、不负责任的印象。第二，别开玩笑，别讲脏话，别说面试者难懂的方言俚语。面试时能恰当地表现幽默感当然好，如果不善于运用或控制幽默，最好别去用它，因为面试地点不是开玩笑的场所，这样会给人留下一个轻浮的印象。在与主考官交谈时，尽可能不用对方难以听懂的语言或专业术语，否则容易给人有意嘲笑他人或故弄玄虚之感。第三，面试时绝对不能做小动作，如挠脑袋、啃手指、挖耳、频频改变坐姿等。

第五节　签订协议与派遣报到

毕业生通过面试以后，需要向学校申领"就业协议书"，毕业生与用人单位双方签署协议书，学校审核通过，协议书方可生效。学校将就业方案上报省主管部门批准后核发报到证，毕业生持报到证等材料到接收单位报到上班。

各省市的用人制度有所不同，毕业生要了解当地用人单位接收高校大中专毕业生的政策，按照对方的程序办理。下面以某省省高校为例，说明高校毕业生签约报到的程序。

一、签订就业协议书

1. 与省外用人单位签约

省内高校毕业生如果与省外用人单位签约，仍然要签署纸质协议书，一般需要在高校毕业生就业信息网上进行签约申请、协议录入和学校审核，具体流程如下：

（1）毕业生登录高校毕业生就业信息网并提出省外就业申请。

（2）毕业生在书面就业协议书上填写基本情况。

（3）毕业生所在院部加盖院部公章，院部予以登记备案。

（4）用人单位签字、盖章、毕业生签字，填写双方约定的其他条款。

（5）毕业生按照书面协议书在高校毕业生就业信息网填写"省外就业协议

书"内容，并将就业协议书送交学校就业指导中心。如果由用人单位统一将协议书寄送学校就业指导中心，毕业生应到就业指导中心取回协议书并及时登录高校毕业生就业信息网填写"省外就业协议书"内容。

（6）学校就业指导部门通过高校毕业生就业信息网对大学生的签约做出确认。

2. 与省内用人单位签约

省内高校毕业生如果与省内用人单位签约，所有签约手续均在高校毕业生就业信息网上进行，具体流程如下：

（1）毕业生登录高校毕业生就业信息网并利用"新建简历"和"简历维护"功能生成个人简历；

（2）毕业生在高校毕业生就业信息网查询用人单位招聘信息并通过点击"投递简历"按钮向用人单位递交电子简历；

（3）用人单位通过高校毕业生就业信息网向大学生提出签约邀请；

（4）毕业生登录高校毕业生就业信息网并利用"应约管理"栏目接受用人单位的邀请；

（5）相应人事部门通过高校毕业生就业信息网对协议做出鉴证确认；

（6）用人单位通过高校毕业生就业信息网打印书面就业协议书，用人单位、毕业生双方在协议书上签字确认，并加盖用人单位公章；

（7）毕业生将书面协议书送交学校就业指导部门，由就业指导部门在高校毕业生就业信息网上对此协议做出确认。

二、解除就业协议书

1. 与省内用人单位解除就业协议

省内高校毕业生如果与省内用人单位解除就业协议，解约手续均在高校毕业生就业信息网上进行，具体流程如下：

（1）毕业生通过高校毕业生就业信息网向用人单位提出解除协议申请；

（2）用人单位通过高校毕业生就业信息网对解约申请做出确认；

（3）学校审核确认解除后恢复大学生的签约功能。

2. 与省外用人单位解除就业协议

省内高校毕业生如果与省外用人单位解除就业协议，需要纸质协议书解除证明，但仍然在高校毕业生就业信息网上进行解约申请和确认，具体流程如下：

（1）毕业生通过高校毕业生就业信息网提出解除协议申请；

（2）毕业生向学校大学生就业指导中心提供签约单位同意解除协议函件的原件；

（3）学校审核确认解除协议证明后恢复大学生的签约功能。

毕业生须按照单位发放的《报到通知》要求，在规定时间内持报到证到用人单位报到，没有《报到通知》的，毕业生应主动与用人单位联系或按照报到证规定的时间到用人单位报到，用人单位凭报到证办理接收手续和户口关系。

未落实就业单位的生源大学生须登录高校毕业生就业信息网，使用"网上报到"栏目。按系统提示完成"网上报到"后，持签发到各市、县人事部门的就业报到证、毕业证书和户口迁移证到相关的人事部门办理报到、落户等手续。未落实就业单位的省外生源毕业生须在报到证规定时间内到省级人事主管部门报到，并按照相应省的毕业生就业政策要求办理落户手续。

毕业生离校时由本人携带毕业证、学位证、报到证、户口迁移证及党团组织关系转移证报到。毕业生派遣后报到证遗失的，应当在当地公安派出所挂失。在规定时间内仍未复得的，由当地公安派出所出具有关证明（报到证丢失须到省级以上报纸办理遗失声明），到毕业生就业指导中心办理补发手续。户口迁移证遗失的，须持报到单位证明及单位落户派出所出具的未落户证明到学校办理。

毕业生派遣后，其档案由学校通过机要形式转递到用人单位或指定的人才中心。

毕业生的调整改派是指就业报到证已签发到接收单位，在改派期，因特殊情况与原接收单位解除就业协议，与新接收单位签订就业协议或申请回生源地就业，则由各级人事部门办理的改派手续。

（1）毕业生派遣应严格执行国家下达的大学生就业计划。

（2）毕业时派遣至用人单位的，其调整改派时限为自毕业时间（7月1日）开始的一年内；毕业生派遣至生源所在地人事部门的，其调整改派时限为自毕业时间（7月1日）开始的两年内。

（3）在本省、自治区、直辖市辖区内用人单位之间调整的，由本省、自治区、直辖市地方主管大学生调配部门审批并办理改派手续。

（4）跨部委、省、自治区、直辖市之间调整的，由毕业生本人携带相关材料到省人事厅毕业生就业处办理改派手续。

（5）改派到省内用人单位的，市属单位（包括省生源回生源地就业）的改派手续由接收单位所在的地级市就业主管部门办理；省属或中央驻省单位的改派手续由省人事厅办理。

思考与实训

1. 如何利用社会平台实现自身就业目标？

2. 模拟结构化面试和无领导小组讨论。

3. 谈谈笔试和面试分别应注意的事项。

第四章　大学生职业选择

案例聚焦

什么样的工作才是好工作？是高层办公楼里衣着光鲜的白领，还是捧着金饭碗一辈子衣食无忧的公务员……到了毕业季，众学生们联合老师家长过五关、斩六将，使出了浑身解数，为的就是一个理想的工作。有的人选择了常规途径就业，安稳过日子就行。有的人爱折腾，选择另类就业行业，赚足了人气和口水。还有人选择曲线就业，通过流浪、嫁人等方式来缓解就业压力。

孙子曰："知己知彼，百战不殆。"对于大学生而言，"知己"是全面认识自己，对自己准确定位，"知彼"便是了解社会的职业需要和变化，具体来说，就是要认清就业形势，根据社会发展需要制订个人职业计划，掌握职业信息的搜集、分析、处理的方法，并正确地把握未来社会职业的发展变化趋势。

第一节　职业信息的搜集与筛选

获取择业信息是大学毕业生进行择业的第一步，择业信息的多寡、真伪度、时效性、权威性等，将直接关系到大学生择业的结果。因此，大学生在开始自己的择业进程时，首先就要关注择业信息的搜集和筛选。获取择业信息，就是在寻找就业的机会。谁能及早地获得真实有效的就业信息，谁就能够获得就业的主动权。

一、职业信息的特点、载体及来源

1. 什么是职业信息

在弄清职业信尽的定义之前，先要了解什么是信息。多数大学生都知道"信息高速公路"是指容量大、覆盖面广的电脑网络。但什么是信息呢？据《牛津英语辞典》：信息是通过各种方式被传递、传播、传达、感受的，以声音、图像文件所表现，并与某些特定的事实、主题或事件相联系的消息、情报、知识等。日本的《广辞苑》所下的定义更为简单：信息是关于事物内容和情况的通报。《现代汉语词典》对信息解释为：指用符号（语言、文字、图形、数字等）传送的报道。而职业信息是众多信息的一部分，所以，职业信息可以被认为是有关职业（供求）方面的消息、情报、数据、知识等。

2. 职业信息的特点

职业信息具备信息的一般特点，归纳起来有：

（1）可共享性。能被任何人得到和利用，不同的主体可共享同一个信息。

（2）不具备形体。不占据空间，可以扩大或压缩。

（3）属非物质性质，对它的使用不会有自然损耗。

（4）职业信息是动态的，由于传输渠道的多样性，在传输过程中有转瞬即逝的特点。

了解职业信息的这些特点，可以使我们对职业信息正确地进行选择和加以利用。

3. 职业信息的载体及来源

信息必须附着于一定的载体，并通过载体进行加工、储存和传递，职业信息也不例外。一般来讲，信息的载体有三类：一是综合性载体，如人脑、计算机及计算机网络等；二是记载性载体，如纸张、唱片、磁带、胶片等；三是功能性载体，如各种声、光、电波等。

现在大家都知道，信息并不是事物本身，而是事物发出的消息、情报、指令、数据等和信息中包含的内容。要搜集职业信息，有必要了解职业信息的源头。职业信息源是十分广泛的，可以分为两大类：一类是"物"源信息，即以某种物质（如电视、广播、杂志）作为载体的职业信息；另一类是"人"源信息，即以人作为传播媒介的职业信息。图4—1是常见的职业信息源。

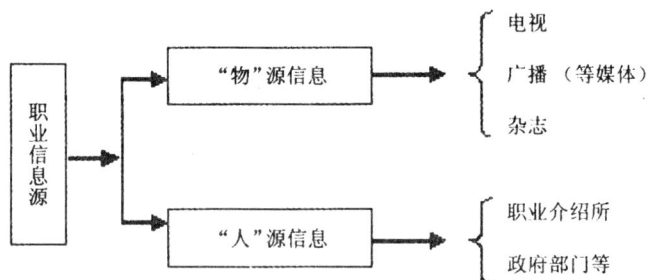

图4—1　常见的职业信息源

二、职业信息的搜集

信息化是当今社会的一个重要特征，信息无处不在。由于职业信息源和流动渠道具有广泛性、多样性的特点，因而职业信息的搜集方法也灵活多样，因人、因地、因时而异。下面主要介绍几种常见的方法。

1. 分析公开的职业信息

收集、整理大量公开发行的刊物上的招聘广告是我们获得职业信息的重要途径之一。这类招聘广告，一般明确地标明招聘对象、招聘条件、职位和名额、报名时间及地点等。这些招聘广告是明确的职业信息。据统计，有86％的大学生经常留意这类广告，并有12％的大学生是通过报纸上的广告找到工作的。但是，还应看到有些公开的职业信息是"隐性的"。报纸杂志上的新闻通讯、图片及广播、电视等也包含有"不公开的信息"。这就需要人们利用自己的大脑去分析鉴别，做到"由此及彼"，"以所见知所不见"。日本人从中国公开报道上准确地"看见"大庆油田的地理位置也许能给我们以启迪：大庆油田发现之后，全国作了广泛的报道和宣传，但其地点还是秘密。可日本市场信息人员却很快加以破译。原来，他们从《人民中国》杂志上看见铁人王进喜戴皮帽的照片，迅速反应：高寒——高纬度——北疆或东北。报道中有"马家窑"这一村名，又推测"是不是东北的黑龙江?"结合其他方面的信息，他们终于下了结论：大庆油田在黑龙江。随即，关于大庆地区的地质、气候等方面的信息迅速反馈到日本产业界，日本人抢在欧美前面迅速制造出适应东北气候条件、地质环境的石油生产设备，做成了一笔大买卖。日本市场信息人员透过现象看问题的本领，值得我们学习。

改革开放之后，城市建设了大量的购物中心、广场、写字楼等，这是大家都能见到的。但是，这种公开的现象均包含有一定的职业信息：首先它需要建筑工人，其次需要售楼人员，需要营业员、收银员及商业系统管理人员。可见，分析公开信息，不要限于报纸、杂志，有时运用逻辑判断的方法，也可见"人所不见"，获取较有价值的职业信息。

2. 通过社会机构搜集信息

(1) 学校主管部门或毕业生就业指导机构

对于毕业生就业，高等院校都设有相应的主管部门或相应的就业指导机构来负责毕业生的实习、就业指导工作。一般来讲，学校主管部门提供的就业信息，面向本校的学生，有针对性，无论数量和质量都有明显的优势。他们的信息来源主要是上级主管部门和毕业生就业指导中心以及各用人单位，这样的信息相当及时和准确可靠。

（2）人事部门所属的就业指导中心及人才交流中心

各地人事部门都设有专门的负责调剂、调配大、中专毕业生就业指导中心，主要是提供方向性的职业供求形势、宏观的职业信息，如政策、法规等，宣传关于大、中专毕业生的分配管理方法。同时，各地也设人才交流中心负责具体的人才流动，以及供求信息的收集、发布，办理人才交流登记、推荐，也为用人单位招聘人才提供服务和管理。为了更好地适应人才交流，方便用人单位的招聘，各人才交流中心也下设"人才市场"，直接为用人单位与求职者提供"双向选择"的场所和机会。

（3）各种类型的"供需见面会

在大学里，毕业前夕学校往往会组织学生与用人单位的双方见面，进行"双向选择"。社会上各种职业类型的"供需见面会"、"人才集市"也极为常见，在这些场合，各用人单位的招聘意见、条件都较为明确，大学生在此可得到较多的就业信息。

（4）实习单位

大学生一般都有较长的实习期限，短则几个月，多则一年半载。实习单位一般与学生的专业对口。实习过程中，对于工作有切身的体会，也是学生了解社会的一个窗口。有的实习单位有一定的人员需求，实习过程也就是单位挑选人的过程。同时，也可通过实习单位这个窗口了解外界的就业信息。在现代社会中，任何公司、企业都与外界有广泛的联系，借助实习单位，可以扩大与社会各界的接触，捕捉就业信息。

3. 通过亲朋好友搜集信息

有些部门的工作人员掌握有一定的职业信息，特别是政府机关、银行、大型工矿企业等都设有人事教育部门，这些部门的工作人员由于自己的工作关系，掌握了一定的就业信息并且不为大多数人所知。如果自己的亲朋好友之中有这方面的人士，不妨请他替你留意一下。如果没有，也可以通过其他渠道接触这类人士。比如可以通过学校组织人员对这类人士进行访问，学校主管毕业生就业指导的部门，也可组织在这类单位工作的校友与在校学生座谈。大学生及其家长应广泛发动自己的亲朋好友，从不同的渠道搜集信息。

4. 利用电脑网络搜集信息

这样做往往可以收到意想不到的效果。现在各地已经开通了互联网，电脑网络使我们与世界各国紧密联系在一起，有条件的大学生或家长可以借助互联网。诸如在上面登一则求职广告，用不了多少时间你便可能收到各方面的答复。这种做法对大多数大学生来说还不现实，不过，可以用"求职信"来代替，"有的放矢"，效果会更好。这种做法可以变被动为主动，不失为一条重要途径，有兴趣的大学生不妨一试。当然，还可以通过其他途径搜集职业信息，如"择业指导书"。总之，希望求职有选择余地，就要开阔视野，广泛地搜集职业信息。

三、职业信息的分析处理

对于一个大学生来讲，无论有多少个就业机会、多少种选择，他每次都只能选择一个职业岗位。同时，也可能存在这样一种现象：过多的信息使人无所适从。这样就需要大学生及家长了解一下常见的信息分析处理方法。

1. 定性、定量、定时分析

所谓定性分析是指对信息进行质的分析。如职业信息的条件、岗位特点、招聘对象等。假如招聘广告上的条件之一是要求研究生学历，那么这条信息对本科生就没有意义。定量分析是从数量关系上对职业信息进行分析，如某一职业岗位所需人数与应聘人数之间的关系。定时分析是对一定时间内的职业信息发展趋势进行分析，如有效时间等。分析职业信息的方法常见的有对比分析法、综合归纳法以及典型分析法。对比分析法是选出一些性质、类别相同的职业信息，然后进行优劣对比，这种方法要注意全面比较，将各种可比因素都考虑进去。综合归纳法是把各种不同类型的职业信息进行归纳，形成一定的观点后再进行分析。归纳时应注意各种数据，因为从系统化的数据中可以发现很多想不到的问题。典型分析法是组织专家对典型的职业信息加以分析论证并作出结论，这种方法多由学校主管部门或各级人事部门组织进行。

2. 职业信息的筛选

筛选是职业信息处理的一个重要环节，一般有以下几种方法。

（1）查重法

查重法是将从不同的渠道和途径得到的重复信息进行剔除的方法，这是最简便的方法之一。

（2）时序法

时序法按时间顺序排列职业信息资料，并进行逐一分析。在同一时期内，较新的取，较旧的舍。这样可以使职业信息在时间上更有价值。

（3）类比法

将职业信息按用人单位的性质、地区、待遇等分类对比，接近自己的需求和自身条件的存，否则弃。

（4）评估法

这种方法需要有一定的专业知识，需要有经验的人士对职业信息做出评估。大学生可以请这方面的人士如人事部门的工作人员、学校主管毕业生就业指导的教师等进行。

3. 职业信息的鉴别

职业信息鉴别的目的主要是辨别其真伪、可靠性和实用价值等，鉴别的对象主要是经过前面阶段加工整理的资料，通常从以下几方面进行：

（1）真实性

真实性是职业信息是否可靠的基本前提。了解其真伪，一定要弄清信息来源于何处？是谁提供的？提供者的依据是什么？

（2）权威性

判断职业信息权威性的方法有：了解职业信息的来源与质量，掌握信息提供者的背景，比较同类信息的深度。如从政府部门来的职业信息，人事部门的最有权威。从学校来的信息，毕业生就业指导办公室最有发言权。

（3）相对性

任何职业信息都是在一定的时间、地点下产生的，而事物又在不断变化发展，今天有用的职业信息，明天就有可能没有任何价值，因为岗位有可能被他人抢先占据。职业信息是动态的信息，它具有一定的时效性。所以，应注意职业信息的相对性，避免产生静止的、片面的结论。

（4）适用性

搜集职业信息的目的就是为自己找一个合适的岗位。如果自己是男生，那么只招女性的广告对自己就没有价值，不论其他条件是多么适合你。

第二节　职业选择的一般原则

大学生就业会受到诸多因素的影响，这里既有自身素质的因素，也有社会需求的客观要求。大学生在进行择业时，一定要清楚地认识择业的一般原则，认真遵循这个原则，以便顺利就业。

一、职业选择的一般原则

1. 社会需求性原则

职业是社会的职业，职业岗位离不开社会，社会生产力的不断发展为我们提供了各种各样的职业岗位。一个人不管你的能力如何，你的职业理想是什么，选择职业都离不开社会的需求。

社会发展水平、生产一经营规模等不同，为我们提供的就业机会也就不同，为我们提供的发展前景也不相同。城里人一般不考虑种植业和养殖业；平原产粮区的人一般不考虑果树栽培；内陆地区的人一般不考虑下海捕鱼虾；海边的人一般不考虑上山开矿或矿石冶炼。正所谓靠山吃山，靠水吃水，要立足经济形势，选择职业，发展自我。产业结构和人才结构是在选择职业时应考虑的因素。

如果根据社会需求去考虑择业就会比较顺利地就业，如果一味去挤"热门"专业，那自己就可能遭冷落，如果不切实际地攀高，也会受到现实的惩罚。古代有一个故事说，兄弟三人一同出门学艺。老大学屠龙，老二学伏虎，老三学砍柴。3年后学成回家，老大、老二因学无用武之地而被饿死，老三靠打柴为生，生活幸福美满。这个故事从一个侧面说明了选择职业要根据社会需求的道理。

2. 个人需求性原则

就业，首先是为了个人谋生，所以一定要考虑个人收入的多少、工作环境条件的优劣、工作是否稳定、将来是否有较多的发展机会等，这些都是常人所要考虑的因素。当然，这些要求是因人而异的，身怀绝技的人自然要求高，没有明显的特殊能力的人要求条件自然就低。不过，在择业时，任何人都不应把个人需求摆在第一位，而应把社会需求，为社会作出应有贡献摆在首位。

3. 能力胜任性原则

个人在择业前一定要对自己有一个正确的估价，从自己的知识水平、能力水平、专业技能等方面衡量是否能胜任职业岗位的要求，选择能够发展个人特长的职业。求职者一方面要了解职业岗位对人的素质要求是什么，另一方面要正视自己的特长和不足，最后做出自己适合干什么工作的选择。这里一方面要克服好高骛远、不切实际的追求，另一方面也要避免无视自己的潜能，失去施展自己才华的机会。

4. 职业兴趣性原则

兴趣是职业选择的向导。一个人要根据自己的职业兴趣选择自己愿意为之献身的事业，这样才能在自己的职业生涯中孜孜不倦地追求，探究职业的规律，创造新的方法或新的理论，提高工作效率，获得更大的经济效益。

年轻的女人类学家古道尔只身在与世隔绝的热带森林里，与黑猩猩结伴长达10年之久，为人类学研究作出了杰出的贡献。如果她没有对事业的炽热兴趣，是不可能做到这一点的。我们在择业时，一定要考虑自己的职业兴趣，对自己从事的职业要像画家专心致志地写生，歌唱家面壁练声、演员练功那样如痴如醉地投入，只有这样，才有可能取得选择职业和将来事业上的成功。

5. 人格适宜性原则

这里的人格是指个性心理特征中的气质和性格。不同气质和性格的人虽说能够干同一种工作，但是要取得事业上的最大成功，还是要做到人格与职业的大体相适应。《三国演义》中的张飞不可能去绣花织锦，《红楼梦》中的林黛玉不可能去领兵打仗，《水浒传》中的李逵也不可能去干保密工作。

一般来说，选择能发挥自己人格特征的职业，就会感到和谐，就会使自己的能力得到正常发展，在事业上有所建树。外向型的人选择能充分发挥自己的行动能力与积极性、善于交往、机智应变等特点的职业，就这走上成功之路：内向型的人需要选择能开发自己的计划性、理论性、安定性等特长的职业，这样较易取得事业上的进步。

要注意的是：在自己的人格与职业之间出现不协调的情况时，一定要学会使自己的人格逐步适应职业的需要。

6. 事业发展性原则

所谓事业发展性原则包括两个方面的含义：一是在择业时，要注意选择那些有利于自己今后发展的职业，判断自己今后在职业岗位上有无发展前途。这就要综合考虑前面几个因素，选择适合自己干的、符合自己特长的、能使自己醉心的、能够发挥自己全部聪明才智的并有所创新的职业。另一方面是在择业时，考虑这种职业在当时、当地有没有发展前途，有的职业在当时、当地正在萎缩就不可选择。有的职业在当时、当地可能还不景气，但是根据资源情况分析，将会有大的发展就可选择。

总之，在择业前我们要武装自己，使自己成为能人，成为强人。在选择职业时，我们要根据社会需求和个人各方面的条件，选择适合发展自我，能够尽可能多地为社会作出贡献的职业，找到自己的最佳社会角色，达到人职匹配，使自己起到促进社会进步、推动社会发展、实现人生价值的作用。

二、求职择业技巧

现实社会中，确实有不少人凭着自己的才能、机智、口才，杀出重围，走上理想的工作岗位。但是，也还是有很多人虽然怀才，但却因为不善交往和言辞，而一败涂地，待字闺中，惶惶度日。这不尽相同的结局是对求职者自我推销能力的鉴定。

求职的过程即自我推销的过程。通过面对面的交流，你得到了对方的肯定、认可、接纳，那么你就成功了！如何成功地推销自己呢？

1. 自信是关键

某心理医生说："你要推销的第一个对象是你自己。你越是对自己有信心，越能表现出一种自信的气概。你必须确信自己有权呼吸，有权占有一个空间，而且在任何地方都感到很自在。一个感到自在的人就会安坐在整个椅面上，而不会只坐在边缘上；一个高大的人不会缩着头颈，你必须有办法盯住对方的眼睛，使他深信你是一个坦荡的、有能力的、靠得住的人。"

1960 年，美国总统大选时，肯尼迪和尼克松进行了一场轰动全国的电视辩论。辩论之前，许多政治分析家都认为肯尼迪处于劣势。他年轻，名望不高，是个天主教徒，波士顿口音又太重。但是，在电视荧屏上，人们看到的是一个心平气和、说话爽快、举止轻松的肯尼迪，且面容诚实而自信。而在他身旁的尼克松，看上去一脸风霜，显得拘泥、紧张而不自在。正是由于这次辩论改变了许多人的看法，肯尼迪以其"自信"在美国大众面前成功地推销了自己！

善于表现且自信的人往往比谦虚者更受人欢迎。自信而不骄傲，自信的学生往往比缺乏自信的学生容易求职成功。

某独资企业向应聘学生出一道题："你最崇拜的人是谁？你最痛恨的人是谁？分别列出 10 位古今中外的知名人物。"绝大多数同学没理解此题的真正意图，但有一位男生这样回答："我最崇拜的人是我自己，因为创造的欲望将永远激励我前进，天生我才必有用！我最痛恨的也是我自己，因为我的缺陷是消灭一个又滋生一个，我要不断战胜自我！"由于该生客观地评价自我，并充满自信，故被该企业录用。

就像自己有了热情能感染别人产生热情一样，在充满自信的状态下行动，就会受到别人的信任；如果你要别人喜欢自己，要让对方知道你是一个会成功也有强烈成功意图和行动的人，则请抬起你的头，看着对方的眼睛，让对方清楚你的目的在何处，知晓你已经起步，充满自信地向这目标迈去。

如果你没有良好的让别人能够接受你自己的方式，并且还自己看不起自己，别人就会完全把你看成是懦夫，是无用之辈；但如果你像一个伟大而有成就的人那样去行动，作为一个进取者，社会也会如此看待你的形象和价值，认可并接纳你。"自信，则人信之"。自信是成功的一半！

2. 调查是基础

认真调查研究，从各方面了解招聘单位的情况，做到心中有数，即所谓的"知己知彼"。调查研究可以找正在该单位供职的朋友和熟人交谈，也可以从电视、广播、报纸、杂志或该单位的出版物等传媒进行间接了解，以对他们的企业文化、企业规模、管理水平、经济效益、社会效益均要有基本的认识，然后再与人事部门甚至有关领导面谈。在谈话中可引用你所了解的情况，表述你之所以应聘的原因，由此获取用人者的赏识和信赖。

某毕业生，对她想去的公司做了极为细致的调查，当她在面试中回答"本公司在社会上的知名度如何"的问题时，脱口就说出了公司主要人员名单、业务情况、典型服务项目及有关数据，此回答令人事部门主管振奋、赏识，因此这家公司果断地录用了她。

推销自己就像在做生意，既是做生意，就要以消费者为导向，而不能以自己为导向。求职中的大学生在推销自己的时候，注重的应该是用人者的需要和感受，只有针对他们的需要和感受，才能取信于对方，被用人者所接纳。

3. 自荐要出新

毕业生要让用人单位认识自己、了解自己、选择自己，就一定要设法以最好的方法宣传自己、展示自己、推销自己。所以，每一位求职者在自荐时都应认真地设计一段精彩的自荐词。自荐要突出重点、突出个人的风格，还要有新意。在用人单位和毕业生供需见面会上，招聘人员每人收到一份电脑打印的公开信：

远方来的朋友：你们好！

我是一双眼睛，正把你们的神情注视；我是一只耳朵，正聆听你们求贤若渴的心声；我是一匹千里驹，正寻觅着伯乐！

招聘人员读完信后相视一笑——很明显，这是一份自我推销广告！大家在惊愕之余，都佩服这位学生有胆量、有头脑，纷纷查阅她的档案，其中还有好几位当即与她面谈。这位学生确实有"鬼点子"，方式独特，以情动人，言辞简练，既使自己为人注目，又不使别人反感，为此某单位很快录用了她。

要出新意，但绝不能花哨，绝不能浮夸，还要注意用人单位、岗位类别的特点，根据不同单位、不同岗位，在自荐时恰到好处地展示自己的才华，以赢得用人单位的好评，最终获得就业成功。

4. 简历要精当

简历中要准确地列出自己的情况，对自己作一个明确的自我描述，最好要写清楚自己的爱好特长、性格特征、工作作风、气质类型等，使对方一目了然，一看便知。

现在的人才市场上，越来越多的用人单位特别关注学生的社会实践经验，因此，学生在求职时，应尽可能把你专业实践或社会实践的成功例子展现出来，以增强你求职的砝码。如果你曾成功地主持了某项活动，你应该将新闻图片拿出来，并附以简短的文字说明该活动的特点及社会、经济效益。通常，视觉效应比语言说明更为深刻，更具有持久的效果。在简历上可列出个人全部重要经历以及你认为值得一提的关键点，如工作经验、成绩、所获得的奖励等。

写简历一定要有创造性，突出自己的特色。

简历篇幅不宜过长，因为招聘工作繁忙，招聘者不可能仔细阅览。篇幅过长还会使自己想说的重点在对方心中得不到重视，所以写简历一般不超过3页纸。

写好的简历要打印或自书漂亮规范的黑体楷书，给人以严谨、庄重、质朴的感受。

在简历的封面上还要注明自己的电话号码及通讯处、工作目标、可变通的愿望等。

5. 礼仪要周到

有些求职者在招聘人员面前，做出了许多不合礼仪的行为。比如两耳插着随身听的耳机，边听音乐边和主考官说话；在招聘办公室内当着考官的面吃面包、喝牛奶；大言不惭地告诉招聘席的主持人："我未来的目标就是取代你现在的位置"等。这些都是应聘礼仪之大忌。

那么，在面试中要注意哪些礼仪呢？

（1）整洁大方、充满朝气是青年学生的风貌，也是用人单位的选才标准之一。

（2）注重仪表，讲究衣着风度。这不仅是对别人的尊重，同时也是对自己的尊重。能使自己以良好的形象出现在别人面前，这种整洁悦目的形象会给人以快感和好印象，而且自己也因此感到快乐和自信。如果脸色蜡黄、衣履不整、头发蓬乱，那么你就等于向对方表示：我是人生的失败者，我是败下阵来的人。如此，对方对你的印象必然是恶劣的。

（3）进门时，若门是虚掩着的，应先敲门，询问一下"我可以进来吗？"得到允许后方可推门而入。落座时也是这样，应先问一下"我可以坐吗？"这可表现你对对方的礼貌和尊重。

（4）在会见主试者时，如果没有通报你的姓名，你可自然大方地做一下自我介绍。自我介绍时必须充满自信，清晰地报出自己的姓名和简练流畅地介绍一下自己的基本情况。如果你能表现出你的自信，对方一定会对你产生好感，而一个嗫嗫嚅嚅的介绍会让人感到你不能把握自己。

（5）交谈时，眼睛要正视对方，以示尊重。眼光不要游移不定，以免让人觉得你有些玩世不恭和轻视不屑；也不要眼光总是冲上或向下，生怕面对对方目光交流。

（6）注意坐姿，举止不要僵硬拘束，要从容自然。跷二郎腿，坐立不安，晃动腿脚，抓耳挠腮等不雅的动作应是绝对予以避免的。坐在软椅或沙发上时，要尽量控制自己不"沦陷"下去。

（7）与主试者的谈话距离要远近适宜，太近会唾沫横飞，让人生厌；太远会使人感到有些疏远。说话要简练，说话太多，给人以过于以自我为中心的印象；说话太少，则示人以懦弱和缺乏自信。对主试者的话要听完再说，不要抢话。

（8）告辞时，要面带微笑，站起身来，主动与主试者握手，并感谢对方给予这样一个机会，然后再离去。相信此时你已给用人单位留下一个好印象，只需静心等待好消息的来临。

6. 心理要调适

（1）求职者需要有足够的从容度

从容就是面对现实能潇洒自如地把握自己的一种心理素质。它能全面地调动人的思维活动，充分地发挥人的聪明才智。因此，具有从容品质的人，对周围事物能做出敏捷的反映并驾驭自如，既给人带来愉快，又使自己洒脱。然而令人遗憾的是，在求职中有些人显得紧张，紧张的由来往往是想追求一种自命不凡的架势，结果窘态百出，既使人轻蔑，自己又很累，甚至有时还不知所措。由此可见，多数的紧张来自对自己不切实际的估计。如果在真实水准上泰然自若地表现自我，不矫揉造作，这样从容就会自然产生，并能镇定自如地应付求职了。

（2）坦然对待成功与失败

人是自然的产物，是大自然的骄子。生活会给你成功与失败的喜与忧，只追求成功的人，往往游离于生活之外，放弃了与之俱来的种种机遇，这是因为他们的身心承受着追求成功的欲望的煎熬与重压所致，成功的契机是个人灵感与社会需要相撞击的产物，一个人若想取得成功，既要把握机遇，还要不懈地为之奋斗，更要经受失败的打击。这就需要求职者具备良好的心理素质。

（3）认真地展示自己的艺术

在这个世界上，不论我们的推销技术是高明还是拙劣，我们每天都在推销自己。我们不断地想办法使别人承认我们；希望别人赏识我们的知识和能力；希望别人购买或租赁我们的东西；希望上司把理想的工作交给我们；希望别人把我们当作知己的朋友。推销自己是一种才华，是一种艺术。有了这种才华和艺术，你就能安身立命，使自己永远立于不败之地。一旦学会了推销自己，你就可以推销任何值得拥有的东西了。

思考与实训

1. 谈谈你如何搜集与筛选职业信息？
2. 职业选择的一般原则有哪些？

第五章　大学生就业单位类型

案例聚焦

"考村官不是为了找工作"

时至四月，已进入应届大学生应聘的关键阶段，记者现场随机采访的几名大学生均表示已有工作聘书在手，如今又报考村官，似乎是职业道路的又一种选择。但闵新认为，"考村官不是为了找工作"。沈迎接也表示，"社区和农村所面临的困境让我考虑做村官"。

"小时候受过许多人的帮助，现在有能力帮助更多人了。"知恩图报的闵新始终认为，个人的成功是小成功，团队的成功是大成功，"大学生面对风险和未知，要勇于挑战勇于承担"。闵新告诉记者。

第一节　大学生基层就业

基层就业就是到城乡基层工作。国家近几年出台了一系列优惠政策鼓励高校毕业生积极参加社会主义新农村建设、城市社区建设和应征入伍。一般来讲，"基层"既包括广大农村，也包括城市街道社区；既涵盖县级以下党政机关、企事业单位，也包括社会团体、非公有制组织和中小企业；既包含自主创业、自谋职业，也包括艰苦行业和艰苦岗位。

一、基层就业的种类

近年来中央各有关部门主要组织实施了四个引导高校毕业生到基层就业的专门项目，其中包括：

（1）团中央、教育部等四部门从 2003 年起组织实施的"大学生志愿服务西部计划"。

（2）中组部、人事部、教育部等八部门从 2006 年开始组织实施的"三支一扶"（支教、支农、支医和扶贫）计划。

（3）教育部等四部门从 2006 年开始组织实施的"农村义务教育阶段学校教师特设岗位计划"。

（4）中组部、教育部等四部门从 2008 年起组织实施的"选聘高校毕业生到村任职工作"计划。

除以上四项外，从 2008 年起由国务院、教育部、国防部等部门联合新增"应届大学毕业生入伍计划"项目。各地政府也相应出台了一些基层就业项目。例如，山东省 2009 年启动全科医师培训计划，即从 2009 年起，每年招募 1500 名自愿到乡镇卫生院工作的临床医学专业高校毕业生，组织进行 3 年的全科医师培训，计划用 3～5 年时间，为每个乡镇卫生院招聘 3～5 名医学类本科毕业生等。

二、基层就业的选择与实践

在加强对基层就业项目宣传的同时，国家出台了一系列的优惠政策，鼓励青年学生到基层去、到西部去、到祖国和人民最需要的地方去建功立业，越来越多的大学毕业生加入到基层就业项目中来。大学毕业生要实现自己到基层服务的愿望，需要全面了解基层就业政策，明确报考条件，熟悉报考流程，不断积累和培养应征岗位所需要的知识、能力和身心素质等。

1."大学生志愿服务西部计划"

"大学生志愿服务西部计划"简称"西部计划"，2003 年由共青团中央牵头发起，教育部、财政部、人事部共同组织实施，每年招募一定数量的普通高等学校应届毕业生，到西部贫困县的乡镇从事为期 1～3 年的教育、卫生、农技、扶贫以及青年中心建设和管理等方面的志愿服务工作。共青团中央、教育部联合成立全国大学生志愿服务西部计划领导小组和项目管理办公室，负责该项工作的总体规划、协调和指导。

截至 2008 年，"西部计划"全国项目已招募 33 920 名普通高等学校应届毕业生到内蒙古、广西、重庆、四川、贵州、云南、西藏、陕西、甘肃、青海、宁夏、新疆等 26 个中西部省（区、市）500 多个贫困县的乡镇一级从事志愿服务。2009 年"西部计划"全国项目实施规模由 10 000 人扩大为 15 000 人，服务期从 1～2 年调整为 1～3 年，服务内容包括开展灾后重建、基层青年工作、支教、支医、支农、全国农村党员干部现代远程教育、西部基层检察院和人民法院、法律援助、开发性金融、农村平安建设等 11 个专项行动。

（1）"西部计划"报名条件

"西部计划"面向教育部《全国普通高校名单》中所列高校的应届毕业生和

在读研究生招募，包括全日制的专科、本科、研究生。报名条件如下：

1）报名志愿者的学分总绩点（或学业成绩）排名在本院系同年级学生总数前70％之内，获得毕业证书、身体健康、具有志愿精神。

2）符合如下7种情形可以被优先选拔：本科及本科以上学历优先；优秀学生干部和有志愿服务经历者优先；西部急需的农、林、水、医、师和经济类专业者优先；入学前户籍所在地在西部地区者优先；服务期意向为2年者优先；已录取为研究生的应届高校毕业生和在读研究生优先；参加基层青年工作专项行动的志愿者应累计有1个月以上基层工作、志愿服务经历或者曾获校级及以上表彰奖励、担任过各级共青团组织和学生会主要负责人的优先。

（2）"西部计划"报名程序及工作流程

1）了解条件和政策。"西部计划"具体工作步骤、招募程序等每年略有不同，特别是专项行动的招募对象和服务地区区别较大，因此可关注大学生志愿服务西部计划专题网站（www.xibu.youth.cn）了解相关内容。

2）填写个人信息。报名者需在网上如实填写个人信息，本人对报名登记表的真实性和准确性负责。

3）交表。网上报名成功后，报名者需下载打印报名表。此外，必须由辅导员或所在院（系）团委负责人签字，并由所在院（系）党组织盖章后，于规定日期前交至本校项目办进行审核。

4）确认。交表后，报名者要与高校项目办保持联系，确认自己是否通过审核，并进一步了解服务地和服务单位的详细情况。如在填写报名信息的过程中，无法检索到自己的毕业高校，请向所在省项目办咨询。

5）笔试。由学校项目办负责组织，笔试内容包括马克思主义哲学、邓小平理论及"三个代表"重要思想、法律、行政管理、行政职业能力测验、公文写作与申论、农村建设相关政策和工作实务、时事政策等几个部分。笔试入围者成绩在学校公示。

6）面试。由学校项目办负责组织，一般采用非结构化面试形式，结合进行心理测试。有时候也采用结构化面试、情景面试、行为描述面试、小组面试、个别面试、成组面试等形式，面试成绩在学校公示。

7）签订协议。受省项目办委托，学校项目办与面试合格的志愿者及时签订《招募协议》。

8）统一体检。招募省项目办统一指定时间和医院，由各高校项目办组织本校入选的报名者进行集中体检。体检不合格者，要在本校及时调换。

9）录取志愿者。招募高校根据综合面试、体检、公示情况录取志愿者，同时在"西部计划信息系统"中确认名单，并上报省招募项目办。省招募项目办对本省录取的志愿者名单进行审核，在团省委网站公示三天后，通过"西部计划信息系统"报全国项目办，并将结果及时反馈至省项目办。

10）审定确认。全国项目办委托各省项目办向志愿者发放《确认通知书》，《确认通知书》注明服务岗位、培训报到时间、地点及联系方式。

11）集中培训及上岗。志愿者携《确认通知书》、毕业证和本人身份证件等到省项目办报到接受培训，培训后到服务岗位上岗。

2．"三支一扶"（支教、支农、支医和扶贫）计划

2006 年由中组部、人事部、教育部等八部门下发《关于组织开展高校毕业生到农村基层从事支教、支农、支医和扶贫工作的通知》，以公开招募、自愿报名、组织选拔、统一派遣的方式，从 2006 年开始连续 5 年，每年招募 2 万名高校毕业生，主要安排到乡镇从事支教、支农、支医和扶贫工作。服务期限一般为 2～3 年。人事部联合教育部、财政部、农业部、卫生部、国务院扶贫办、共青团中央成立全国"三支一扶"工作领导小组和工作协调管理办公室，负责此项工作的总体规划、协调和指导工作。

（1）"三支一扶"招募条件

"三支一扶"招募对象包括普通高校应届及择业派遣期内未就业的毕业生，学历须具备大学本科及以上文化程度。招募条件具体为：

1）思想政治素质好，自觉贯彻执行党的路线方针政策。

2）学习成绩好、工作能力强、肯于吃苦、甘于奉献、工作创新意识强、表现突出。

3）身体素质好、有较强的组织纪律观念、作风正派、热爱基层。

有下列情形之一的不得参加招募：

1）因犯罪受过刑事处罚的。

2）在大学期间，被学校给予纪律处分的。

3）不能在规定学制内获得相应毕业证的。

4）影响招募的其他情况。

（2）"三支一扶"报名程序及工作流程

1）了解政策和工作步骤。各市"三支一扶"办公室负责本市大学生报名资格审查等具体招募工作，各高等院校负责组织本校毕业生的报名工作。

2）报名及确认。报名者网上报名、缴费，下载并打印纸质报名表，与身份证复印件等材料汇总，到市"三支一扶"办公室进行报名资格审查。

3）制发准考证

4）笔试与面试。笔试科目一般为《综合能力测试》，主要包括马克思主义哲学、法律、历史、管理、时政和省情等方面的内容。各省市笔试内容可查看招募实施方案。面试主要测评报考人员的综合分析能力、组织协调能力、反应应变能力、言语表达能力。

5）公布成绩并进行资格审查。

6）体检。

7）确定人选并公示。

8）岗前培训。培训主要内容为党和国家关于基层工作特别是农业、农村、农民等方面的方针政策，本地区基层工作的现状，拟服务单位和岗位的基本情况等，同时对服务地的生活、民情、风俗等予以介绍，帮助他们更快地适应工作和生活环境。

9）签订协议并上岗。由服务县"三支一扶"办公室组织签署服务协议书，落实"三支一扶"大学生工作安排和生活保障等有关事宜。

目前，该计划已在全国 31 个省（区、市）全面展开。具体要求和招募程序可关注各省人事信息网和就业信息网（各地有所区别）。例如，山东省 2009 年"三支一扶"项目全省共招募 3000 名高校毕业生，主要安排到农村基层从事支教、支农、支医和扶贫工作，服务期限为 2 年，支医工作服务期限为 3 年，在山东省高校毕业生就业信息网（www.sdbys.cn）和山东省人事信息网（www.sdrs.gov.cn）发布了"三支一扶"工作实施方案、招募简章、动态信息等。2009 年上海市高校毕业生"三支一扶"计划招募流程如图 5—1 所示。

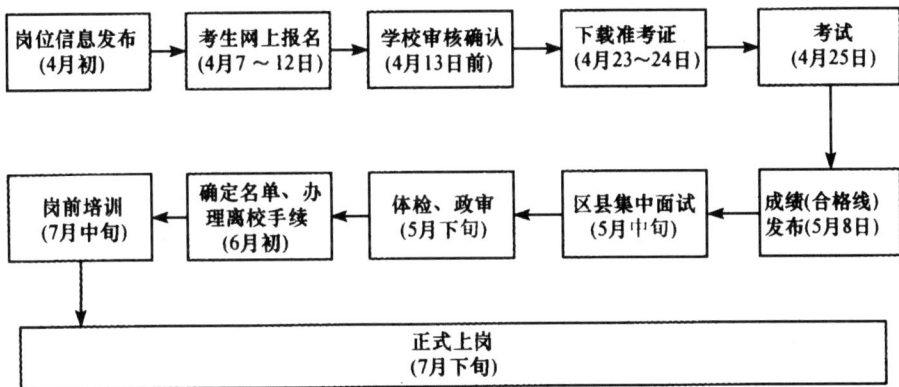

图 5—1　2009 年上海市高校毕业生"三支一扶"计划招募流程图

3．"农村义务教育阶段学校教师特设岗位计划"

"农村义务教育阶段学校教师特设岗位计划"又称"特岗计划"，2006 年由教育部、财政部、人事部、中央编办下发《关于实施农村义务教育阶段学校教师特设岗位计划的通知》，并联合启动实施，公开招聘高校毕业生到"两基"攻坚县农村义务教育阶段学校任教，聘期 3 年。2006～2008 年，共招聘特岗教师约 5.9 万人，覆盖 400 余个县、6000 余所农村学校。2009 年继续实施"特岗计划"，将实施范围扩大到中西部地区国家扶贫开发工作重点县，国家计划的名额视各地实施"农村教师特岗计划"的情况进行分配。

（1）"特岗计划"招聘对象和条件要求

"特岗计划"招聘对象包括高等师范院校和其他全日制普通高校应届本科毕业生，小学可招少量应届专科毕业生。招聘条件具体为：

1）取得教师资格，具有一定教育教学实践经验，年龄在 30 岁以下。

2）参加过"大学生志愿服务西部计划"、有从教经历的志愿者和参加过半年以上实习支教的师范院校毕业生在同等条件下优先。

3）报名者应同时符合教师资格条件要求和招聘岗位要求。

（2）"特岗计划"工作流程

"特岗计划"的招聘工作由省级教育、人力资源和社会保障、财政、编办等相关部门共同负责，遵循"公开、公平、自愿、择优"和"三定"（定县、定校、定岗）原则，按下列工作流程进行：①公布需求；②自愿报名；③资格审查；④考试考核；⑤集中培训；⑥资格认定；⑦签订合同；⑧上岗任教。

4."选聘高校毕业生到村任职工作"计划

"选聘高校毕业生到村任职工作"计划又称大学生"村官工程"。2008 年中组部、教育部、财政部、人力资源和社会保障部出台了《关于印发〈关于选聘高校毕业生到村任职工作的意见（试行）〉的通知》，用五年时间选聘 10 万名高校毕业生到农村担任村委会主任助理、村党支部书记助理或团支部书记、副书记等职务，工作期限一般为 2～3 年。

（1）选聘到村任职的对象

选聘到村任职工作的对象为 30 岁以下应届和往届毕业的全日制普通高校专科以上学历的毕业生，重点是应届毕业和毕业 1～2 年的本科生、研究生，原则上为中共党员（含预备党员），非中共党员的优秀团干部、优秀学生干部也可以选聘。

（2）选聘到村任职报名基本条件

1）思想政治素质好、作风踏实、吃苦耐劳、组织纪律观念强。

2）学习成绩良好，具备一定的组织协调能力。

3）自愿到农村基层工作。

4）身体健康。

此外，参加人力资源和社会保障部、团中央等部门组织的到农村基层服务的"三支一扶"、"志愿服务西部计划"等活动期满的高校毕业生，本人自愿且具备选聘条件的，经组织推荐可作为选聘对象。

（3）选聘到村任职工作的报名程序及工作流程

选聘工作坚持公开、平等、竞争、择优原则，按照个人报名、资格审查、笔试、面试、组织考察、体检、公示、决定聘用、培训上岗等程序进行。

1）个人报名。采取网上报名方式进行。

2）资格审查。各地指定专人负责资格初审工作，根据报考人员提交的信息资料，对报考人员进行资格初审，确定参加笔试人选，并在所报考市人事考试网公布。考生通过资格初审后，及时下载打印、填写《选聘高校毕业生到村任职报名表》和《选聘到村任职高校毕业生登记表》，并按要求加盖有关部门印章。资格审查贯穿选聘工作全过程，任何环节发现不符合选聘条件的，随时取消选聘资格。

3）笔试。笔试科目一般为综合知识，全省统一命题。通过报名确认的考生，登录相应的报名网站，下载打印准考证，考试时间、地点以及考场安排等事项见准考证。考生参加笔试时，必须携带本人笔试准考证、身份证和《选聘高校毕业生到村任职报名表》。

4）面试。面试由各地统一组织，一般采取结构化面试方式进行。根据笔试成绩和选聘计划，以市为单位画线确定面试对象。面试时，考生需携带本人笔试准考证、身份证和《选聘到村任职高校毕业生登记表》。

5）考察。由各地根据实际情况，采取适当方式组织考察。

6）体检。安排在面试之后进行。体检标准一般参照《公务员录用体检通用标准（试行）》（国人部发〔2005〕1号）和《公务员录用体检操作手册（试行）》（国人厅发〔2007〕25号）执行。

7）公示。凡体检合格的，按综合成绩由高到低，依次确定拟选聘人选。拟选聘人选名单在各市人事考试网公示。

8）聘用。各地根据公示情况，确定聘用人员、办理聘用手续。

9）培训上岗。

5."应届大学毕业生入伍计划"

2008年由国务院、教育部、国防部等制订鼓励应届大学毕业生应征入伍的政策。《兵役法》规定，全国的兵役工作，在国务院、中央军委领导下，由国防部负责。各军区（卫戍区、警备区）、军分区（警备区）和县、自治县、市、市辖区的人民武装部，兼各该级人民政府的兵役机关，在上级军事机关和同级人民政府领导下，负责办理本区域的兵役工作。

（1）大学毕业生入伍具体条件

1）政治思想合格。拥护党的路线、方针、政策，忠于祖国，热爱军队，志愿献身国防事业，符合应征公民服现役的政治条件。接收担任基层指挥军官的毕业生必须是党、团员或学生干部。受过处分的毕业生一律不予接收。

2）学习成绩优秀。学习成绩总评在良好以上。本科以上学历的毕业生必须取得相应学位。获得硕士以上学位的毕业研究生优先接收。

3）身体健康。符合中国人民解放军三总部规定的《中国人民解放军院校招收学员体格检查标准》。其中视力标准可适当放宽：接收补充到指挥岗位的本科毕业生，每眼裸视力4.7以上；或一眼裸视远视力在4.6以上，另一眼裸视远视力在 4.5 以上，矫正视力每一眼 4.8 以上；接收补充到技术岗位的本科毕业生，每一眼裸视力在 4.5 以上，或矫正视力每一眼 4.7 以上。接收培养指挥干部的毕业生，男生身高应在 1.68 米以上，女生身高应在 1.58 米以上，气质形象良好。获得硕士以上学位的毕业研究生，在不影响工作的前提下，其视力、身高标准还可适当放宽。

4）年龄要求。接收地方大学毕业生的年龄，本科生不超过 25 周岁（截止毕业当年 8 月 31 日，下同）；硕士研究生一般不超过 30 周岁；博士研究生一般不超过 35 周岁，特别优秀的年龄可适当放宽。但最大不超过 40 岁。

5）生源种类。应当是参加全国普通高等学校（含研究生培养单位）统一考试录取的应届本科毕业生和毕业研究生（以本科毕业生为主）。结业生、肄业生不得接收。电视大学、函授大学、职工大学、业余大学、自修大学等毕业生，以及实行"招生并轨"以后入学的委培、定向毕业生也不予接收。

（2）"应届大学毕业生入伍计划"入伍程序

1）参加兵役登记和预征报名。高校所在地县级兵役机关会同有关部门到学校开展兵役登记，进行征兵普查工作，高校毕业生本人可向所在高校有关部门报名。

2）在高校参加预征。5～6 月份，高校所在地县级兵役机关会同教育、公安、卫生等部门，到高校组织身体初检和政治初审，符合基本征集条件的确定为预征对象，并填写《应届高校毕业生预征对象登记表》。身体初检时对视力、肝功等项目进行重点检查。

3）到户籍所在地报名应征。11～12 月份，确定为预征对象的高校毕业生，冬季征兵开始前持《应届高校毕业生预征对象登记表》到入学前户籍所在地县（市、区）征兵办公室报名应征。通过体格检查、政治审查并符合其他征集条件者，由县（市、区）人民政府征兵办公室优先批准入伍。简要流程如图 5—2 所示。

学生报名 ➡ 初检初审 ➡ 确定预征 ➡ 填写表格 ➡ 各地应征 ➡ 批准入伍 ➡ 正式入伍

图 5—2

第二节　公务员考录和事业单位招考

一、公务员考录

1. 公务员的含义和范围

公务员一词最早译自英文 "civil servant"，其原意是 "文职人员"。在我国，依照《公务员法》有关规定，公务员是指依法履行公职、纳入国家行政编制、由国家财政负担工资福利的工作人员。

按照《公务员法》确定的范围，我国公务员包括七类机关工作人员：①中国共产党机关的工作人员；②人大机关的工作人员；③行政机关的工作人员；④政协机关的工作人员；⑤审判机关的工作人员；⑥检察机关的工作人员；⑦民主党派机关的工作人员。我国公务员范围的确定有以下四个特点。

（1）各级政府的组成人员是公务员，其产生和任免依照国家有关法律规定办理。根据我国宪法和《地方各级人民代表大会和地方政府组织法》规定：国务院组成人员包括总理、副总理、国务委员、各部部长、各委员会主任、审计长、秘书长。省、自治区、直辖市人民政府的组成人员分别包括省长、副省长、自治区主席、副主席，市长、副市长和秘书长、厅长、局长、委员会主任等。自治州、县、自治县、市、市辖区的人民政府组成人员分别包括州长、副州长，县长、副县长，市长、副市长，区长、副区长和局长、科长等。乡（镇）、民族乡（镇）人民政府的组成人员分别包括乡长、副乡长（镇长、副镇长）等。政府组成人员有任期限制，总理、副总理、国务委员连续任期不得超过两届，每届五年。

（2）我国公务员没有政务类与业务类之分。西方国家一般实行两党或多党政治，为了减少政党竞争对政府正常行政工作的影响，将公务员分为两类。一类为政务类公务员，包括内阁成员及其助手。他们由选举产生或政府任命，有严格的任期，与政党共进退。另一类为业务类公务员，也称为职业文官，通常包括副部长以下的人员。他们一般由考试录用，职务常任，非经法定事由，不可以任意辞退。这样每次政府领导人更迭，影响的只是上层少数人员，大部分职业文官保持基本稳定，国家机器能照常运转。我国实行的是共产党领导下的多党合作与政治协商制度，不存在因执政党更替而影响政府稳定的问题，所以没有必要将公务员分为西方国家那样两种性质不同的类型。但考虑到我国宪法及有关法律规定，政府组成人员由国家权力机关选举或决定任命，故对属各级政府组成人员的公务员，在产生和任免上做出例外规定，其他方面均按公务员制度执行。

（3）工勤人员不列入公务员。这里所说的工勤人员，是指在工勤岗位上工作的人员，如机关食堂、车队、清洁服务队等单位的工作人员。这些人虽然也由国家财政出资雇用，但不属于公务员。其原因主要基于两方面：一是其工作性质不同。他们不行使机关的职能，而是为行使职能的人提供后勤服务。二是有利于精简人员、减少财政开支。过去由于第三产业不发达，生活服务业社会化程度低，各机关自己办"社会"，建设各自的生活设施。从发展方向看，机关生活后勤应逐步实现社会化。所以，在机关工勤岗位上的工作人员，不论其原来是干部还是工人，都不列入公务员。

（4）完全行使行政职能的事业单位，经审定批准，其工作人员可以列入公务员范围。由于历史原因，我国行政管理中政府与公益事业性组织不分的现象比较严重，有些行使国家行政权力、从事着行政管理活动的单位却被列为事业编制，如各地的商检局、工商局以及部分税务局和公安派出所等。为了加强对这些人员的管理，国务院颁发的《国家公务员制度实施方案》规定，除各级国家行政机关外，其他行使国家行政权力、从事管理活动的人员也可划入公务员的范围。但学会、协会等组织不属于公务员范围。

2. 公务员的考录

（1）考录层次

加入公务员队伍要经过公务员考录，一般分为中央机关及其直属机关考试录用、地方机关及直属单位考试录用两个层次。中央与地方招考时间略有区别，中央国家机关的公务员招考时间相对比较固定，一般集中在 10～11 月份，地方国家公务员招考时间比较零散，各个省份的时间不同，从 11 月份到第二年 8 月份都有，也有个别省市一年招考两次。除了时间不同，中央和地方考录还存在以下区别：

1）从考试性质来说，中央公务员考试属于招聘考试，考生填报相应的职位进行考试，一旦被录取便成为该职位的工作人员。地方考试有资格考试和招聘考试两种。例如，北京市的公务员考试是一种资格考试，成绩合格者发给公务员资格证书，考生可凭此资格证在北京市、区、县等国家机关求职。绝大多数地方公务员考试采用的是招聘考试的方式，考生选择职位报名参加考试，考试通过后直接录取为该部门公务员。

2）从概念来说，中央公务员考试是指中央、国家机关以及中央国家行政机关派驻机构、垂直管理系统所属机构录用机关工作人员和国家公务员的考试。地方公务员考试是指地方各级党政机关，为招录机关工作人员和国家公务员而组织进行的各级地方性考试。各项考试单独进行，不存在从属关系，考生根据自己要报考的政府机关部门选择要参加的考试，也可同时报考，相互之间不受影响。但中央公务员考试招考条件相对比较苛刻、严格，一般均要求全日制本科应届、往届毕业生，部分职位要求硕士研究生并通过英语四级和计算机二级考试。地方公务员考试目前已经要求全日制高校毕业生报考，只有少数省市还在招考成人类高等院校毕业生。学历上，市直机关一般要求本科以上，县级机关一般要求大专以上。

3）从招考对象来说，中央的公务员考试面向全国进行，而地方公务员考试主要面向当地居民和在当地就读的大学生以及本省生源的大学生，各省市对参加考试的应届生的生源要求各不相同。

4）从考试科目来说，中央的公务员考试包括笔试（公共科目、专业科目）和面试。公共科目笔试按 A、B 类职位分别进行。A 类职位笔试公共科目为《行政职业能力测验》（A）和《申论》；B 类职位笔试公共科目为《行政职业能力测验》（B），专业科目笔试和面试时间由招考部门自行通知。而地方考试科目由地方自定，报考地方公务员考试的同学要注意查阅当地政府公布的招考简章，以便有针对性地进行复习。

5）户口限制越来越少。人才不限地域是人事工作的一项重大改革。目前，中央国家机关公务员已基本不再要求户口限制。地方国家公务员也在逐渐取消这一限制，近年来，很多地方公务员（包括人民警察）招考都是面向全国。

（2）考录内容

1）公共科目笔试内容

以中央机关及其直属机构 2010 年度考试录用公务员为例，公共科目笔试分为行政职业能力测验和申论两科，全部采取闭卷考试方式。行政职业能力测验为客观性试题，考试时限 120 分钟，满分 100 分。申论为主观性试题，考试时限 150 分钟，满分 100 分。

• 作答要求。行政职业能力测验要求报考者务必携带的考试文具包括黑色字迹的钢笔或签字笔、2B 铅笔和橡皮。报考者必须用 2B 铅笔在答题卡上作答。作答在试题本上或其他位置的一律无效。申论要求报考者务必携带的考试文具包括黑色字迹的钢笔或签字笔、2B 铅笔和橡皮。报考者必须用 2B 铅笔在指定位置上填涂准考证号，用钢笔或签字笔在答题卡指定位置上作答。在非指定位置作答或用铅笔作答的，一律无效。

• 行政职业能力测验介绍。行政职业能力测验主要测查与公务员职业密切相关的、适合通过客观化纸笔测验方式进行考查的基本素质和能力要素，主要包括言语理解与表达、数量关系、判断推理、资料分析和常识判断等内容。

言语理解与表达主要测查报考者运用语言文字进行交流和思考、迅速而又准确地理解文字材料内涵的能力。它包括根据材料查找主要信息及重要细节；正确理解阅读材料中指定词语、语句的准确含义；概括归纳阅读材料的中心、主旨；判断新组成的语句与阅读材料原意是否一致；根据上下文合理推断阅读材料中的隐含信息；判断作者的态度、意图、倾向、目的；准确、得体地遣词用字等。

数量关系主要测查报考者理解、把握事物间量化关系和解决数量关系问题的技能，主要涉及数字和数据关系的分析、推理、判断、运算等。

判断推理主要测查报考者对各种事物关系的分析推理能力，涉及对图形、语词概念、事物关系和文字材料的理解、比较、组合、演绎和归纳等。

资料分析主要测查报考者对各种形式的文字、图形、表格等资料的综合理解与分析加工的能力，这部分内容通常由数据性、统计性的图表数字及文字材料构成。

常识判断主要测查报考者对法律、政治、经济、管理、历史、自然、科技等方面知识的运用能力。

• 申论。申论是测查从事机关工作应当具备的基本能力的考试科目。申论试卷由注意事项、给定资料和作答要求三部分组成。申论考试按照省级以上（含副省级）综合管理类、市（地）以下综合管理类和行政执法类职位的不同要求，设置两类试卷。

省级以上（含副省级）综合管理类职位申论考试主要测查报考者的阅读理解能力、综合分析能力、提出和解决问题能力、文字表达能力。

阅读理解能力——要求全面把握给定资料的内容，准确理解给定资料的含义，准确提炼事实所包含的观点，并揭示所反映的本质问题。

综合分析能力——要求对给定资料的全部或部分的内容、观点或问题进行分析和归纳，多角度地思考资料内容，作出合理的推断或评价。

提出和解决问题能力——要求借助自身的实践经验或生活体验，在对给定资料理解分析的基础上，发现和界定问题，并作出评估或权衡，提出解决问题的方案或措施。

文字表达能力——要求熟练使用指定的语种，运用说明、陈述、议论等方式，准确规范、简明畅达地表述思想观点。

市（地）以下综合管理类和行政执法类职位申论考试主要测查报考者的阅读理解能力、贯彻执行能力、解决问题能力和文字表达能力。

阅读理解能力——要求能够理解给定资料的主要内容，把握给定资料各部分之间的关系，对给定资料所涉及的观点、事实作出恰当的解释。

贯彻执行能力——要求能够准确理解工作目标和组织意图，遵循依法行政的原则，根据客观实际情况，及时有效地完成任务。

解决问题能力——要求运用自身已有的知识经验，对具体问题作出正确的分析判断，提出切实可行的措施或办法。

文字表达能力——要求熟练使用指定的语种，对事件、观点进行准确合理的说明、陈述或阐释。

2）面试内容

面试一般采取结构化面试的题型，包括智能型试题、行为型试题、意愿型试题、情景型试题四种类型。除试题面试外，还可以采用无领导小组讨论、公文筐测试、管理游戏、角色扮演、事实搜寻等方式进行人才评测，心理测验、人格测验、智力测验、能力测验、创造力测验等都已经成为公务员选拔的工具。

（3）公务员报名条件

根据《国家公务员暂行条例》和《国家公务员录用暂行规定》第十四条的规定，报考公务员的有关人员必须具备下列基本条件：

1）具有中华人民共和国国籍，享有公民的政治权利。此项要求公务员的报考者必须具有公民的政治权利和本国国籍。"政治权利"是个法律术语，指公民依法享有的选举权，被选举权，参加国家管理，担任公职和享受荣誉称号的权利。没有这种权利的公民不能报考公务员。因此，因违法犯罪而剥夺公民政治权利的人、因患疾病而无法行使公民政治权利的人，不能报考国家公务员。非我国的公民，如外国人、已加入外国国籍的华人，无国籍人，不能报考我国公务员。

2) 拥护中国共产党的领导，热爱社会主义。该项规定的是报考者必须具备的政治立场，也是我国公务员制度区别于西方文官制度的一个显著特征。我国的政治制度要求政府工作人员必须在政治上与党保持一致，必须拥护社会主义。报考公务员的人也必须符合这一要求。

3) 遵纪守法，品行端正，具有为人民服务的精神。此项列举的是报考者必须具备的法纪观念和道德品质。国家公务员掌握着人民赋予的权利，依法执行公务。他们的言行不仅关系到政府的形象，也关系到人民的切身利益和基本权利。因此，报考公务员的人必须具有良好的法纪观念和道德修养。考察报考人品行方面的情况比较复杂，必要时应由报考人所在单位和基层组织出具证明、提供必要的考察材料。

4) 报考省级以上政府工作部门者应具有大专以上文化程度，报考市（地）级以下政府工作部门的文化程度由省级录用主管机关规定。这一项规定照顾到两方面因素，一是根据我国教育事业发展的现状，报考中央和省级政府的要具有大专以上学历；二是考虑到我国地域间的文化差异，授权省级政府人事部门根据实际情况和工作需要，确保市（地）级以下政府部门录用公务员所需的文化程度。

5) 报考省级以上政府工作部门的须具有两年以上基层工作经历，国家有特殊规定的除外。考虑到中央和省级政府工作部门担负着宏观管理职能，因此要求其工作人员具有基层工作经验。这里所说的基层，一般是指各种类型的企业、事业单位和市（地）以下政府工作部门。按国家有关规定，某些专业毕业生，如外语、计算机、财会和考古专业的毕业生可以直接进入中央和省级政府机关工作。

6) 身体健康，年龄为十八周岁以上，三十五周岁以下。此项是对报考者的健康状况和年龄要求。其中，年龄限制经录用主管机关批准，可适当放宽。报考人的健康状况需要由医院开具体检证明。

7) 具有录用主管机关批准的其他条件。此项规定是指在上述所列六项基本条件外，根据拟任职位的要求所规定的一些特殊资格条件。例如，某些经济监督部门要求录用对象应具备中、高级专业技术职称；或某些公安部门要求录用对象的身高要达到一定高度等。这些特殊资格条件，须经录用主管机关批准才能有效。

凡具有以下否定性条件的人不能报考公务员：

• 曾因犯罪受过刑事处罚或曾被开除公职的人员；

• 在各级公务员招考中被认定有作弊行为且被给予不得报考公务员处理的人员；

• 公务员和参照公务员法管理机关（单位）工作人员被辞退未满五年者；

• 现役军人；

• 新录用的试用期内的公务员和参照公务员法管理机关（单位）工作人员；

• 在读的非应届毕业生；

• 具有法律法规规定不得录用为公务员的其他情形的人员。

报考人员不得报考与招录机关公务员有《公务员法》第六十八条所列回避情形的职位。《公务员法》第六十八条规定："公务员之间有夫妻关系、直系血亲关系、三代以内旁系血亲关系以及近姻亲关系的，不得在同一机关担任双方直接隶属于同一领导人员的职务或者有直接上下级领导关系的职务，也不得在其中一方担任领导职务的机关从事组织、人事、纪检、监察、审计和财务工作。"公务员录用考试是职位竞争考试，报考人员通过笔试、面试、体检、考察等环节的选拔，最终将被录用到所报考的职位上任职。如果报考人员与招录机关公务员有公务员法第六十八条所列情形，一旦报考该职位且被录用，则立即形成应回避的关系。

（4）国家公务员考录流程

国家公务员考录流程如表5-1所示。

表5-1　国家公务员考录流程

步　骤	具体内容		测试目的
一、报考	资格审查		学历、经历、其他背景
二、笔试	公共科目	行政能力测试	行政职业能力潜力
		基础知识测试	行政职业综合知识
	专业科目	具体职业能力测试	特殊职业能力潜力
		专业考试	具体岗位专业知识
三、面试及心理测试	结构化面试		综合能力和个人素质
	情景模拟		
	实际操作		
四、体检	组织体检		身体状况
五、考核	查阅档案、了解情况		品行、业绩
六、审批、录用	综合评定报考者的考试与考核结果		确定录用人员

二、选调生选拔

1. 选调生的含义

选调生是组织部门有计划地从高等院校选调品学兼优的应届大学本科及其以上毕业生到基层就业，作为党政领导干部后备人选和县级以上党政机关高素质的工作人员人选进行重点培养。选调生直接进入地方基层党政部门工作。2000年，中央组织部发布了《中央组织部关于进一步做好选调应届优秀大学毕业生到基层培养锻炼工作的通知》，对进一步做好"选调生"工作提出了明确要求。

2. 选调生的选调条件

（1）坚持四项基本原则，拥护党的路线、方针、政策，具有坚定正确的政治方向和全心全意为人民服务的思想。

（2）有理想、有道德、守纪律，是非观念明确，作风正派，艰苦朴素，有奉献精神，有发展潜力。

（3）学习成绩优良（大学、研究生期间无重修或补考），具有较好的语言文字表达能力和一定的组织协调能力。

（4）具备班级以上（含班级）学生干部、院（系）以上三好学生、中共党员（含预备党员）之一，取得学士学位以上（含学士）的全日制应届毕业生。

（5）大学本科毕业生25周岁以下，硕士研究生28周岁以下、博士研究生32周岁以下。

（6）身体健康。

3. 选调生与公务员的区别

选调生与各单位招录的公务员都是国家公务员，不同点主要有：

（1）报名条件不同。选调生的报名条件除符合国家公务员的报名条件外，还要求是党员、学生干部、有志于从事党政工作、服从组织安排、本科及以上学历、成绩优秀等。

（2）培养目标不同。一般公务员招录的是非领导职务国家公务人员，选调生的培养方向主要是党政领导干部后备人选。同时，为县（处）级以上党政机关和企事业单位培养和输送高素质的工作人员和管理人员。

（3）选拔程序略有区别。选调生的选拔包括资格审查、笔试、面试、体检、考察考核等程序，要求校方进行重点推荐和审查，而且选调生还会有年龄上的要求。

（4）培养管理的措施不同。选调生到基层工作后，组织部门将通过举办培训班、抽调到上级党政机关跟班学习，鼓励参加公开选拔、竞争上岗等得力措施进行重点跟踪培养，帮助选调生脱颖而出。

（5）定级和薪资不同。第一，选调生没有见习期，工资直接定为科员二级。而招考录用的公务员，有一年的见习期和见习期工资，一年后确定为科员二级。第二，选调生当年参加单位的年终考核，招考录用的公务员不参加当年考核。选调生满两个考核年度上调一级级别工资，满 5 年考核年度上调一级职务工资。公务员满三个考核年度上调一级级别工资；满 6 年考核年度上调一级职务工资。第三，选调生如果表现良好，第二年定副科级，执行副科级工资，而招考录用的公务员第二年才是科员二级。

4. 选调生的一般选调程序

（1）报名。

（2）学校推荐。

（3）确定考察面试人选。

（4）考察面试。

（5）确定笔试人选。

（6）笔试。

（7）确定拟录用人选。

（8）体检。

（9）签订协议。

（10）分配派遣。

（11）档案转递、党组织关系接转和户口迁移。

下面以本科生小刘成功参选山东省选调生为例，介绍如何成为一名选调生。

（1）政策查询并报名。小刘在山东高校毕业生就业信息网阅读了《山东省 2009 年选调应届优秀大学毕业生到基层工作简章》，经过学校推荐，2 月份携带《2009 年山东省选调生报名登记表》、《2009 年报考选调生诚信承诺书》等有关材料到报考单位指定地点报名。

（2）通过资格审查，3 月份参加笔试。笔试内容是综合知识，包括行政职业能力测验（综合知识）和申论，内容与公务员考录基本一致。小刘笔试成绩经过查询为 71 分，获得面试资格。

（3）面试。4 月份封闭考点面试，采用结构化面试方法。根据笔试、面试成绩各占 50％的比例计算考生的综合成绩。按录用计划 1∶1.5 的比例，从高分到低分，分别确定考察人选。小刘大学期间在学生会负责外联工作，具有良好的沟通能力和语言表达能力，面试前对着装、礼仪常识、面试程序、面试技巧等都进行了有针对性的训练，面试顺利过关。

（4）考察。由各市组织部派出考察组到各高校对体检合格的考生进行考察，主要是与考生所在院系领导、辅导员、同学进行交流，了解考生在校表现及各方面情况。考察结束后，根据考察结果，按照 1∶1 的比例确定最终录用人选。小刘考察这一关顺利通过。

（5）分配。按照有关规定，根据本人报考志愿和工作需要，安排选调生的工作单位。硕士研究生和大学本科生全部到乡镇（街道办事处）工作，一般安排担任乡镇长（街道办事处主任）助理职务。为吸引高层次人才并发挥好他们的作用，博士研究生可安排到市直综合部门，先到基层对口部门挂职锻炼 1 年。小刘被分配到街道办事处工作。

三　事业单位招考

1. 事业单位的定义和范围

事业单位是指国家为了社会公益目的，由国家机关举办或者其他组织利用国有资产举办的，从事教育、科技、文化、卫生等活动的社会服务组织，包括公共服务部门、社会团体、科研部门、一部分经济管理部门、一部分行政执法部门等。

事业单位不属于政府机构，事业单位编制工作人员与公务员不同。一般情况下，国家会对这些事业单位予以财政补助分为全额拨款事业单位，如学校等；差额拨款事业单位，如医院等；还有一种是自主事业单位，是国家不拨款的事业单位。我们平时所见，如史志办（政府）、党史研究室（党委）、考试办、编办、人才交流中心、毕业生分配办（人事局）、电教中心（组织部）等都是党政机关的下属事业单位。

2. 事业单位招考

现以 2009 年××省省属事业单位招考为例，介绍招考条件和流程。

（1）招聘范围和条件

应聘人员年龄在 40 周岁以下并具有××省常住户口（全日制普通高校择业期内未就业的本科以上毕业生不受生源地限制），同时具备规定的基本条件和岗位要求。

属在职人员应聘的，其工作单位应在当地的省。定向、委培应届毕业生报考，须征得定向、委培单位同意。在读全日制普通大中专学校非应届毕业生、现役军人、曾受过刑事处罚和曾被开除公职的人员以及法律规定不得聘用的其他情形的人员不能应聘。应聘人员不能报考与本人有应回避亲属关系的岗位。

（2）招聘岗位和计划

招聘岗位和具体条件要求详见《2009 年度省属事业单位公开招聘初级专业技术和管理岗位汇总表》。报名结束后，对应聘人数达不到规定比例的招聘岗位，计划招聘 1 人的，原则上取消招聘计划；计划招聘 2 人的，按规定的比例相应核减计划。招聘计划一经确定并向社会公布，未经省事业单位公开招聘主管机关批准，不得擅自变更。

（3）报名和资格审查

1）报名。报名采取统一时间、网上报名、网上初审、网上收费的方式进行。

①个人报名。报名人员登录指定的报名网站人事考试信息网，如实填写、提交相关个人信息资料。每人限报一个岗位，应聘人员在资格初审前多次登录填交报名信息的，后一次填报自动替换前一次填报信息。报名资格一经招聘单位初审通过，不能更改。报考人员不能用新、旧两个身份证号同时报名，报名与考试时使用的身份证必须一致。

②单位初审。招聘单位要指定专人负责资格初审工作，在报名期间（节假日不休息）查看本单位的网上报名情况，根据应聘人员提交的信息资料，对前一天的报名人员进行资格初审，并在网上公布初审结果。对具备报名资格并符合应聘条件的，不得拒绝报名；对不符合应聘条件而未通过初审的人员要说明理由；对提交材料不全的，应注明缺失内容，并退回应聘人员补充。如果招聘单位在 2 个工作日内（不含报名当天）未对报名人员信息进行处理，则视为初审通过。网上报名期间，招聘单位要公布咨询电话并安排专人值班，提供咨询服务。对通过资格初审的人员，招聘单位应留存应聘人员的报名信息，以供资格审查时参考。

③网上缴费。报名人员在网上提交报考信息后，可在第二天至查询时间截止之日前登录网站，查询报名资格初审结果。通过资格初审的人员，要于规定时间登录人事考试信息网，进行网上缴费，逾期不办理网上缴费手续的视作放弃。缴费成功后，下载打印《省属事业单位公开招聘报名登记表》和《应聘事业单位工作人员诚信承诺书》（以备参加面试时使用），并于 2009 年考前一周内登录该网站下载、打印准考证。考务费的收取标准为：每人每科 40 元。

拟享受减免考务费用的农村特困大学生和城市低保人员，报名时须携带有关证明材料办理减免手续。其中，享受国家最低生活保障金的城镇家庭的应聘人员提交家庭所在地的县（市、区）民政部门出具的享受最低生活保障的证明和低保证（复印件）；农村绝对贫困家庭的应聘人员提交家庭所在地的县（市、区）扶贫办（部门）出具的特困证明和特困家庭基本情况档案卡（复印件），或者出具由省人事厅、省教育厅核发的《山东省特困家庭高校毕业生就业服务卡》。

2）资格审查。省属事业单位公开招聘工作人员的资格审查工作贯穿招聘工作的全过程。进入面试的应聘人员在面试人员名单确定之后，需按招聘信息公布的要求，向招聘单位提交本人相关证明材料及《省属事业单位公开招聘报名登记表》、《应聘事业单位工作人员诚信承诺书》、1 寸近期同底版免冠照片 2 张。相关证明材料主要包括：非全日制普通高校应届毕业生应聘的，提交国家承认的学历学位证书、身份证、户口簿；在职人员应聘的，提交由用人权限部门或单位出具同意应聘的介绍信；全日制普通高校应届毕业生应聘的，提交学校毕业生就业主管机构的证明材料和学校教务部门出具的学历证明，并能够正常毕业。取得面试资格的应聘人员在面试前 3 天仍未向招聘单位提交有关材料的，则视为弃权。经审查不具备报考条件的，经主管机关核准后，取消其面试资格。因弃权或取消资格造成的空缺，按笔试成绩依次递补。

（4）考试内容和方法

考试分为笔试和面试。

1）笔试

笔试考试根据专业不同分为卫生、教育和综合三大类，各类均考一科。卫生类考试内容为公共基础知识和医药卫生专业基础知识两部分，分别占整个试题分数的 40％和 60％，专业基础知识部分按医疗、药学、检验、中医、护理五类分别命题；教育类考试内容为公共基础知识和教学基础知识两部分，分别占整个试题分数的 40％和 60％；综合类考试内容为公共基础知识，包括法律法规、政治经济理论、时政方针、科技知识、省情省况等基础性知识和综合写作。笔试采用百分制计算应聘人员的成绩。笔试设定最低合格分数线，由省事业单位公开招聘主管机关根据应聘人数和考试情况确定。

笔试采取统一考试、统一标准、统一阅卷的方式进行。

笔试时间：2009 年 5 月 17 日上午 8：30～11：00

2）面试

面试在省事业单位公开招聘主管机关的指导下，由招聘单位或其主管部门按备案的面试方案组织实施，面试方案的备案应在面试前一周完成。达到笔试合格分数线的应聘人员，根据招聘计划和招聘岗位由高分到低分按比例依次确定面试人选。笔试合格人数出现空缺的岗位，取消招聘计划；达不到规定招聘比例的，按实有合格人数确定。面试人选确定后，由招聘单位张榜公布并通知本人。

面试结束后，按笔试成绩和面试成绩各占 50％的比例，百分制计算应聘人员考试总成绩。笔试成绩、面试成绩、考试总成绩均计算到小数点后两位数，尾数四舍五入。根据考试总成绩，确定进入考核体检范围人选。

（5）考核体检

按照招聘岗位，根据应聘人员考试总成绩，由高分到低分以不低于招聘人数 1：1.2 的比例，确定进入考核体检范围人选，并依次等额组织进行考核体检。同一招聘计划应聘人员出现总成绩并列的，则按笔试成绩由高分到低分确定人选。对考核、体检不合格人员造成的空缺，可从其他进入同一岗位考核范围的人员中依次等额递补。根据实际需要，既可先进行考核也可先组织体检。体检原则上应在省级医院进行，体检标准参照公务员录用体检通用标准执行，国家另有规定的从其规定。招聘单位应成立考核工作小组，具体负责考核工作，每组应由 2 名以上工作人员组成。考核小组要实事求由，全面、客观、公正地评价被考核对象，并写出书面考核意见。考核、体检工作由招聘单位或其主管部门负责组织实施。

(6) 签订聘用合同

经考试、考核、体检合格的拟聘用人员，公示 7 日无异议的，由聘用单位或其主管部门提出聘用意见，报省人事厅备案。符合聘用条件的，由省人事厅发放《事业单位招聘人员通知书》，凭《事业单位招聘人员通知书》办理调动、派遣等相关手续，双方按规定签订聘用合同，确立人事关系。受聘人员按规定实行试用期制度，期满合格的正式聘用，不合格的解除聘用合同。试用期一般不超过 3 个月；情况特殊的，可以延长，但最长不得超过 6 个月。受聘人员为大中专应届毕业生（含择业期限内）的，试用期可以延长至 12 个月。

(7) 其他

本次考试不指定考试辅导用书，不授权或委托任何机构举办考试辅导培训班。按照事业单位公开招聘的有关规定，从事命题、阅卷等工作的专家不准参加任何形式的考试辅导。目前，社会上出现的任何以事业单位公开招聘管理机构、事业单位公开招聘命题组等名义举办的辅导班、辅导网站或发行的出版物、上网卡等，均与事业单位公开招聘主管机关无关。

第三节　国企、外企和中小企业招聘

据统计，历年来大学毕业生的就业去向分布为：党政机关约占 1%；事业单位约占 10%（其中，3/4 到教育和医疗单位，近 60% 到县及县以下）；国有企业约占 7%；继续学习（攻读研究生和出国）约占 10%；其余 70% 左右的毕业生进入其他各类企业。因此，大学毕业生在了解机关、事业单位招考政策的同时，应重点关注各类企业的情况，以便做好应聘准备。

一、国企招聘

1. 国企的含义及层次

国企，即国有企业，又称全民所有制企业，它是指国家单独出资、由国务院或地方人民政府授权本级人民政府国有资产监督管理机构履行出资人职责的企业。

国有企业有广义和狭义之分。其中，狭义的国有企业是指国有独资企业，即企业的投资人只有一个——国家或政府；广义的国有企业是指具有国家资本金的企业，可分为三个层次：

(1) 纯国有企业。纯国有企业包括国有独资企业、国有独资公司和国有联营企业三种形式，企业的资本金全部为国家所有。

（2）国有控股企业。根据国家统计局《关于统计上国有经济控股情况的分类办法》的规定，国有控股包括国有绝对控股和国有相对控股两种形式。国有绝对控股企业是指在企业的全部资本中，国家资本（股本）所占比例大于50％的企业；国有相对控股企业（含协议控制）是指在企业的全部资本中，国家资本（股本）所占的比例虽未大于50％，但相对大于企业中的其他经济成分所占比例的企业；或者虽不大于其他经济成分，但根据协议规定，由国家拥有实际控制权的企业（协议控制）。

（3）国有参股企业。国有参股企业是指具有部分国家资本金，但国家不控股的企业。国有与其他所有制的联营企业，按照上述原则分别划归第2、3层次中。

2. 国企的用人标准

随着全球经济一体化的推进，国有企业的用人标准与跨国公司有趋同之势，但个别行业和企业差异性较大。例如，TCL集团对大学毕业生的基本要求为：①成绩优秀，品行优良，有良好的团队合作能力。②毕业时，毕业证、学位证、报到证三证齐全。③非英语专业本科生通过国家英语四级和计算机二级以上考试，英语专业通过国家专业八级，研究生通过国家英语六级。④身体健康，无肝炎，无精神病史，无其他传染性疾病。中国石化贵州石油分公司2009年招聘条件是：①2009年本科及以上应届毕业生、专业对口、英语四级以上。②具有写作、书法、文艺及其他特长者优先等。可以发现，国有企业的用人标准不是要求多高的实践经验，而是主要考核应聘者的素质，包括诚信、勤奋、头脑灵活、责任心、团队意识等。

以2009年《财富》世界500强企业为例，中国有43家上榜，其中来自中国内地的企业34家，来自中国台湾的企业6家，来自中国香港的企业3家。内地上榜的企业中江苏沙钢集团是唯一一家民营企业，其余33家企业全部是国有企业。有志于在500强国有企业就业的同学可以查阅每年《财富》排行榜，并关注这些企业的招聘广告和招聘信息。

3. 国企招聘流程及实践

国有企业因为单位性质、行业和岗位不同，招聘流程存在较大差别。一些大中型国有企业管理体系相对规范，设有专门的人力资源部门，招聘流程规范。其基本流程如下：

（1）部门主管填写员工招聘表格，并提交人力资源部经理。

（2）获得董事总经理批准后，人力资源部开始拟订招聘计划，并通过各种渠道招聘。

（3）求职者需填写职位申请表格，再按要求提供有关文件及个人资料。

（4）人力资源部员工主持第一次面试。某类职位的求职者需接受笔试、工作取向测试等。有的企业会做 IQ（智商）测试。挑选的准则是求职者的态度、性格、语言能力、教育背景、工作经验、接受的培训等。最后，根据所有资料综合衡量，决定是否给予第二次面试。第一次面试时，普通职员一般采用无领导组织方式进行，重要职员往往由人力资源经理和部门经理联合面试或者总经理直接面试。

（5）第二次面试。不同职位由不同人士主持。例如，一般员工由人力资源经理负责，个别部门员工由部门主管负责，主管级或以上员工由副总经理负责，经理级或以上员工由董事长或总经理负责。对于一些涉及企业核心层的岗位，公司一般采用总经理、部门经理或副总经理、人力资源经理三堂会审的方式，以提高招聘的准确性。

（6）第二次面试后，仍未能做出最后决定的，求职者必须接受第三次面试。

（7）企业要求所雇用的员工接受指定的身体检查，如求职者拒绝接受，将不符合雇用资格。如身体检查结果符合工作要求，可获得雇用。

（8）获聘后，员工需签署劳动用工协议等文件，同时容许公司向其前任雇主查询及校对个人资料。

以上为规范化标准流程，每个企业会结合自身实际情况，作出相应变化，如企业通常出现的特招现象，在国内已非常普遍。要到国有企业就业，除了要熟悉招聘流程，还要全面了解国有企业的文化背景、运营机制、业务范围、发展趋势等。一般情况下，国有企业录用人员的方式比较传统，通过校园招聘、人才市场招聘较多，中介招聘、网络招聘、猎头招聘等其他招聘方式也开始逐步使用。

二、外企招聘

1. 外企的含义及特点

一般而言，狭义的外企是指外国企业在华的代表机构，广义的外企是指有外国企业资本进入在华的外商独资、合资、合作企业。

外企一般具有以下特点。

（1）有成熟的经营理念。外企很重视打造自己的经营理念，外企对加盟员工筛选的一条重要标准是文化认同，员工进入后又会向他们传播企业文化。在具体的经营理念方面，外企市场布局、投资决策、人才决策、制度决策不依靠主观判断，而是需要调查研究。外企对人才重视，并将人才作为人力资本，坚持顾客至上的价值导向。外企总体上要求员工遵守法律、讲诚信。

（2）治理结构相对完善。外企产权明晰，所有权与经营权较好地分离，职业经理人团队成熟。在组织制度安排上，决策权、执行权、监督权三权分离，股东会、董事会、监事会能各司其职，权力形成制约，治理结构相对完善。

（3）发展目标明确。既有短期目标，又有远景规划。在发展思路上十分注重战略思维。例如，外企在投资战略上，既注重长远发展又致力于自己的专业化、精耕细作地开拓市场，甚至于亏钱投入以取得自己所需要的市场份额，从而保障长远的市场利益。

（4）人力资源管理规范。外企根据战略目标设立组织机构，确定岗位及编制，明确岗位职责，确定岗位所需要具备的专业知识、经验基础、技能等标准，并按照这个标准招聘人才。用人讲学历、凭能力、靠竞争上岗。对人才培训舍得投入，人才培训的开支甚至超过员工薪酬，每一位员工均能独当一面。根据岗位标准及岗位价值判断设定薪酬分配方法。企业家、职业经理人、技术作为一种与资本一样的投入要素，获得企业剩余索取权。

（5）制度健全，流程规范。员工处于分工的结构化模块之中，企业内部鼓励竞争和创新，讲事实、重数据。在决策机制上，外企在重大决策时一般很谨慎，有一套成熟的体系。而且决策与执行相分离，能独立决策，是真正意义上的独立法人。在经营管理方法上，擅长模型与工具的应用。

（6）工作作风严谨。外企做事认真、细致，严格按照标准。由于职责分工明确，相互之间难于推诿。外企在研发、生产、销售、财务等管理方面井井有条。

外资企业还存在一些不足，如对于雇员来说，外企的工作强度和压力较大，与同事及上司之间的关系情意淡薄，过分的专业导向导致更换岗位困难，升职机会少而且较难等。

2. 招聘流程

（1）笔试。笔试一般分两部分，技术题和英语题。例如，IBM 的技术题也是英文技术题。技术题 15 分钟，英语题 15 分钟，翻译一篇文章为 300 字的文章（中译英）。

（2）面谈。由人力资源部相关人员进行面试，针对各类职位的面试问题可以通过网上搜索。也有公司采用电话面试的形式，如 IBM 公司。

（3）项目小组负责人（team leader）或者是项目经理（project manager）的面试。该环节是在人力资源部面试之后进行，根据应聘的级别和职位确定不同的面试考官。

（4）人力资源部工作人员与应聘者面谈薪资与公司福利等。

（5）给出录取通知（offer），在指定日期到公司人力资源部报到、签约。

3. 外企用人标准

根据近些年外资企业在中国的发展及其对人员素质与能力的要求，其用人标准一般表现为五个方面。

（1）教育背景：具有本科或以上学历。

（2）英语水平：具有基本的英语说、听、写、读应用能力。

（3）计算机应用能力：通常所用的 Microsoft Office 软件，行业专用软件等。

（4）互联网应用技能：会使用互联网完成基本的信息搜索等。

（5）素质要求：外资企业十分注重员工的操守，如诚实和责任感、团队意识、沟通能力、实干精神，工作效率，以及创新能力等。

每个企业有着不同的历史文化背景，也有不同的组织文化模式，其表现在管理风格及对人员的要求上就有差异，了解这些特点，对有针对性地选择适合自己的企业非常有帮助。例如，诺基亚的企业文化核心是"以人为本"，体现在人才的判断价值上，公司通过两方面加以实践：一是硬件系统，包括专业水平、业务水平和技术背景，一般由部门执行经理考察；二是软件系统，包括沟通能力、创新能力以及灵活性等，一般由人力资源部门考察。摩托罗拉对员工的要求是五个 E，即 emvision（远见卓识），对科学技术和公司的前景有所了解，对未来有憧憬；energy（活力），要有创造力，并且灵活地适应各种变化，具有凝聚力，带领团队共同进步；execution（行动力），不能光说不做，要行动迅速、有步骤、有条理、有系统性；edge（果断），有判断力、是非分明、敢于并且做出正确的决定；ethics（道德），品行端正、诚实、值得信任、尊重他人、具有合作精神。西门子公司是需要"企业家"类型的人物，用人的基本要求是：良好的考试成绩、丰富的语言知识、广泛的兴趣、强烈的好奇心、有改进工作的愿望，以及在紧急情况下的冷静沉着和坚定顽强等。

4. 外企招聘实践

进入外企成为白领是很多大学生梦寐以求的职业愿景，外企有自己独特的企业文化和企业背景，因此在准备上也需要有针对性，对企业文化、谋职岗位、语言表达能力要求等都需要认真了解和对待。按照外企招聘流程，要得到任何一个外企职位，必须经过求职、笔试、面试、录用等几个步骤，因此在确定目标企业后，要有针对性地做好准备。

第一步，了解进入外企的渠道。

例如，通过朋友介绍、通过投递简历、通过猎头公司推荐、自我推荐等。撰写简历的典型格式和内容大体包括：①联系方式，如姓名、地址电话、E-mail 邮箱。②个人"与所求职位有关的"特长简介。③工作经历。④学历，从最高最近的写起。⑤补充内容，如曾经获得什么奖项和荣誉等。⑥推荐人。外企有具体简历要求的应按照要求撰写。

第二步，准备面试和笔试。

（1）在接到面试通知电话时一定要问清楚应聘的公司名称、职位、面试地点（包括乘车或开车的路线）、时间等基本信息，最好顺便问一下公司的网址、通知人的姓名和面试官的职位等信息。最后，别忘了道谢。接到面试通知后尽量按要求的时间去面试，因为很多企业都是统一面试，不要错过任何的机会。

（2）上网搜集该公司的相关背景和应聘职位的相关情况。公司背景包括企业所属行业、产品、项目、发展沿革、组织结构、企业文化、薪酬水平、员工稳定性、发生的关键事件等，了解越全面越深入，面试的成功率就越高。同时，也有助于对企业的判断（人才和企业是双向选择的关系）。应聘职位情况包括应聘职位的名称、工作内容和任职要求等，这一点非常重要。因为同一个职位名称，各家企业的要求是不尽相同的，了解得越多，面试的针对性就越强。在亲友和人脉圈（包括猎头）当中搜索一下有没有熟悉和了解这家企业的，他们的感受或了解具有非常重要的参考价值。

（3）如果是应聘高管职位，最好能了解一下老板的相关背景和个性风格等，一般情况下老板是面试高管的最后一关。

（4）学习一些实用的笔试和面试技巧。英文水平高低对笔试和面试成绩影响较大。笔试题需要提前练习，特别是世界 500 强企业，笔试都有自己企业的色彩。因此，准备要有针对性。例如，微软公司的笔试题型包括谜语、算法、应用程序、智力测试等。面试要在 3～5 分钟内做好自我介绍，应尽可能展现自己的优势和实力，给面试官一个选择你的理由。对一些常见的面试问题要有应对的准备，最好能做个模拟面试演练，在亲友中找个在企业做经理或做人力资源工作的为你做个现场评判，给予建议，以便发现问题，及时调整。

（5）除了专业、经验和敬业等通用要求外，不同的职位类型有不同的侧重要求。比如，营销类职位侧重沟通力、客户拓展力、机敏性；财会类侧重严谨度、原则性；技术研发类侧重逻辑性、专业性；企划、创意类职位侧重策划力、思维的发散性；工程类侧重执行力、实操性；人力资源类侧重亲和力、沟通力、推动力；行政服务类侧重服务性、热情度和细致度；而中高层管理类职位则侧重认知的高度、领导力、协调整合力等。

第三步，参加笔试和面试及录用后相关手续的办理。

通过笔试、面试被外企录用，要考虑相关手续的办理问题。外企人力资源管理方式很多，除了自身拥有人力资源管理部门外，现在大多采用人力资源外包和劳务派遣方式。人力资源外包就是企业根据需要，将某一项或几项人力资源管理工作或职能外包出去，交由其他企业或组织进行管理，以降低人力成本，实现效率最大化。目前，人力资源管理外包已渗透到企业内部的所有人事业务，包括人力资源规划、制度设计与创新、流程整合、员工满意度调查、薪资调查及方案设计、培训工作、劳动仲裁、员工关系、企业文化设计等方方面面。劳务派遣业务是近年我国人才市场根据市场需求而开办的新的人才中介服务项目，是一种新的用人方式，可跨地区、跨行业进行。用工单位可以根据自身工作和发展需要，通过正规劳务服务公司，派遣所需要的各类人员。实行劳务派遣后，实际用工单位与劳务派遣组织签订《劳务派遣合同》，劳务派遣组织与劳务人员签订《劳动合同》，实际用工单位与劳务人员签订《劳务协议》，双方之间只有使用关系，没有聘用合同关系。

三、中小企业招聘

1. 中小企业的含义及分类

中小企业一般是指经营规模不大、人员较少的企业。它是国民经济的重要组成部分，为社会提供广泛的就业机会并创造和开发出大量的科技成果，现已成为推动国民经济发展的重要支柱。

从世界范围来看，对中小型企业的界定有定量和定性两种方法。定量界定的标准主要包括企业雇员人数、资产总额以及营业额等；定性界定主要考虑企业地位等因素。我国对中小型企业的界定曾先后几次进行调整，2003 年 3 月 24 日发布的《关于印发中小企业标准暂行规定的通知》中规定：对中小企业的界定指标主要包括职工人数、销售额和资产总额。建筑行业的中小型企业须符合以下条件：职工人数 3000 人以下，销售额 30 000 万元以下，或资产总额 40 000 万元以下。中型企业须同时满足职工人数 600 人及以上，销售额 3000 万元及以上，且资产总额 4000 万元及以上，其余为小型企业。具体企业类型划分如表 5—2 所示。

表 5—2　我国 2003 年规定的中小企业划分标准

企业类型		职工人数	销售额/万元	资产总额/万元
工业	中型（同时满足）	大于等于 300，且小于 2000	大于等于 3000，且小于 30 000	大于等于 4000，且小于 40 000
	小型（满足任何一个）	300 以下	3000 以下	4000 以下
建筑业	中型（同时满足）	大于等于 600，且小于 3000	大于等于 3000，且小于 30 000	大于等于 4000，且小于 40 000
	小型（满足任何一个）	600 以下	3000 以下	4000 以下
零售业	中型（同时满足）	大于等于 100，且小于 500	大于等于 1000，且小于 15 000	
	小型（满足任何一个）	100 以下	1000 以下	
批发业	中型（同时满足）	大于等于 100，且小于 200	大于等于 3000，且小于 30 000	
	小型（满足任何一个）	100 以下	3000 以下	

续表

企业类型	职工人数	销售额/万元	资产总额/万元	
交通运输业	中型（同时满足）	大于等于500，且小于3000	大于等于3000，且小于30 000	
	小型（满足任何一个）	500以下	3000以下	
邮电业	中型（同时满足）	大于等于400，且小于1000	大于等于3000，且小于30 000	
	小型（满足任何一个）	400以下	3000以下	
住宿餐饮业	中型（同时满足）	大于等于400，且小于800	大于等于3000，且小于15 000	
	小型（满足任何一个）	400以下	3000以下	

资料来源：2003年3月24日发布的《关于印发中小企业标准暂行规定的通知》

根据经济发展需要，我国目前已着手修订中小企业划分标准，以便突出对中小企业的扶持。湖南省2009年出台了《湖南省中小企业划分标准暂行规定》，将中小企业划分为19大门类，比2003年出台的国家标准《中小企业标准暂行规定》多了12个门类，并首次将服务业全面纳入其中，细分后的企业划分将使中小企业扶持政策更加有针对性、实效性。

2. 中小企业的优势和劣势

（1）优势

同大企业相比，中小企业的优势在于经营决策快，成本及综合风险相对较低，同时对市场反应敏锐，行为灵活。并且，中小企业中私人家族经营者较多，内部命令一元化，执行力强，能快速协调企业内部的所有资源，使之效率、效益最大化。

1）"小"、"灵"、"快"

与大型企业相比较，中小企业的首要特征之一，即在于企业规模小、经营决策权高度集中，特别是小企业，基本上都是一家一户自主经营，这使资本追求利润的动力完全体现在经营者的积极性上。首先，由于经营者对千变万化的市场反应灵敏，实行所有权与经营管理权合一，既可以节约所有者的监督成本，又有利于企业快速作出决策。其次，中小企业员工人数较少，组织结构简单，个人在企业中的贡献容易被识别，因而便于对员工进行有效的激励。

2）"小而专"和"小而精"

中小企业由于自身规模小，人、财、物等资源相对有限，既无力经营多种产品以分散风险，也无法在某一产品的大规模生产上与大企业竞争，因而，往往将有限的人力、财力和物力投向那些被大企业所忽略的细小市场，专注于某一细小产品的经营上来不断改进产品质量，提高生产效率，以求在市场竞争中站稳脚跟，进而获得更大的发展。

3）小批量、多样化

一般来讲，大批量、单一化的产品生产才能充分发挥巨额投资的装备技术优势，但大批量的单一品种只能满足社会生产和人们日常生活中一些主要方面的需求，当出现某些小批量的个性化需求时，大企业往往难以满足。因此，面对当今时代人们越来越突出个性的消费需求，消费品生产已从大批量、单一化转向小批量、多样化。虽然中小企业作为个体普遍存在经营品种单一、生产能力较低的缺点，但从整体上看，由于量大、点多、且行业和地域分布面广，它们又具有贴近市场、靠近顾客和机制灵活、反应快捷的经营优势，因此，利于适应多姿多态、千变万化的消费需求，特别是在零售商业领域，居民日常零星的、多种多样的消费需求都可以通过千家万户中小企业灵活的服务方式得到满足。

4）以开发新型小产品为起点，中小企业是成长最快的科技创新力量

现代科技在工业技术装备和产品发展方向上有着两方面的影响，一方面是向着大型化、集中化的方向发展；另一方面又向着小型化、分散化方向发展。产品的小型化、分散化生产为中小企业的发展提供了有利条件。特别是在新技术革命条件下，许多中小企业的创始人往往是大企业和研究所的科技人员、或者大学教授。他们常常集管理者、所有者和发明者于一身，对新的技术发明创造可以立即付诸实践。正因为如此，20 世纪 70 年代以来，新技术型的中小企业像雨后春笋般出现，它们在微型电脑、信息系统、半导体部件、电子印刷和新材料等方面取得了极大的成功，有许多中小企业仅在短短几年或十几年里，迅速成长为闻名于世的大公司，如惠普、微软、雅虎、索尼和施乐等。

（2）劣势

尽管中小企业有其自身的优势，但同大企业相比，中小企业在技术、资金、人力资源、信息获取等方面的能力较弱。据统计，在全球每年倒闭的企业当中，80％以上是中小企业。

1）相关法律法规不完善

虽然我国政府在完善中小企业法律环境方面采取了很多的措施，但仍然还不是很完善，缺乏系统性的法律体系。这使得中小企业的许多权益得不到应有的保障，在很大程度上制约了中小企业的发展进程。此外，产权保护不到位，也严重影响了中小企业的经营环境。一项调查表明，对于私有财产可能被侵害的原因，50％的企业主认为在于法律保障不完备。某些政府部门有从事商业活动的倾向，混淆了政府行政职能和商业利益之间的界限。产权不清晰、法律地位不明确制约着中小企业的发展。

2）企业融资相对困难

据有关部门调查发现，融资困难已成为制约我国中小企业的第一大障碍。其

主要体现在两方面：第一，融资方式比较单一，缺乏直接的市场融资渠道，中小企业很少能够采用发行债券的融资方式募集资金，能够发行股票上市融资的企业也为数不多。据统计，我国中小企业融资总量中主要依靠商业银行贷款和民间借贷的融资方式占到了 50% 以上，而且由于中小企业规模偏小，发展前景不明朗，本身的资信水平不高，加之与银行等金融机构的信息不对称，提高了金融机构在向中小企业提供信借时的交易成本与风险，使得中小企业向银行借款困难。第二，借贷期限较短且数目普遍不大，主要是用来解决临时性的流动资金，很少用于项目的开发和扩大再生产等方面。

3）人力资源相对匮乏

企业的发展需要整个团队的努力，需要大批优秀的人才。西奥多·舒尔茨曾说过："人力资本的提高，即人的知识、能力、健康等质量的提高对经济成长的贡献远比物质资本和劳动力数量的增加重要。"人才已成为企业确立竞争优势、把握发展机遇的关键，但由于中小企业自身的一些特点，如规模小、缺乏稳定性等，导致人才流失情况严重。再者，许多中小企业或因不重视人才，或因对人才认识错误，而不能根据企业的发展需求选择合适的人才，导致人才流失、人才浪费，不能人尽其才地发挥出最优的经济效果。企业由于缺少人才，就很难创造出自己的特色，也就很难从激烈的竞争中脱颖而出。

3. 中小企业招聘流程及实践

中小企业在人力资源管理上，有向大公司学习的冲动，谋求规范和流程化。有的小企业也建立了自己的人才招聘流程，其招聘流程是不一样的，其招聘大纲比较笼统，一般来说流程如下：

（1）用人部门申请。

（2）部门经理审核，高级岗位和关键岗位由总经理审核。

（3）人事部门列入招聘计划，根据岗位性质不同，发布招聘信息，接受简历。

（4）筛选简历。

（5）人力资源招聘专员初步面试，相关分管高级干部再次筛选，合格者推荐给用人部门复试。

（6）分管干部确定人选。

（7）通知合格者上班日期。

中小企业常见的招聘渠道分为企业内部招聘和外部招聘。

企业内部招聘包括：

（1）员工推荐。人力资源部将空缺的职位信息公布出来，公司员工可以自我推荐，也可以互相推荐。人力资源部搜集到相关人员的信息后，采取公开竞争的方式，选拔该岗位的人才。

（2）内部储备人才库。人才库系统记录了每一位员工在教育、培训、经验、技能、绩效职业生涯规划等方面的信息，并且这些信息随着员工的自身发展都得到不断更新，用人部门和人力资源部门可以在人才库里找到合适的人补充职位空缺。

企业外部招聘包括以下四种：

（1）广告招聘。广告是企业招聘人才最常用的方式，可选择的广告媒体很多：网络、报纸、杂志等。广告招聘可以很好地建立企业形象，并且信息传播范围广，速度快，获得的应聘人员的信息量大，层次丰富。

（2）校园招聘。对于应届生和暑期临时工的招聘可以在校园直接进行，方式主要有招聘张贴、招聘讲座和学校毕分办推荐三种。

（3）熟人推荐。通过企业的员工、客户、合作伙伴等熟人推荐人选，这种方式的好处在于对候选人比较了解，但缺点是可能在企业内形成小团体，不利于管理。

（4）中介机构招聘。中介机构招聘包括：①人才交流中心。通过人才交流中心人才资料库选择人员，用人单位可以很方便地在资料库中查询条件基本相符的人员资料，有针对性强、费用低廉等优点，但对于热门人才或高级人才招聘效果不理想。②招聘洽谈会。随着人才交流市场的日益完善，洽谈会呈现出向专业方向发展的趋势。企业招聘人员不仅可以了解当地人力资源素质和走向，还可以了解同行业其他企业的人事政策和人力需求情况。但是该种方式对招聘高级人才有一定的局限性。

当前，由于个别中小企业用工制度和管理机构不健全，许多入职员工的入职手续和社保办理不够规范。因此，在选择中小企业就业时，大学生应根据个人职业规划和企业发展对人才的需求做好充分的准备。

思考与实训

1. 如何才能进入基层就业项目？

2. 如果接到美国甲骨文公司（Oracle）面试通知，你将如何准备英文面试？

第六章 大学生职业适应

小李的职场角色转换

小李刚毕业，进入一家著名外企工作。外企薪酬高，但是工作压力很大，在刚开始的几个月中，她一直无法适应外企的工作方式。一次，在辛苦了一天将要下班的时候，老板突然交代了一项文字任务，要求小李必须在第二天下午3点前将任务完成。在这之前，小李已经连续加班三个晚上了。但是她不能拒绝执行任务，只好硬着头皮答应下来。当天晚上，小李继续熬夜，但由于太累睡着了，工作基本没怎么做。第二天，公司又有其他事情，她一忙就忘记了老板交代的任务。结果，在下午3点老板过来拿成果的时候，她才想起来，只好忙着道歉，但老板什么都不听，而是强调："不用道歉，我要的是结果，不管什么原因，你没有完成任务，就是你的问题，你要承担责任。"结果小李被扣了当月的奖金，她觉得非常委屈，但当时还是按要求在三个小时内完成了工作。

一年后，小李成为办公室工作最出色的人。总结自己刚工作时的经验，她说，老板没有义务原谅你的过失，你唯一能做的就是拼尽全力，将工作做好。一旦做错，也要勇于承担责任，并且及时补救，不断总结经验教训，这样你会在工作中迅速成长，成为成功的职场人。

第一节 就业角色转换

大学生走出校门步入社会，寻找使其立足于社会的职业，是青年社会化过程中最重要的任务之一，它标志着大学生正在实现从受教育者向劳动生产者、从部分社会化向全面社会化、从家庭半依赖型向社会独立型的三大转变。在这些重大的转变过程中，完成就业角色转换是每个大学生面临的最为迫切的问题。

一、学生角色与职业角色的差异

大学毕业生就业后，已经从学生的岗位走上从业者的岗位，扮演的角色发生了角色转换。虽然发生角色转换的时间不长，但是角色变化却非常大，甚至可以说是生涯的转折，学生角色与职业角色的差异主要表现在以下三个方面。

1. 从受教育者到劳动生产者

大学生在大学阶段的角色定位是学生，主要的任务就是学习，完成任务的优劣程度是由各门功课的学习成绩好坏所反映的。此时学生角色是受教育者，作为受教育者，他所体现出的核心能力是学习能力，学习的重点是各种理论知识。然而，值得一提的是，在这一阶段的大学生经常会出现一些问题，如对自我的认知是天之骄子、时代宠儿，年轻有活力，掌握着先进的专业知识和技能，同时对自己的未来充满了理想与抱负，而对自己未来职业的选择也普遍存在期望值过高的现象。概括地讲，大学生个性张扬、思维活跃，有着初生牛犊不怕虎的精神，然而遇事不够冷静，纪律观念不强，实践经验和实践技能严重不足。

进入职业生涯后，大学生的角色转换为职业人、劳动者，主要任务是完成单位安排的具体工作，完成任务的优劣程度是由为单位创造的价值或创造价值所使用的时间来衡量，体现出的核心能力是解决问题的能力和创新能力。工作的重点是对各种知识和技能的应用，解决工作中面临的具体问题；解决问题总是综合性地考虑所涉及的各种因素，这要比考虑单一因素解决问题困难得多；要求用职业的眼光去看待问题，用职业的意识去思考问题，用职业的思维去解决问题，用成本的思想去思考生产中的各个环节。

2. 从部分社会化到全面社会化

大学生在大学阶段所处的学习生活环境与社会相对隔离，处于部分社会化的状态，生活相对单纯有规律，学生的任务就是学习，学生角色的目标就是追求优秀的学习成绩，立志成为社会栋梁。学生与老师相处，老师会以包容、教育的心态关爱学生，传授知识；与同学相处，在大集体中，大家互帮互助，充满友情，虽然有竞争但不争名夺利、钩心斗角。学生在这样一种环境下，变得单纯、自由、缺少挫折的磨炼，也缺少在复杂的环境中实现目标的能力。而大学生对社会的认识、了解主要来自于书本、课堂的学习，认识的途径是间接的，认识的内容主要是理论性的，他们对社会的期望值很高，有完美的理想，充满着浪漫的色彩。

毕业生就业后，才算真正踏入了社会，进入到了全面社会化的状态。在这个环境中，有上级、同事、下级，还有各种各样的合作伙伴以及职业需要所接触到的社会方方面面的人。毕业生所扮演的职业角色要求其在职业活动中要遵守严格的纪律和程序，职场中有明确的奖惩制度，要求员工有高度的责任感，不允许犯错误，因为错误的代价是丧失企业利润，所以犯错误的后果必须有人来承担。职业活动中的竞争是排他性的，牵扯着各自的利益，并不像学校中学业的竞争那么单纯。职场对人的守纪、沟通、竞争意识有更严格的要求，因此有的毕业生走上社会感受到了社会的残酷，遇到现实矛盾容易对他的职业角色产生困惑、迷惘、彷徨、甚至失望，无法适应工作环境，难于实现角色转换。有的毕业生则能正确认识这一差距，通过艰苦拼搏最终实现了自己的理想。社会和职业既不像有些人期望的那么美好，也不像另一些人想象的那么坏，它复杂而真实，进入社会的毕业生应该学会用一种更现实、更客观的眼光来看待社会，用更加成熟、理性的思维去解决现实问题。

3. 从家庭半依赖型到社会独立型

在大学读书阶段，处于学生角色的大学生对家庭有很大的依赖，其生活费以及向学校交纳的各种费用，基本上都由家庭负担，处于半独立状态。因为他们在经济上并未独立，但在生活上基本上脱离了家庭，离开了父母或家庭的视线，并不像中学时期，完全依靠家庭。

从社会化视角看，大学生毕业意味着人生进入到一个重要的转折阶段，学生角色转化为职业角色，同时也意味着他们将要完全脱离对家庭的依赖，处于完全独立状态，自己支付生活所需的一切费用，有自己的社会交往圈子，独立面对和处理工作以及生活中的种种问题。大学毕业寻求工作，并自立于社会是社会化的必然结果。在西方国家，大学生基本上处于独立状态，他们半工半读，无论在经济上，还是生活上都不再依赖家庭。而我国由于国情不同，大学生在大学阶段很难完全脱离对家庭的依赖。

二、完成角色转换的过程

大学生步入社会后，要实现从学生角色到职业角色的过渡，必须尽快建立新的社会角色意识，在此过程中，可能会出现角色冲突，面对冲突必须进行自我调整，按照职业岗位对角色的要求不断地塑造自己，只有这样才能获得职业社会对其所担任的职业角色的认同。

由于每个毕业生的生活经历、心理素质、知识结构、学习能力、社交能力等存在差异，每个人由学生角色向职业角色过渡、实现角色转换的适应期长短也不同，但整个角色转换的过程大致经历以下三个阶段。

1. 兴奋阶段

大学生步入社会开始进入职业角色的最初阶段是兴奋阶段。在这一阶段，由于他们刚参加工作，对于新的生活、新的工作环境、新的人际关系有着一种好奇心与新鲜感，这种新鲜感和迫不及待在工作中大展拳脚的冲动转化成了兴奋的情绪。在兴奋阶段，毕业生的表现是在新工作中积极向上，干劲十足，他们认真接受培训，严格遵守工作纪律，认真完成每一项工作，并且毫无怨言。而并不像一般人认为的那样，当大学生刚参加工作，由于角色转变大，会立即出现角色冲突，产生困惑、迷惘、彷徨，颓废沮丧的心理状态。但是，在这个时期内，也有部分毕业生把在校时的优越感带入工作之中，常常以文凭、学位取人或者以毕业于名校自居，看不起基层工作和基层的工作人员，不能虚心地向有经验的同事学习，工作中表现为浮躁、冲动、不切实际，大事做不了，小事不愿做。

2. 冲突阶段

当毕业生对新的环境逐步了解，初始的兴奋心、好奇感逐渐减退，此时毕业生的心理开始进入到了一个新的阶段——冲突阶段，困惑、迷惘、彷徨，颓废沮丧等心理状态在此阶段开始产生。具体表现为毕业生逐渐发现职业理想和职业现实的落差较大，开始感觉所学知识与处理现实问题能力的差距，感觉明显的学生与职员的角色差异。概括起来有以下三点原因：一是知识结构不完整，我国的大学生培养是按专业划分，大部分学生只对专业知识有一点理论知识的积累，普遍存在知识结构单一，知识面狭窄，适应不了全面工作的需要的现象，很多学生工作后发现，自己需要学习的知识太多了，后悔没有充分利用大学时间。二是创造能力不强，在学校，学生习惯于单向的吸收、接纳知识，惯性思考问题，当面对具体现实问题时，缺乏灵活运用知识的能力，分析问题和创造性思维能力不强。三是社交能力和处理人际关系能力较差。参加社会工作之后，毕业生发觉面对的是复杂且有利益冲突的微妙的人际关系，以往教师的谆谆教诲，同学的互相帮助，变成了现时同事间的"各自为政"，说话"点到为止"，使初涉职场的毕业生感到难以把握，无所适从。有人就此产生了社交恐惧感，影响了与同事的正常交往。如果毕业生长期处于极不和谐的人际关系之中，必然难以正常开展工作和学习，社会交往也将受到影响。

3. 适应阶段

作为职场新人，出现角色冲突是职场适应的必经阶段。这种冲突通常会产生两种结果：一些人不能正确对待生活角色的转变，接受不了职业角色的规范和行为模式，从而选择逃避现实，工作中失去动力，不再积极进取，或者选择跳槽。在这种情况下选择跳槽，并不是发现自己对目前工作不感兴趣，而是因为没有做好角色转换的准备，想换个环境回避现实。因此，毕业生应对刚开始工作在磨合期就想跳槽的行为谨慎选择。另一些人则能在面临矛盾冲突的情况下，调节自己的心理状态，重新认识并协调与现实的关系，主动适应新的生活，进入到职场适应阶段。在职场适应阶段，毕业生可以从以下五个方面进行协调适应：一是调节生活节奏与工作保持一致。毕业生参加工作后，生活范围扩大了，社交活动增多了，要学会分清轻重缓急，注意到时间的合理分配以及业余生活的合理安排，保证有充足的精力投入到工作中去。二是正确认识自己、认识社会，加速自身的社会化。调整自己对社会与职业的期望值，与组织建立共同愿景，学会以包容的心态看待社会现象，处理社会问题。三是努力学习，完善自己的知识结构，有针对性地拓展自己的专业领域。四是积极参加社会实践，努力提高自己的创造能力。五是培养良好的性格形象，注意职场礼仪、礼节。

当毕业生经过努力，实现了从学生到从业者角色的成功转换，认清自己承担的工作角色后，就会很快适应工作环境，在自己的职业岗位上找到自己的用武之地，并使自己的思想、行为逐步适应社会的步伐，最终实现职业上的更大发展。

三、实现角色转换的方法

如何适应社会，顺利完成角色的转换，这是摆在每一个毕业生面前的现实问题，由学生角色转换为职业角色，这一转换不是瞬间发生和完成的，而是一个过程性行为，大学毕业生应从以下三个环节做好工作，从而实现角色的成功转换。

1. 取得新角色资格

通过多种形式的双向选择，大学毕业生与用人单位达成协议，再经过一系列的审批程序，学生持报到证到用人单位报到，走上工作岗位，这时角色转换正式开始。大学毕业生到了新的环境，就要逐渐熟悉单位的规章制度，了解工作的业务流程，建立新的人际关系，积极主动地开展工作，完成大学毕业后的角色转换。

2. 进入新角色

进入新角色包括要获得承担某个角色的认可，表现出与这一角色相称的品质和才能，积极主动地从精神上和行为上完全投入这一角色等方面的内容。获得角色的认可就是大学生承担某一岗位的职责并有效地完成职责任务的能力，最终得到社会的认可。

3. 角色转换的实现

为了尽快实现从学生角色向职业角色的转换，毕业生应从以下三方面做起。

（1）尽快适应，安心本职

安心完成本职工作是职业角色转换的基础，只有踏踏实实工作，努力地适应新环境，才能尽快完成角色转换。一些学生进入工作岗位后还留恋着大学生活，不能尽快适应新的生活节奏，静不下心来做事，难以进入工作角色，这必然要影响角色转换的过程。

（2）从零开始，虚心学习

实践证明，一个人在学校学到的东西是有限的，而且大学生所学的知识与工作实践中需要的知识和技能还存在着不少差距，因此进入工作岗位后，一切还要从头开始学习，向同事学习、借助图书资料学习、现场观摩学习，大学生只有放下架子，虚心学习，才会有所提高，才能适应工作的需要，也才能尽快实现角色的转换。

（3）勤于思考，勇于创新

大学生要胜任职业角色，还需要积极开动脑筋，在工作中善于观察、勤于思考、勇于创新。只有善于观察，真正探索到职业对象的内部结构，掌握第一手资料，才能发现问题，并运用自己所学的知识努力去解决问题；只有勤于思考，在工作中才会有见解，才能逐步培养自己的独立工作能力，更好地承担角色责任；只有勇于创新，才能将所学知识和技术创新性地应用于实际工作，从而更好地胜任职业角色，开拓工作新局面。

第二节　职场角色调整

一、正确认知职场环境

当大学生刚刚走出校门，踏入社会的时候，展现在面前的是几乎完全陌生的环境。毕业生只有正确认识了环境，才能适应环境和改造环境，所以，毕业生首先应从以下三个方面正确认知所处的职场环境。

1. 人际环境

认真识别职场的人际环境，建立良好的人际关系是每一个大学毕业生走上社会后必须学会的课程。刚刚从学校走出来的大学毕业生在与人交往时比较单纯，相对于大学中的同学关系，职场中的人际关系要复杂得多，初入职场的大学毕业生或多或少地会感觉到一些不适应。毕业生要积极提高人际交往能力，主动地去和老员工沟通，在最短的时间内成为这个大家庭中的一员，体会到和大家相处的快乐，为自己搭建一个良好的人际平台，以利于今后开展工作。用人单位也要尽量给新员工创造一个良好的交际环境，让新员工和老员工尽快地融入一起，让新员工在与老员工的交流中慢慢地融入公司的企业文化中，更好地体会到公司一些深层次的东西。建立良好的人际关系会大大降低毕业生的心理角色冲突，解除一定的压抑和苦闷，同时有益于自己顺利地度过角色转换期，对日后的事业发展也有重要帮助。

2. 业务环境

毕业生一旦进入职业角色，就必须迅速熟悉和适应业务环境。业务环境带有较强的行业属性和岗位特点，毕业生对于所处的业务部门，要了解它的业务指标、业务流程、业务要求，了解客户的特点，了解自己的岗位要求。初入职场的毕业生在认知了业务环境后，都会感觉到一定的工作压力。一方面，由于缺乏实际工作经验，开始工作时往往不能得心应手；另一方面，由于学校培养模式和实际工作需求之间存在一定的差异，有的毕业生刚开始工作的时候常常会发现自身知识结构的缺陷，感到力不从心，也有的毕业生并不能很快用所学的知识解决工作中的实际问题。毕业生如果不能迅速适应业务环境，就无法和同事有效配合完成工作，无法理解组织的使命、客户的要求。同时也无法体会自己所做工作的重要性和意义。所以，毕业生要迅速适应业务环境，首先，要在工作中主动学习，掌握学习的方法，先学习熟悉环境，再学习如何做好领导布置的工作；其次，有机会多参加新员工培训，特别是与自己工作非常相关的业务介绍。

3. 生活环境

大学毕业生踏入了紧张的职场，改变了大学校园简单而安静的生活方式，没有了寒暑假，也不能自由地支配自己的时间，生活节奏明显加快，这种从大学生活环境向职场生活环境的突然转变，让很多刚刚毕业的大学生因为不适应而疲于应对。大学生活环境是一种经过加工的秩序化的环境，学校教育的目的是为国家和社会培养人才，为达到这一目的，学校在遵循学生身心发展的科学规律原则下，制订出合理的教育和培养的方针和模式，然后有计划、有组织地引导学生获得知识和能力，不断完善自我。职业生活环境是一种自然的、未经设计的环境。职业生活主要靠个人去探索和奋斗，没有统一的模式可参照，从业者要结合自己的实际情况，自行设计自己的职业生涯和奋斗目标。职业生活与学生生活相比，有更严格的制度，要求学生有更强的责任感和良好的职业道德。此外，在职业生活环境中，职位的升迁，工资、奖金的发放，住房的分配等都与个人的利益相关，因此，同事之间的关系比较微妙和复杂，要保持一段距离，凡事采取中道而行，适可而止。

二、适时调整自我

大学生走上工作岗位后，要积极进行自我调整，尽快适应新的工作环境，在竞争中生存、发展，从而实现自己的人生价值。具体来说，应该从以下三个方面做起。

1. 调整学习态度，完善知识结构

大学毕业生到了工作单位后，在工作安排上不可能做到每个人都做专业对口的工作，许多企业需要的是"多面手"。为了适应工作的要求，毕业生需要不断地学习，及时补充业务知识的不足。一般来说，毕业生到用人单位后，都要进行岗前培训，由于我国高等教育的某些专业设置不能适应市场需求，一些用人单位还要对毕业生进行专业培训。毕业生应该调整学习态度，利用单位岗前培训的机会，尽快熟悉规章制度、企业文化和技术特点等，尽快适应新的工作环境，更好地融入企业团队中。

2. 调整自身定位，建立良好的人际关系

大学生在离开学校后进入了新的工作环境，在实现从学生角色向职业角色转化的过程中，要积极调整自身的定位，要意识到在工作中遇到的新的人际关系远比校园中的人际关系复杂。要做到正确处理好人际关系，既要遵循处理人际关系的一般原则，也要看到不同的组织文化有着不同的人际关系特点，如有的单位严格正统些，有的单位自由宽松些，要有入乡随俗的意识，主动地适应环境，而不是让环境来适应你。要想建立良好的人际关系，应该注意以下三个方面。

（1）处理好与领导之间的关系

在工作中，重要的人际关系主要是同领导的关系和同事之间的关系。上下级之间的关系，在工作上是管理者与被管理者的关系。在职场生涯中，毕业生要学会尊重与服从领导。受雇于他人、为他人工作的人假如总是与上司的意见相左，他的工作就不可能顺利做好。

下级与上级的沟通过程中，毕业生一定要积极、主动，这是一个基本的做事法则。毕业生应当养成非常好的职业习惯：工作每进行到一个阶段，都需要向领导汇报；在遇到问题或有不同见解时，都应当主动与领导沟通和探讨，以免延误工作；对于领导交代的任务应当快速反应并完成。

（2）主动随和，诚实守信

谦虚随和、平易近人，容易给人一种较亲近的感觉。大学生到了新单位后要主动与领导、同事进行交往，乐于与大家打成一片，不能故步自封。平等对人，不卑不亢，无论是上级还是下级，既不过于谦卑，也不能盛气凌人。要远离是非，不参与议论，更不要散布传言。还应恪守信用，言行一致。不做说话的巨人，行动的矮子。说到做到，这种作风既表现出自己对工作、对生活的严肃态度，又表现出在交往中对别人的尊重，容易赢得别人的好感。

（3）处理好与同事之间的关系

对同事要坦诚相待、一视同仁，要不卑不亢，既不自惭形秽，自己看不起自己，也不傲慢无礼，自以为是。要培养自己的归属感。在思想上、感情上、行动上想集体之所想，主动热情地为同事排忧解难。要善于主动和同事打成一片，多参加一些集体活动，这样不仅能使你了解到公众场合难以获得的信息，还可以使你更自然地与同事们融为一体。与同事发生矛盾，最好当面交谈解决，不留下后遗症。在原则问题上不应一味退让，非原则问题则应尽量宽容和忍让。

3. 改正不良作息，养成良好的工作习惯

每个人的工作习惯都有所不同，但是树立良好的工作习惯的最理想的时间是在由学生转变为职业人的角色转变时期。毕竟，好的开始是成功的一半，有了良好的工作习惯作为基础，以后在工作中就会轻车熟路，事半功倍。而且，良好的工作习惯还与角色转变和观念转换相辅相成，互相扶持。

（1）十大工作好习惯

• 每天的工作能按照轻重缓急进行安排。

• 勤于思考，及时总结业务方面的成绩。

• 对自己的工作有清晰的计划。

• 今日事今日毕。

• 和领导及同事能够保持良好的沟通。

• 能够控制住干扰。

• 尽量在上班时间完成自己的工作。

• 能保持干净、整洁的工作环境。

• 主动学习或利用自动化手段提高工作效率。

• 严格守时。

（2）如何培养良好的工作习惯

• 善于发现。在工作中要独具慧眼，善于找出一些适合自己的工作习惯，它们可以是同事身上的，也可以是领导身上的，还可以是从自己的亲身经历中提炼出来的。

• 坚持到底。无论是别人的工作习惯，还是从自己身上挖掘出来的工作习惯，只要大学毕业生认为它对自己今后的发展有益，就应该坚持下去，把习惯变成自己工作中不可或缺的一部分。

• 及时更新。工作习惯也不是一成不变的，它也要顺应工作环境的变化以及个人工作经验的变化而变化。在这个时候，如果旧的工作习惯不适合新的工作状况，就要及时更新，让良好的工作习惯为自己服务，而不是生硬地照搬已经不再适合员工工作发展的工作习惯。

三、尽快进入角色

角色转换的过程，对于不同的大学毕业生，时间的长短也不同。为了使自己的职业生活尽可能地顺利和早些取得成功，必须尽快进入角色。大学毕业生应从以下五个方面来积极调整心态，完成职业适应。

1. 充满信心，主动改变

毕业生从小学、中学到大学都是在拼搏中走过来的，步入社会后，更需要有年轻人的朝气与自信。要相信任何困难都不可怕，命运最终掌握在自己手中。要积极应对职场上的各种机遇与挑战，同时保持良好的心态。大学毕业生从学校步入社会的过程中，难免会出现某些心理上的波动，或因环境陌生而孤独，或因条件艰苦而失落，或因单位人才济济而畏惧等，这些是正常的现象，不必大惊小怪，重要的是保持心理的平衡，莫让不良的情绪左右自己。

2. 了解职业特点，适应角色要求

毕业生去单位报到后，就会被人事部门安排到某部门某岗位去工作，成为社会特定组织中的一员，肩负起众多角色中某一角色的职责来。此时，毕业生一定要充分认清自己的角色位置，明确自己的工作内容、工作特点、工作方法、社会对这一角色的期望等。只有如此，才能明确自己在工作中怎么去做、做些什么、怎样做好等问题。一般用人单位会通过举办岗前培训班的方式来对新员工进行培训。除此以外，毕业生还可以通过主动地与主管领导交谈，向老员工请教，阅读有关规定、岗位职责规范等，尽快熟悉自己的角色。

3. 安心本职，甘于吃苦

安心本职是角色转换的基础。许多大学生在工作几个月后还静不下心来，这对角色的转换非常不利。毕业生应尽快从大学生活中脱离出来，尽快全身心地投入新的工作。安心工作，才能成就一番事业。甘于吃苦是角色转换的重要条件。只有甘于吃苦，才能很快适应工作，及时进入角色。

4. 勤学好问，积极工作

大学生走上社会，绝非意味着学习的结束，而是新的学习的开始。来到一个新单位，毕业生会发现，在大学里学过的许多知识一时用不上，而工作所需要的知识又学得不够深入甚至完全没有学过。所以，工作中的竞争在很大程度上是督促大学毕业生继续学习以尽快胜任工作的动力，谁善于学习，谁就将在激烈的竞争中取得主动权。走上工作岗位以后的学习，一个很突出的特点是边干边学，在干中学。因此，在工作中善于学习首先要做到善于思考，不断提出问题、解决问题，不断总结提高。要想在工作中得到迅速提高，除了加强自己的学习能力之外，还要虚心好问。上司和同事都有着丰富的实践经验和专业知识，遇到困难及时向他们虚心请教是帮助毕业生获得成功的一条捷径。同时，熟悉本职工作的过程正是激发工作兴趣的过程，只有积极参与工作，才能逐步培养毕业生对所从事工作的热爱。

5. 经受挫折，学会忍耐

社会要比学校复杂许多，走上工作岗位，毕业生可能会遇到固执刻薄的上司，可能碰上不通情理的同事，也可能在生活条件、工作环境上遇到一些不舒心的事情。遇到这种情况，毕业生要学会忍耐，冷静处置，以柔克刚，切不可暴跳如雷、火冒三丈。学会忍耐，克服挫折，有助于毕业生尽快进入职业角色。

第三节　追求职业更大发展

大学毕业生在完成了就业角色转换，适应了职场角色调整之后，下一步就是在职业岗位上追求更大发展。为此，毕业生应按照自己的职业生涯规划，进一步明确职业发展目标，通过发挥自己旺盛的创造力，显示自己的职业实力，善于把握发展机遇，最终实现入职和谐发展。

一、显示自己的职业实力

职业实力是指从事某种职业劳动所具有的技能与知识特点，以及有效发挥这种特长的能力。大学毕业生初入职场，应让别人尽快了解自己的职业实力，从而使自己给领导和同事留下积极、能干的印象。作为一名从业者，如果不具备从事所在岗位的劳动技能及业务知识，就不能胜任该岗位的工作。因此，具备这种实力也是毕业生从事工作的前提条件。

1. 职业实力的具体内容

（1）基础素质

人的基础素质包括政治思想素质、科学文化知识素质和心理素质。良好的政治思想素质不仅可以使一个人有正确的政治方向，而且可以影响人的职业行业观念，一个有良好政治思想素质的职业者，往往对工作具有科学的态度，充满自信，善于钻研和学习，勇于克服困难，努力创新。科学文化知识素质是人的能力增长、开发和掌握一定劳动技能的知识基础，在现代科学技术迅速发展的今天，职业工作者科学文化知识水平的高低，对组织内各项工作质量、效益的提高有着决定性的影响。心理素质主要表现在人对外界事物的认识能力和反应能力，人的情感、气质、性格特征和人的意志等。心理素质的高低对人的工作影响也是非常大的，尤其对于职场新人，容易遇到困难和挫折，有较好的心理素质可以帮助他们克服和突破影响自身进取的障碍和瓶颈。

（2）职业技能特长

职业技能特长是职业劳动者专门从事某种或某些职业时所表现出来的技能特长或业务能力特长，它是人的职业实力的主要内容。刚参加工作的毕业生在职业技能方面是一个薄弱环节，必须在实践中努力提高自己的职业技能，以适应工作的需要。

（3）潜在职业能力

潜在职业能力是人尚待开发的能力，由于一些条件的限制，如职业选择、就业条件、机遇、实践经验等所限，使人的某些能力得不到应有的开发。潜在的职业能力的开发应该得到重视，它也是提高劳动者的整体素质，使其职业劳动技能更具有适应性的重要方面。

2. 提升与显示职业实力

（1）提升职业实力

提升职业实力是一个持续的过程，大学生可以在大学期间开始就利用各种机会有目的地提升自己的职业实力。

• 要学习沟通方法和技巧，为在职场中建立良好的人际关系打下基础。学习和训练与人沟通的技巧从熟人开始比较容易，与人沟通时要不怕人笑，不怕失败。从问吃问喝开始，到相互讨论问题，再到讨论各种社会现象，再到相互交流思想和感受；从与自己最熟悉的人开始到与不熟悉的人交谈，再到与完全陌生的人交流；从见面寒暄式的问候到对彼此关心的问题进行讨论。沟通的方法和技巧是练就的，也是在应用中逐渐成熟并固化为性格的一部分能力。

• 积极参与实践工作，培育职业意识。职业意识的培养必须从进入职场以前就开始。就业前，大学生可以利用毕业实习的机会，观察和了解未来职业环境、常见岗位任务、职业常识，体味职业语言和思维方式，了解工作程序，感受工作纪律，锻炼实践操作技能。在毕业设计或毕业论文中，按职业实际的要求进行研究和设计工作，学会用全面、严谨、经济的方法去解决问题。参加工作后，也要积极通过职业实践锻炼自己，提高自己的职业实力。

• 要了解职场规则，培养守业敬业的精神。大学生进入职场后，应通过各种途径了解职场规则，了解职场的上下级关系及企业的决策机制，学习服从上级决定和提供有益建议的方法和意识。了解职场文化与习惯，让自己的思想和行为更加适应企业，更容易和同事处好关系。

• 积极参加职业技术培训，提高职业适应力。参加职业技术培训是锻炼和提高实践技能的重要途径。实践技能是企业最为看重的能力，但却是大学生最欠缺的能力。同时，由于学校培养模式和实际工作需求之间存在一定的差异，很多毕业生刚开始工作时就会发现自身知识结构的缺陷，无法快速适应职场要求。毕业生可以通过接受与自己业务相关的职业技术培训，弥补自身的这些缺陷，快速提升职业能力。

（2）展现职业实力

要展现自己的职业实力，关键是要在本职工作中作出成绩。大学毕业生初到工作岗位，必须安心本职工作，尽快熟悉工作情况，本着精益求精的精神搞好工作。可以从以下三个方面入手，显示自己的职业实力。

• 敬业爱岗，保持积极的工作态度。积极是一个人向上的表现，毕业生初入职场，要想在自己的事业上有所成功，就必须坚持积极的工作态度。主动积极的工作态度在工作上的表现就是勇于承担责任，有强烈的工作责任感、端正的工作态度，树立爱岗敬业精神，干一行，爱一行，钻一行，树立良好的职业道德、培养良好的职业素质，要认真地对待自己的工作，做到全力以赴。另外，在工作中必须具有热情的活力，表现出自己乐观向上和勇于进取的一面，不要拒绝接受工作任务和消极怠工。坚持也是保持积极工作态度的又一因素，工作中经常遇到一些预想不到的困难，这时毕业生不能退缩，只能前进，鼓足勇气，提高干劲，懂得运用头脑，发挥聪明才智，克服困难，这就需要一种坚忍不拔的精神。保持积极的工作态度是显示自己的职业实力，获取职场成功的前提条件。

• 工作到位，达到理想的工作效果。工作到位就是保证自己的工作达到工作标准，切实达到令人满意的工作效果。工作到位是领导者对员工的要求，而要想成为优秀员工，更要时刻要求自己，如果每个工作都被打了折扣，积累起来形成的后果可能就是不及格，因为每一个被忽略的细节都有可能导致失败。

要做到工作到位，首先要认识到位，要在自己的意识中保持一种永不满足、永不懈怠的劲头。只要接受了工作，就要无条件地执行工作标准，这也是一个职业人的基本素质，任何借口的拖延都是懈怠的表现，因此在工作中应该注意保持自己的执行力和诚信度。其次要做到工作到位，还要给工作树立明确的标杆，也就是明确的工作标准。工作标准大多数时候是由单位根据以往经验及行业标准早已制订好的，但也可以根据具体情况与领导进行沟通，在必要时进行修改，一旦这个标准制订好，就必须按照工作标准的要求保质保量地完成工作。

• 把握细节，形成系统思考的思维方式。任何工作都不是一蹴而就的，都需要通过一个完整的过程来实现，这就需要在工作中形成系统思考的思维方式。在工作中，很多新人因为不懂得分解工作，不懂得把自己的工作按照流程逐步完成，因而感到工作毫无头绪，工作压力大。不过，即使懂得工作流程，但是若没有做到把每一个细节工作踏踏实实的落到实处，也等于白费工夫。

把握每一个工作细节，不但是对自己的工作负责，也是对整个工作以及参与到这个工作中的各个环节负责。能否做好自己这一环节的工作将关系到全局的、整体的、团队的工作质量的高低，因此应该以高度负责的态度去执行和落实。值得提醒毕业生的是，工作要按部就班。很多刚参加工作的大学生会出现"眼高手低"的现象，小事不愿做，大事做不了，而很多现代企业都重视对员工细节的考查，企业认为，连小事都做不了，谁还会放心把重要的任务交给他来做呢？还有的毕业生求胜心切而盲目冒进，要小聪明，寻找所谓的捷径。例如，要完成一份公司产品的市场销售报告，就一定要到市场对数据逐一地调查落实，掌握一手的信息资料，不可为了求效率，只凭打几个电话，要几个数据然后就去编造报告。

二、正确把握和对待机遇

若想获取职场成功，职场新人除了勤学苦练，努力提升自己的职业实力以外，机遇也是成功的重要因素。机遇偏爱有心人，毕业生应磨炼自己的强烈的时机意识和驾驭时机的坚定性和应变性。

如果你在职业生活中遇到很好的机会时，首先必须抓住时机，利用有利的环境和条件，充分施展自己的才华，为社会多作贡献。但是，现在有些大学生也存在着一些错误认识，认为成功的关键在于机遇，只要有机遇便可成功，没有机遇，读书再多、工作再努力也无用，久而久之就会产生不思进取的机会主义思想。某种程度上来说，机会对每一个人都是均等的，但只有那些对成功有所准备的人才会发现真正的机会，没有准备的人，即使遇到机遇，也无济于事，即使靠机遇获得一时的成功，最终也会被淘汰。

1. 做好充分准备

在把握和对待机遇上，毕业生应该做个有准备的人，充分做好实力准备与思想准备。在实力准备工作上，要注重不断学习和自身能力的积淀，包括教育程度，专业技能，思维模式，解决实际问题的能力，沟通、协作意识，细节的把握以及职业素养等。人唯有在学习中不断积累丰富的思想、知识、技能、成熟的心智和情感才能快速成长，永葆鲜活生命力与恒久竞争力。在思想上要相信自己，人的潜力是无限的。只有相信自己，专注做事，努力工作，才能更好地发掘自身潜力，抓住机遇，走向成功。

2. 着眼长远，创造机遇

在把握机遇上要把眼光放长远，要注意准确把握机遇的可变性。第一，要善于捕捉和辨析信息。职场信息包罗万象，对自己的行业或领域要充分了解和掌握，对影响个人职业发展的信息，要做到"心中有数"。第二，要有极强的创新意识，不被旧观念所束缚，要有挑战机会的勇气和胆略，积极进取，勇于探索。第三，把握时机，居安思危，考虑长远，要了解和判断职场趋势的变化，以"变"应变。机遇不是一种一成不变的境遇，人生路途也不可能一帆风顺，当处在顺境中时，千万不能自我陶醉、虚度时光、止步不前；当处于逆境时，应当冷静、沉着，不急不躁，及时调整自己的行为，审视自己的不足，用自己的努力创造有利的环境。

3. 积极进取，勇于探索

人在职场如果能用心努力去做好自己的工作，保持积极的工作态度，勇于面对改变，勇于吸收新鲜经验，不断提高自己，那么在没有机会的时候，也有可能创造出机会来；在有机会的时候，也有能力去抓住机会。如果不思进取，安于现状，即使机会出现在眼前，也可能抓不住。同时，职场上不仅需要内在的能力，还要学会展示自己，在适当的时机要会展示和宣传自己，或者说推销自己。当组织遇到难题时，在有充分把握的情况下，勇敢挑起重担，从而让周围的人和上司认识你的潜能，而且确认你在某些方面是无可替代的。

三、理性对待跳槽

跳槽是人们在职业生涯中对职业、职位的重新选择，是职业生涯中的重大转折。事实上，只有少数人能在职业的定位上一步到位。到一个岗位工作，经过一段时间的工作后发觉这个岗位不太适合自己，不能充分发挥自己的潜能从而选择去其他单位的某个岗位工作，这是十分有必要，也有利于职业发展的选择。所以说，对待跳槽行为，要理性而谨慎地选择，该不该跳槽，怎样跳槽，向哪个单位跳槽都影响着跳槽者的职业生涯发展。

1. 为什么要跳槽

跳槽必须有合适的理由。有些毕业生刚到一个单位工作，一开始由于对新工作的心理准备不足，遇到了强烈的角色冲突，因一时挫折从而想要逃避现状而选择换一个单位工作，或者因与同事关系不和一气之下选择跳槽，这些非理性的跳槽行为对从业者来说，都是对自己不负责任、不可取的行为。通常，选择跳槽的合理理由有如下三种。

（1）目前的职业与个人职业发展目标相背离

随着对自己从事工作的深入了解，从业者逐渐发现晋升的机会少，没有更大的发展空间，或者组织的价值观与自己的价值观相背离，很难相融合，继续下去难以实现自己制订的职业发展目标，由此对自己的职业发展产生了困惑，继而调整和重新规划自己的职业道路。

（2）目前工作的工资待遇与自己的付出不相符

当从业者长时间感觉自己的付出没有得到相应的回报时，工作的积极性遭受打击，现实与理想产生极大反差，为改善局面从业者逐渐产生跳槽的想法。

（3）经过自身努力仍难以胜任工作

经过长时间的努力，从业者发现自己的工作能力难以适应岗位的基本要求，总无法保质保量地完成工作任务，长期下去，感到工作压力巨大，心理负担重，体力透支，难以长期维持。更换新的工作环境成为缓解这种紧张状态，释放心理压力的重要方法。

2. 正确实施跳槽

（1）跳槽的途径

广阔的人脉，良好的人际关系，在关键的时候都有可能为你创造更多的机遇。作为社会人，平常要注意对良好人际关系的长期维护，在适当的时候，你的同事、上级、业务伙伴、同学、好友都有可能为你的跳槽提供帮助。此外，跳槽者还可以按一般的就业渠道去寻找新的工作，如职业中介、猎头公司等。

（2）跳槽的时机

据专家统计，目前职场的第一个跳槽高峰期是春节前后。春节前大多数企业都发放了工资奖金，春节后又是企业招聘的高峰期。在这个时间跳槽，既可以减少与原单位因薪酬发放而产生的矛盾，又可以在下一个招聘高峰寻找到新的用人单位。

第二个跳槽高峰期是每年的十月份前后。这个时期毕业生跳槽居多，由于就业形势严峻，大学生受到"先就业，后择业"理念的影响，许多已经就业的毕业生在此时对职业进行重新选择。

第三个跳槽高峰期是企业经营的淡季。从事销售工作的人常选择这一时期跳槽。由于是销售淡季，个人收入明显减少，单位也要压缩成本，因此在这个时候个人的辞职往往与企业的目标相一致，也就减少了个人因辞职与单位产生的种种矛盾和不快。

对跳槽者来说，上述三个高峰期是跳槽的最佳时机。但若要真正实施跳槽必须首先落实好下一个就业单位，才能与目前的就职单位洽谈善后工作。

（3）跳槽的程序

跳槽也是一门艺术，如果处理不当，会对跳槽者本人和所在部门都会产生不良的影响。因此，跳槽的相关事由处理时一定要注意分寸，按照合理的程序进行。

第一步，跳槽者应提前几周写好辞职信。辞职信要措辞真诚，把辞职理由交代清楚，还应该通过诚恳的沟通取得主管的谅解。

第二步，做好交接工作。在公司还没有找到接替者的时候，要一如既往地做好本职工作。任何资料带走前，要确认是否有知识产权问题，千万不要做伤害公司利益的事情。

第三步，办好离职手续。离职手续包括在各部门办好财务清理、签离职清单，提取个人档案等。离职手续在公司接到辞职信后，自同意辞职之日起七天内完成。

从个人职业发展的角度来说，初入职场的大学毕业生，只要是自己谨慎选择的工作，至少应该做满两年的时间。在这段时间里，努力发掘其中的营养和激情，培养观察问题、处理问题的能力，为今后的职业发展打下坚实的基础。如果此时依然觉得有合理的跳槽理由，那么就应该积极为跳槽做准备，以期迎来职业发展道路上的新的曙光。

思考与实训

1. "适者生存"是否是永恒的真理？

2. 你认为目前适应职业要求最重要的东西是什么，写出自己的优势与不足。

3. 写一篇有关大学毕业生跳槽情况的调查报告。

第七章　大学生权益保障

警惕传销骗局

毕业生小刘在网上浏览招聘网页时，看到广州市某科技发展公司招聘职员，月薪3800元，于是他通过招聘信息上的电话联系该公司，一位姓朱的经理询问了他的一些基本情况后，认为他基本符合公司的要求，便要他在2日内带简历和3000元到柳州市某宾馆面试，并反复嘱咐：名额有限，不要错过机会。这番话让小刘兴奋不已，他连同学、家人也没有告之，次日一早便赶到了柳州。当日下午3时，小刘在柳州某宾馆308号房接受了该公司朱经理的面试，之后便收到通知他被公司录用了，接下来3天要进行公司的封闭式培训，随后到广州的公司上班，月薪3800元。

从第二天开始，小刘和4位也是刚毕业的大学生接受了朱经理的培训，培训内容全是有关网络连锁营销的，朱经理说公司的业务内容就是通过网络开展营销。培训结束后，朱经理要他们先交2200元买一套公司的化妆品，说他们的工作就是通过电话联系客户，建立营销网络，推销公司的化妆品，进入公司网络的人越多，收入就越高。

小刘这才意识到，他们全是被骗来搞传销的。他们私下商量如何找机会逃脱，却被分开两处，被日夜监视，直到执法机关赶来解救了他们。

材料来源：http：//www.jyw.gov.cn/index.html

如何应聘，如何防范陷阱，如何维护自己的合法权益是每一位求职者都关心的问题。虽然广大求职者对于维护自身利益有了一定认识，但由于求职急切，为了得到工作机会，往往不能分辨求职过程中存在的各种陷阱。小刘的经历给我们启示是，在求职的时候，若接到不熟悉或未投简历的公司的面试通知，应先向有关部门查询、核实该公司的真实情况后再作决定。若一个单位长时期刊登同样的广告，说明该单位可能在用人方面存在一定的问题。除此之外，对于单位提出交付培训费、保证金或扣押证件的行为要提高警惕。

第一节　求职过程中的权益保障

一、求职过程中常见的侵权和违法行为

当前，由于我国尚处于社会转型期，法制不够健全，大学生求职之路并不平坦。在大学生实际求职过程中，存在着各种各样的就业陷阱。大学生就业陷阱是指招聘单位、其他机构或个人，利用大学生的弱势地位（如社会经验不足、自我保护意识差；就业竞争激烈等），以提供就业机会为诱饵，采用违法等手段，与大学生达成权利与义务不对等的各类就业意向（协议），侵害大学生合法权益的现象。

所以，广大毕业生应在求职过程中注意提高警惕，增强自我保护意识，发现并"绕过"这些就业陷阱。以下是大学生求职过程中常见的就业陷阱，以期引起毕业生的警惕。

1. 警惕费用陷阱

（1）费用和高薪陷阱

费用陷阱是指求职者在求职过程中被招聘单位收取各种巧立名目的费用，如报名费、培训费、风险押金、考试费、服装费、资料费等。在社会上，有些单位不是真心引进人才，而是利用求职者求职心切以录取作为诱饵，把他们引入费用陷阱，骗取他们的钱财。

毕业生初入社会，缺乏警惕性。因求职心切，掉入此类陷阱的案例非常多。应届毕业生小刘，在收到一家公司的面试通知后，高兴地到该公司参加面试。一番面试后，该公司并没有立即决定是否录用他，只是说先试用他一段时间，然后再考虑是否录用。小刘十分高兴，想好好表现一下，争取能留在该公司工作。于是，他起早贪黑地干了近一个月，结果却被告知：你干得不错，但专业知识不足，公司需要对你进行培训，请先交 300 元培训费。当小刘对此进行质疑时，该公司却说，不交培训费可以走人，但此前工作一个月的薪水免谈，这令他气愤不已。

高薪陷阱是指某些不良企业通过发布虚假信息、虚假招聘广告，以高薪为诱饵，诱使求职者上当。有些企业在招聘时，只讲高薪，不讲具体工作。当求职者入了圈套后，便要他们去从事超重、超时、危险，或不可能完成的，甚至是违法的工作。还有些招聘单位给出了一个含糊的高薪数字，在月底兑付时却多半说你没完成工作量或工作失误，以此为由扣除你的部分薪酬。

有一则招聘启事:"只要拥有大专学历,就有机会被跨国金融集团录用,进入人才储备库,成为储备主管,底薪至少在5000元/月,并有高额奖金和优厚福利待遇……"面对如此令人心动的招聘启事,毕业生小李投递了简历。经过初试、复试的层层筛选,她终于被录用为公司的储备主管。报到时,公司告知其先要交纳250元费用,并暂时只能签订3个月临时合同。公司解释:250元是"保险代理人资格考试"报名费,3个月临时合同是为了给"储备主管"们参加培训和"基层锻炼"的时间。小李这才恍然大悟,所谓"金融集团",其实就是一家保险公司,并且参加考试的大多数人都在"录用"之列。所有人进入公司之后,都要从事至少3个月的保险员工作,只有完成一定业绩后,才可能晋升到公司原本承诺的职位。她最终放弃了这个职位。

(2) 如何警惕费用和高薪陷阱

在求职者碰到的各种招聘陷阱中,设立费用陷阱的情形最多,那么,该如何警惕费用陷阱?首先,毕业生应当对《劳动法》有一定了解。《劳动法》规定,允许企业收取合理的培训费用,因此,毕业生应根据实际情况对费用问题进行具体分析。其次,毕业生要培养良好的法律意识、维权意识。如果产生培训费用,应当在劳动合同中注明劳动培训的费用。一旦发生纠纷,就可以依据劳动合同处理培训费问题。最后,毕业生应注意,正规的公司会向求职者说明试用期,即使求职者在试用期没有通过试用,也应得到相应的报酬。

首先,毕业生应树立正确的求职观念。急于求职的学生切勿贪图高薪,应该本着脚踏实地的态度求职。其次,毕业生应在应聘或入职前了解清楚用人单位的相关信息,对于入职条件过于简单、缺乏一定手续、培训期限模糊或要求推销产品的用人单位,要提高警惕,一旦误入求职陷阱,可求助司法行政机关或劳动保障部门。最后,提醒求职者,最好通过正规渠道求职,如政府开办的职业介绍机构或者知名的营利性中介机构,这样掌握的信息会比较准确。

2. 警惕口头约定陷阱

(1) 口头约定陷阱

口头约定陷阱是指某些用人单位口头约定求职者的权利义务,故意设置用人陷阱,使求职者遭到不公正待遇。一些求职者由于就业压力大,往往不敢向用人单位提出签订双方权利义务的书面约定,而大多采取口头约定的形式,一旦出现劳动纠纷,求职者很难提供有利证据,这也给劳动监察办案带来困难。用人单位往往采用这种口头约定试用员工,故意设置用工陷阱,求职者应注意防范。大部分毕业生在毕业之前都会有一段实习期,有些毕业生由于实习期间表现良好,已经和实习单位达成了录用的意向,但由于只是口头约定,并没有签订任何合同、契约,因此,最后有可能遭到不公正的对待。

即将毕业的小张事先在某公司毕业实习,实习结束后双方达成了就业录用意向，由于相互之间情况比较了解，彼此比较信任，因此，双方仅就就业录用的相关事项进行了口头约定，小张认为自己工作的事就这么定了。可是等他毕业后正式到公司报到时，公司以岗位已录满为由拒绝对他予以录用。

（2）如何警惕口头约定陷阱

首先，毕业生不要轻信任何口头协议，即使是就业协议都不能替代劳动合同，更不用说口头协议了。其次，毕业生要有法律与契约意识，《劳动合同法》第七条规定："用人单位自用工之日起即与劳动者建立劳动关系。"第十条规定："建立劳动关系，应当订立书面劳动合同。已建立劳动关系，未同时订立书面劳动合同的，应当自用工之日起一个月内订立书面劳动合同。"毕业生只有与用人单位签订了书面的合同或契约，才会受到法律的保护。

3. 警惕网上招聘陷阱

（1）网上招聘陷阱

网上招聘陷阱是指某些不良组织利用网络发布虚假招聘信息，利用求职者求职心切的心理，诱使求职者上当。随着求职方式和渠道的多样化，网上求职已成为大学毕业生求职的一种便捷有效的途径。但由于招聘者和应聘者无法面对面地交流，求职者很难辨别招聘者招聘的真实性。最常见的网上招聘陷阱有两种，其一是网络招聘成为传销组织拉人头的手段，其二是犯罪分子借助网络发布虚假招聘信息，进行诈骗。例如，有些公司提供虚假聘用待遇，引导毕业生按提示填写自己的联系方式、个人资料，他们的目的就是骗取资料、出售资料牟利。这些资料一旦落入不法分子的手中，就会被利用而成为不法分子牟利的工具。

长相不错的王同学听说某航空公司网上招聘"空姐"，于是按要求寄去自己的资料和艺术照，半个月后，复试通知没等到，却在某网站上看到自己的照片被命名为"某少妇玉照"，点击率高达 2 万次。

（2）如何警惕网上招聘陷阱

现在网络招聘已经成为流行趋势，招聘单位可以在网上自由搜索需要的人才，但是这也给不法分子提供了方便。求职者在网络上求职一定要十分谨慎，因为对方的信息和条件都不是"透明"的。不要轻易公布自己的家庭情况和一些与工作没有联系的信息，以免被不法分子利用。同时，求职者在网上发送自己的相片或相关资料时，一定要对单位的情况有所了解。一旦发现自己的肖像权被侵犯，一定要拿起法律武器，保护自己的合法权益。

4. 警惕职业中介陷阱

（1）职业中介陷阱

职业中介陷阱是指职业中介机构以介绍工作为由，向求职者收取高额中介费。有些毕业生为了提高求职效率，会寻找职业中介，缴纳一定费用，希望中介给他们提供更多的企业招聘信息，而这就给社会上一些非法职业中介以可乘之机。这类中介往往设施简陋，无正规的人员机构，是不够资质的"黑中介"，它使用各种手段骗取求职者的钱财。常见的骗术有很多，如一些不法分子租一间办公室，找两个工作人员，从事无证经营中介服务，张贴一些伪造的或从报刊上剪下的过时信息吸引求职者，当求职者交纳数目不菲的中介费后，中介方就会列出种种理由来推辞甚至一走了之，从而骗取求职者的中介费。还有的非法职业中介与一些非法企业互相勾结，由非法职业中介出面，花言巧语让求职者交款，为了提高他们的真实性，串通几家企业给求职者提供面试的机会，之后再以各种理由拒绝求职者，等求职者醒悟后，这些职业中介早已人去楼空。

（2）如何警惕职业中介陷阱

毕业生应警惕这些非法职业介绍所，不要到无营业执照和职业中介许可证的职业中介所去。应尽量到大型劳务、人才市场求职，合法权益才有所保障。一旦不小心误入非法职介的陷阱，毕业生应该到劳动监察部门举报，维护自己的合法权益。

二、求职过程中的权益保护

大学生在就业市场中属于弱势群体，由于大学生的社会经验不足、分辨能力较差、维权意识淡薄，就业市场的不够规范，大学生在求职的过程中遭遇到重重陷阱，所以，毕业生们要想顺利找到合适的工作，必须增强权益保护的意识，积极寻求外部和自身的各种权益保护途径。

1. 大学生寻求权益保护的外部途径

（1）向有关国家行政机关或新闻媒体投诉

毕业生的合法权益受到侵害时，可直接向各级行政主管部门投诉。投诉前弄清受理单位的行政职能，以避免给行政机关造成工作上的不便或因受理单位权限所限而造成保护不力。在一般情况下，可以向以下单位投诉：劳动局所属的劳动监察部门、物价局所属的物价监察部门、工商行政管理局、技术监督局所属的技术监督部门等。此外，毕业生还可以向有关新闻媒体披露真实情况，以获得社会舆论的监督、关注和支持。

（2）寻求毕业生就业主管部门的保护

当自己的合法权益受到侵害时，毕业生应主动向毕业生就业主管部门举报。毕业生就业主管部门可通过制订相应的规范来确定毕业生的权益，并对侵犯毕业生合法权益的行为进行抵制或处理。例如，山东省人事厅、山东省教育厅发布的《关于进一步发展和规范毕业生就业市场有关问题的通知》第四条规定："进一步规范用人单位的招聘行为。用人单位招聘毕业生，要公开需求信息、招聘办法和录用结果，提高招聘工作透明度；要向毕业生如实介绍有关情况，认真履行协议，不得有欺骗行为。要尊重毕业生的求职选择，对毕业生提供的个人信息资料，用人单位要妥善保管，严禁随意丢弃或转让。对损害毕业生合法权益的行为，毕业生就业主管部门和学校要坚决制止，并追究有关负责人和当事人的责任。"

（3）寻求高校的保护

学校对毕业生权益的保护是最为直接的渠道。学校可通过制订各项措施来规范对毕业生的就业指导和就业推荐，对于用人单位在录用毕业生过程中的不公平、不公正行为，学校有权予以抵制，以维护毕业生公平受录用权。对于用人单位与毕业生签订不符合有关规定的就业协议，学校有权不予同意，未经学校同意的就业协议不发生法律效力，不能作为编制就业计划的依据。

（4）向公安机关报案向司法机关提起诉讼

依据《民法通则》《民事诉讼法》《行政诉讼法》《劳动法》《妇女权益保障法》等法律、法规的规定，被害人对侵犯其人身、财产权利的犯罪事实或者犯罪嫌疑人，有权向公安机关、人民检察院或人民法院报案或提起诉讼。

2. 大学生要学会自我保护

毕业生权益保护的一个重要方面就是毕业生自我保护。毕业生自我保护体现在以下四个方面。

（1）了解国家就业政策，建立契约意识

毕业生应了解目前国家关于毕业生就业的有关方针、政策和规范，了解劳动用工的相关规定，应自觉遵守有关规则，接受其制约，保证自己的就业行为不违反就业规则，不侵犯其他毕业生和用人单位的合法权益，这是毕业生权益自我保护的前提。此外，在就业过程中，毕业生要充分重视和深刻理解就业协议的重要性，要有通过就业协议来保护自己合法权益的意识。同时，就业协议一旦签订即具有法律效力，双方都必须具有严格遵守，履行就业协议内容。因此，谨慎签约、积极履约有利于毕业生通过协议书内容的约定保护自己的合法权益。

（2）增强自我保护意识

毕业生要能真正有效地做到就业权益的自我保护，首先必须增强自我保护的意识，增强自我保护意识应从以下四点做起：

1）防止急躁情绪，保持心态平稳。毕业生经过数年拼搏苦读，都希望找到一个满意的用人单位。然而面对比较严峻的就业形势，毕业生们由于四处奔波却迟迟找不到工作，心态往往较为急躁。这就给了一些不法组织以可乘之机，他们往往谎称能为求职者提供数量可观的用人信息等，千方百计诱骗求职者上钩。因此，从心理上筑起一道防线是自我保护的第一招。毕业生求职中遇到困难时，不要焦急烦躁，要保持平稳的心态、清醒的头脑，防止因轻信而上当受骗。

2）了解市场，掌握信息。目前，社会上的人才市场大体可分为三类。第一类是各级毕业生就业主管部门和高校举办的毕业生就业市场，既有大型的综合性市场，也有中型的专业性就业市场和多校联办市场，还有校内举办的小型招聘专场等。这类招聘活动具有针对性强、可信度好、成功率较高的特点，是毕业生求职择业的首选市场。第二类是各级政府人事部门所属的人才交流机构办的人才市场。第三类是社会人才中介机构或职业介绍所开办的就业市场。后两类人才市场也会举办专门针对毕业生的招聘专场。但要提醒毕业生注意的是，有些人才中介机构或职业介绍所，出于赢利的目的，在商业化运作中有时会出现一些违规操作或信誉度较差的行为，而个别非法人才中介机构更是打着人才中介服务的幌子，干牟取暴利的勾当，应该格外提高警惕。在与用人单位的交谈中，要认真听取招聘单位的介绍，全面了解单位的有关情况，包括单位性质、业务范围、生产规模、发展前景等基本情况，尽量通过各种渠道掌握比较全面的用人单位信息。

3) 从容选择，慎重签约。在求职过程中，通过对用人单位的全面了解，毕业生应从容作出选择。如果洽谈成功，签订就业协议前要慎重，要仔细阅读协议的条款，明确所享有的权利和应承担的义务。对其中模棱两可、含糊不清的内容，要仔细推敲，直至清楚明了为止，切不可盲目草率签约，造成不必要的麻烦和纠纷。

4) 亡羊补牢，犹未为晚。毕业生在应聘过程中遇到非法中介机构借招聘名义欺骗、讹诈的情况，应及时向当地政府的人事、劳动、工商等相关行政部门举报，以便使此类非法行为得以查处、取缔。在签约中，如果不慎签订了不合理甚至不合法的协议或用工合同，如果发现用人单位有侵犯自身合法权益的行为，应及时通过其上级人事、劳动部门的仲裁机构寻求帮助。情节严重的，还可以诉诸法律，求得法律对自身合法权益的维护。

(3) 学习法律基础知识，提高法律意识

毕业生要学会用法律手段维护自身的合法权益。毕业生必须了解与就业相关的法律法规、政策制度。在学习这些法律、政策、规定的过程中，逐步培养一种用法律进行思考的意识，即法律意识，进而能在这种意识的指导下，真正做到懂得法律、遵守法律、使用法律。提高法律意识要求毕业生在求职过程中，运用法律的思维来思考碰到的一些问题，大体知道法律的有关规定是怎样的，了解哪些情况是违法的，哪些情况又是政策允许的。只有有了这种意识，才能认识到行为的性质以及法律后果，才有进行自我保护的前提。

(4) 明确自身权利义务，增强维权意识

在用人单位接收毕业生过程中，毕业生应对自己的权利有正确认识。当碰到问题时，能够拿起法律的武器积极维护自己的权益，是毕业生走出权益自我保护的实质性的一步。毕业生只有养成了积极主张权利的维权意识，不惧法、不畏仲裁诉讼，才能够平等地与用人单位对话，据理力争，切实保障自己的合法权益。例如，按照国家规定，毕业生在报到后应享受正常的福利待遇，如养老金、公积金等；对某些岗位的特殊体质要求，用人单位应在与毕业生双向选择时就明确说明，否则不得以单位体检不合格为由将学生退回学校。报到后毕业生发生疾病不能坚持正常工作的，则按单位在职人员有关规定处理，不能退回学校。总之，毕业生应明确自己的权利，对自身权益进行自我保护。

第二节　就业时的权益保障

大学毕业生经过与用人单位的双向选择，达成一致后，便实现了自身的就业。此时，保障毕业生权益的主要形式是签订就业协议和劳动合同。

一、签订就业协议

1. 就业协议的含义

所谓协议，是指当事人之间确立、变更、终止民事权利、义务关系的法律行为。就业协议就是依据国家就业政策的有关规定，高校毕业生和用人单位确立劳动关系的标志，是在毕业生、用人单位签约的基础上，经过用人单位的上级主管部门同意以及高校毕业生就业管理部门见证而达成的协议。从法律上讲，就业协议的法律性质是一种民事合同。

签订就业协议是毕业生走上工作岗位前必须履行的第一个步骤，是毕业生跟用人单位确立聘用关系的基础文本，对双方均具有约束作用。

2. 为什么要签订就业协议书

（1）就业协议书是转移毕业生人事关系的依据

毕业生的人事档案、户籍等人事关系在毕业后应转入相关工作单位及所在城市，这些关系的办理涉及毕业生切身利益，如就业后办理社会保险、购买经济适用房、评审职称等。而这些关系的办理前提是毕业生分别与用人单位和学校签订三方就业协议书。

（2）就业协议是毕业生就业管理的重要依据

国家为宏观控制毕业生流向，保证急需人才的补充，使毕业生就业有一定的计划性，要求学校要以就业协议书为依据，加强对毕业生就业工作的管理，维护毕业生和用人单位的合法权利，保持与用人单位良好的合作关系，维护学校自身的信誉。学校要参与就业协议的签订并监督执行。

（3）就业协议是用人单位和毕业生确立聘用关系的依据

在毕业生就业制度中，为了合理配置劳动力资源，国家赋予毕业生自主选择工作的权利。同时，国家也赋予用人单位自主录用人才的权利。因此，同样具有自主权利的双方通过双向选择达成一致意见后，为了保护双方各自的权益，就需要签订就业协议书，它成为毕业生就业和用人单位接受毕业生的依据。

二、签订劳动合同

劳动合同是劳动者与用人单位在确定劳动关系时，订立的明确规定双方权利和义务的协议。订立劳动合同的依据是《劳动法》。毕业生到用人单位后一般都要签订劳动合同，但由于毕业生对合同法、劳动法以及相关人事政策不太了解，在签订合同时总是心存顾虑。对此，毕业生要明确劳动合同所涵盖的内容以及签订劳动合同的程序与注意事项。

1. 劳动合同的内容

劳动合同的内容可以分为法定条款和协商条款两部分。前者是指劳动合同中必须具备的由法律、法规直接规定的内容；后者是指不需由法律、法规直接规定，而是由双方当事人自愿协商规定的合同内容。

（1）法定内容

1）工作时间与休假。工作时间和休假是法定的，必须在合同中依法规定。国家法定工作时间为八小时工作制，用人单位如果延长劳动者工作时间，要按照不同情形支付相应工资。

2）劳动保护和劳动条件。前者是为保障劳动者在劳动过程中的安全和健康所采取的各项保护措施；后者则是为劳动者提供符合国家劳动安全卫生标准的工作环境。劳动合同中规定的劳动保护和劳动条件必须符合劳动法律、法规的要求。

3）劳动待遇。工资、保险、福利等劳动待遇不得低于国家规定的最低标准。

（2）商定内容

商定内容是劳动合同双方当事人共同协商规定的内容。例如，劳动合同是否规定试用期，是否约定保守用人单位商业秘密，以及用人单位是否向劳动者提供住房、班车等其他生活福利设施。不管是法定内容还是商定内容，都不得违反劳动法律、法规的规定，否则一律无效。

2. 警惕合同陷阱

（1）合同陷阱的表现形式

劳动合同是劳动者权益保护的基础。《劳动法》第十七条规定，订立和变更劳动合同，应当遵循平等自愿、协商一致的原则，不得违反法律、行政法规的规定。然而，在现实生活中，不少用人单位在与劳动者签订劳动合同时采取欺诈、胁迫等手段设置陷阱，严重侵犯了劳动者的合法权益。对此，求职者一定要提高警惕，以免上当受骗。合同陷阱主要有三种形式。

1）单方合同。一些用人单位，尤其是私营企业和个体工商户在与劳动者签订合同时，利用应聘者求职心切的心理，根本不与劳动者协商，不向劳动者讲明合同内容。在合同中，只从企业的利益出发，规定用人单位的权利和劳动者的义务，而很少或者根本不规定用人单位的义务和劳动者的权利。

2）生死合同。一些高危行业的用人单位为逃避应该承担的责任，常常要求应聘方接受合同中的生死协议，即一旦发生意外，企业不承担任何责任。

3）双面合同。一些用人单位与劳动者签订合同时，准备了至少两份合同，一份是假合同，合同内容按照劳动部门的要求签订，用于对外应付有关部门的检查，但在劳动过程中并不实际执行；一份为真合同，是用人单位从自身利益出发拟定的违法合同，合同规定的权利义务极不平等，用于对内约束劳动者。遇到这种情况，应聘者要认真对比两份合同的异同。

（2）如何警惕合同陷阱

订立劳动合同要经过要约和承诺两个阶段。要约由提出订立合同建议的一方提出，承诺是另一方对要约的接受，受要约人承诺后合同即告成立。毕业生在拿到合同文本后，应该仔细阅读，了解文本中双方的权利与义务是否对等、明确、完整、具体。若合同中的条款不够明确或难以理解，可以请用人单位进行合同条款的解释。切莫在对合同的条款还没弄清楚之前就草率签字，以致日后在劳动执行过程中产生误解或曲解，从而带来不必要的争议。

三、就业协议与劳动合同的区别

就业协议与劳动合同均为用人单位与劳动者确立劳动关系的法律依据。就业协议的实质就是准劳动合同，大学毕业生在正式工作之前，都会与用人单位签订就业协议与劳动合同，一般签订就业协议在先，签订劳动合同在后。显然，两者并不是完全相同。

1. 适用的主体不同

就业协议指三方协议，由毕业生、用人单位和学校三方签字、盖章后，协议书方能生效。同时，就业协议适用的人群相对单一，只适用于高校毕业生。而劳动合同可以适用于各类人员，凡是中华人民共和国公民，只要有劳动能力并符合法律规定的条件，与用人单位双方协商一致，符合国家的法律、行政法规，无欺诈、胁迫等行为，经双方签字、盖章合同即生效。

2. 适用的法律、法规不同

劳动合同适用《劳动法》及劳动人事部门颁布的有关劳动人事方面的规章。而就业协议因目前无《就业法》，作为一般民事协议，毕业生就业协议虽然不受劳动法调整，但受民法通则等民事法律法规调整。因此，在平等、自愿等基础上建立起来的毕业生就业协议受法律保护，任何一方无正当理由任意违反都要承担相应的法律责任。

3. 文本内容不同

就业协议是毕业生与用人单位签订的初次工作协议，其主要意义在于将毕业生与用人单位双方互相选择的关系确定下来，一般不涉及详细的双方具体权利与义务；而劳动合同的内容十分完整，指用人单位在与劳动者确定工作关系之后签订的关于双方权利与义务的协议。该协议涉及劳动报酬、劳动纪律、工作内容等诸方面内容。所以，就业协议不等同于劳动合同，签订了就业协议还必须签订劳动合同，以保护毕业生自己的合法权益。

4. 签订的时间不同

就业协议一般是毕业生离校前，落实了用人单位后签订；劳动合同是毕业生到用人单位报到后签订。如果毕业生与用人单位在工资待遇、住房等方面有事先约定，可在就业协议的约定条款中予以注明，日后订立劳动合同时对此内容应予以认可。值得注意的是，一般单位在毕业生报到后，都要及时与大学生签订劳动合同，但也有些用人单位为了达到不缴或少缴社会保险费、压低劳动者报酬（所谓试用期工资）的目的，常常拖延订立劳动合同，毕业生应该学会依法维护自身的合法权益，到单位报到后及时与单位签订劳动合同。

第三节　试用期的权益保障

劳动合同中的"试用期"是指在劳动合同的期限内，用人单位与劳动者为相互了解对方而约定的考察期间，它是毕业生走上工作岗位的第一个阶段。在这一阶段需要熟悉、学习、适应的内容很多，因此，这也是毕业生和用人单位双方最容易出现纠纷的阶段，毕业生应充分认识试用期权益保障的重要性。

一、试用期陷阱

面对目前就业竞争异常激烈的现状，有些用人单位为了追逐利益最大化，不惜欺骗刚踏入社会的毕业生，设置种种试用期陷阱。借试用期使用廉价劳动力，侵犯毕业生合法权益。常见的试用期陷阱有三种。

1. 混淆概念

由于试用期、实习期和见习期三个概念很容易相混淆，所以有些用人单位就故意用实习期或见习期来代替试用期，侵犯毕业生的合法权益。毕业生应对试用期、实习期和见习期的概念加以区分，以避免掉入试用期陷阱。实习期是指在校学生到用人单位进行社会实践活动的时间。实习属于教学过程的一部分，处于实习期的大学生与学校有着教育的关系，接受实习生的单位不与实习大学生建立劳动关系。而见习期是指行政机关、事业单位在人事制度的框架下对应届毕业生在转为干部编制前进行业务适应及考核的一种制度。

毕业生对试用期、实习期和见习期的理解应注意三点。第一，适用范围不同，试用期主要适用于企业、个体工商户等用人单位；而见习期专门适用于国家机关、高校、研究机构等单位。第二，时间限制不同，试用期的时间限制根据劳动合同期限确定，最长不得超过六个月；见习期一般为六个月，最长不超过一年；实习期的时间由大学生所在学校确定。第三，目的不同，试用期的目的是让用人单位和劳动者签订劳动合同后，有时间进一步相互了解，以最终确认是否需要继续劳动关系。见习期的目的是继续加强对毕业生的培养教育，进一步提高他们的政治、业务素质和从事实际工作的能力，使用人部门（单位）全面了解、考察毕业生，以便合理地安排使用他们；实习期的目的是给在校大学生创造理论联系实际的机会，更好地学习理解科学文化知识。因此，见习期、实习期均不适用于通过双向选择建立劳动关系的劳动者。在当前国家劳动法律法规和毕业生就业政策明确的情况下，有些企业以实行见习期或实习期为名，要求对通过市场招聘形式而录用的毕业生实行长达一年的试用期。这是混淆概念、变相延长试用期的违法行为。

2. 单独约定试用期

有些用人单位与毕业生只签订一份所谓的试用期合同，许诺等试用合格后再续订劳动合同；或将试用期排除在劳动合同之外；或是将试用期结束之日作为劳动合同的生效日。到试用期即将结束时，找出种种理由辞退员工，又借口合同未生效而不承担任何义务。例如，一些生产经营季节性强的中小型企业，在生产旺季大量招用职工，规定较长的试用期，而在试用期结束前一天辞退员工，企业却不需要承担违约责任。

3. 连续试用期

由于试用期工资较低，有些用人单位为降低用人成本，有时会找个冠冕堂皇的理由，要求与新进员工重新约定一个试用期，再进一步考察，前后两个试用期相加后，往往超出了法定试用期限，从而达到占有廉价劳动力的目的。值得注意的是，试用期不是绝对不能延长，而是不能单方延长，试用期过后，用人单位单方的决定、通知或通过规章制度等形式决定延长试用期的行为应当视为无效。只有经双方协商一致且期限在法律、法规规定的期限内的延长试用期做法才合法。

二、试用期的权益保障

毕业生初入职场，相对于用人单位来说处于弱势地位，发生了纠纷往往不了了之。面对试用期的陷阱，毕业生应了解相关法律知识，必要时通过法律手段维护自己的合法权利。2007年6月29日颁布的《劳动合同法》已对试用期的劳动者权益保护进行了明确的规定。

1. 试用期时限

试用期是用人单位和劳动者建立劳动关系后，为相互了解、选择而约定的不超过六个月的考察期。2007年6月29日颁布的《劳动合同法》第十九条对试用期时限有明确规定："劳动合同期限三个月以上不满一年的，试用期不得超过一个月；劳动合同期限一年以上不满三年的，试用期不得超过二个月；三年以上固定期限和无固定期限的劳动合同，试用期不得超过六个月。同一用人单位与同一劳动者只能约定一次试用期。以完成一定工作任务为期限的劳动合同或者劳动合同期限不满三个月的，不得约定试用期。试用期包含在劳动合同期限内。劳动合同仅约定试用期的，试用期不成立，该期限为劳动合同期限。"此外，《劳动合同法》还针对违反试用期规定的行为制订了惩罚措施，《劳动合同法》第八十三条规定："用人单位违反本法规定与劳动者约定试用期的，由劳动行政部门责令改正；违法约定的试用期已经履行的，由用人单位以劳动者试用期满月工资为标准，按已经履行的超过法定试用期的期间向劳动者支付赔偿金。"

2. 试用期辞职

根据《劳动合同法》第三十七条规定"劳动者在试用期内提前三日通知用人单位，可以解除劳动合同。"有些用人单位在劳动合同中约定劳动者在试用期解除合同需承担违约责任，这实际上限制了劳动者的权利，因此，这种约定是侵害劳动者合法权利的行为，对这种约定条款，法律一般确认为无效条款。

例如，大学生小王毕业前在一家软件公司的市场部实习，后与这家公司签订了就业协议，小王毕业后就到这家公司来上班。但是工作不久，小王发现公司经常要求出差，同时自己的身体状况也很不适应公司的这种高强度的工作方式，于是在工作一个月后提出解除劳动合同。虽然公司答应了她的离职要求，却以违约为由，要求其缴纳5000元人民币的违约金。由于小王不肯缴纳违约金，公司拒绝帮助其办理离职手续，小王觉得很困扰。其实，如果小王能够多了解一下相关的法律知识就不会造成以上的困扰了。由于小王辞职时仍处于试用期内，根据劳动合同法的明确规定，劳动者在试用期内提前三日通知用人单位，可以解除劳动合同。因此，小王的行为不构成违约，也无须支付违约金。

3. 试用期辞退

《劳动合同法》规定，用人单位不得随意解除试用期劳动者的劳动合同。《劳动合同法》第三十九条规定："劳动者在试用期间被证明不符合录用条件的，用人单位可以解除劳动合同。"但是用人单位解除劳动合同的条件是其必须举证证明劳动者在试用期间不符合录用条件。此外，需要补充说明的是，《劳动合同法》第四十条规定："劳动者患病或者非因工负伤，在规定的医疗期满后不能从事原工作，也不能从事由用人单位另行安排的工作的；劳动者不能胜任工作，经过培训或者调整工作岗位，仍不能胜任工作的，用人单位提前三十日以书面形式通知劳动者本人或者额外支付劳动者一个月工资后，可以解除劳动合同。"因此，毕业生如果在试用期患上疾病不能坚持正常工作的，用人单位必须按照《劳动合同法》的相关规定进行处理，不能随意将其辞退。

第四节　就业协议、劳动合同的解除与终止

一、就业协议的解除

1. 就业协议解除的含义

就业协议的解除即解约，是指在就业协议期限届满之前由毕业生和用人单位提前终止就业协议的法律效力，解除双方之间法律关系的法律行为。就业协议的解除需要双方协商解除或单方依法或依协议约定解除。如果单方擅自解除则视为违约行为，需要其承担违约责任。

单方解除包括依法或依协议约定解除协议，是指一方解除就业协议有法定或约定的依据。例如，大学生未取得毕业资格，用人单位有权依法单方解除就业协议；毕业生事先在合同中约定考取研究生后可解除就业协议。此类情况下一旦毕业生考取研究生后，可依约定解除就业协议。此类单方解除协议，解除方无须对另一方承担违约责任，属于法律或协议允许的范围。

双方解除协议是毕业生、用人单位双方经协商一致，解除原订立的就业协议，使协议不发生法律效力，此类解除双方均不承担法律责任。

一旦解除就业协议，双方应签署解约的相关文件。在解约、违约手续完备后，毕业生可以与新的用人单位达成就业意向，此时可凭新的用人单位的接收函以及解约、违约手续等材料，到学校就业工作管理部门领取就业协议书，再重新按照程序签订就业协议。

2. 就业协议解除时的权益保障

在解除就业协议时，毕业生既要保障自身权益又不能侵害用人单位权益。毕业生不要轻视就业协议书的法律效力，有些毕业生在找工作时，同时与多家用人单位签订协议书，这些学生普遍认为这是双向选择，不是违约行为，这种认识是相当危险的。就业协议书是具有法律效力的，一旦因毕业生单方擅自解约而给用人单位造成损失的，毕业生必须承担责任，因此毕业生应当遵守诚信原则。下面的案例值得广大大学毕业生在求职和签约时引以为戒。

吉林省某高校 2003 届毕业生小周（女），因签约又违约，被用人单位告上法

庭，并被判赔偿用人单位 1.2 万余元。2002 年 11 月，某报社到某高校招聘文字编辑，小周参加了招聘考试。之后，小周与这家报社签订了就业协议，一份是《全国普通高等学校毕业生就业协议书》，另一份是《聘用协议》。然而，直到 2003 年 6 月中旬，高校毕业生就业工作基本结束时，小周仍未报到，也没有任何音信。原来她已经到另外一家报社上班去了。7 月，报社正式致函小周，请其履行协议，否则，将通过法律途径解决问题。9 月，在始终没有得到任何方面明确答复的情况下，报社向法院提起诉讼，状告小周违约，要求被告赔偿。10 月 28 日，法院开庭审理此案。法院认为，原告与被告之间自愿签订的《全国普通高等学校毕业生就业协议》、《聘用协议》是双方当事人真实的意思表示，双方都应按照协议履行。被告的行为违反了《合同法》，应承担违约责任。

二、劳动合同的变更、解除和终止

1. 劳动合同的变更

《劳动合同法》规定，用人单位与劳动者协商一致，可以变更劳动合同约定的内容。变更劳动合同应当采用书面形式。用人单位变更名称、法定代表人、主要负责人或者投资人等事项，不影响劳动合同的履行。变更后的劳动合同文本由用人单位和劳动者各执一份。

2. 劳动合同的解除

劳动合同的解除是指劳动合同当事人在劳动合同期限届满之前中止劳动合同关系的法律行为。解除劳动合同有三种情况。

（1）双方协商解除劳动合同

《劳动合同法》第三十六条规定："用人单位与劳动者协商一致，可以解除劳动合同。"

（2）劳动者单方解除劳动合同

《劳动合同法》第三十七条规定："劳动者提前三十日以书面形式通知用人单位，可以解除劳动合同。劳动者在试用期内提前三日通知用人单位，可以解除劳动合同。"

《劳动合同法》第三十八条规定："用人单位有下列情形之一的，劳动者可以解除劳动合同：未按照劳动合同约定提供劳动保护或者劳动条件的；未及时足额支付劳动报酬的；未依法为劳动者缴纳社会保险费的；用人单位的规章制度违反法律、法规的规定，损害劳动者权益的；以欺诈、胁迫的手段或者乘人之危，使对方在违背真实意思的情况下订立或者变更劳动合同致使劳动合同无效的；法律、行政法规规定劳动者可以解除劳动合同的其他情形"。

（3）用人单位单方解除劳动合同

《劳动合同法》对用人单位单方解除劳动合同做出了两个方面的规定，同时对用人单位不得解除劳动合同的情况也做出了规定。

《劳动合同法》第三十九条规定："劳动者有下列情形之一的，用人单位可以解除劳动合同：在试用期间被证明不符合录用条件的；严重违反用人单位的规章制度的；严重失职，营私舞弊，给用人单位造成重大损害的；劳动者同时与其他用人单位建立劳动关系，对完成本单位的工作任务造成严重影响，或者经用人单位提出，拒不改正的；因本法第二十六条第一款第一项规定的情形致使劳动合同无效的；被依法追究刑事责任的。"

《劳动合同法》第四十条规定："有下列情形之一的，用人单位提前三十日以书面形式通知劳动者本人或者额外支付劳动者一个月工资后，可以解除劳动合同：劳动者患病或者非因工负伤，在规定的医疗期满后不能从事原工作，也不能从事由用人单位另行安排的工作的；劳动者不能胜任工作，经过培训或者调整工作岗位，仍不能胜任工作的；劳动合同订立时所依据的客观情况发生重大变化，致使劳动合同无法履行，经用人单位与劳动者协商，未能就变更劳动合同内容达成协议的。"

《劳动合同法》第四十二条规定，"劳动者有下列情形之一的，用人单位不得解除劳动合同：从事接触职业病危害作业的劳动者未进行离岗前职业健康检查，或者疑似职业病病人在诊断或者医学观察期间的；在本单位患职业病或者因工负伤并被确认丧失或者部分丧失劳动能力的；患病或者非因工负伤，在规定的医疗期内的；女职工在孕期、产期、哺乳期的；在本单位连续工作满十五年，且距法定退休年龄不足五年的；法律、行政法规规定的其他情形。"

3. 劳动合同的终止

《劳动合同法》第四十四条规定："有下列情形之一的，劳动合同终止：劳动合同期满的；劳动者开始依法享受基本养老保险待遇的；劳动者死亡，或者被人民法院宣告死亡或者宣告失踪的；用人单位被依法宣告破产的；用人单位被吊销营业执照、责令关闭、撤销或者用人单位决定提前解散的；法律、行政法规规定的其他情形。"

思考与实训

1. 大学生择业过程中应该如何保护自己的权益？

2. 利用多种渠道，从社会提供的就业救助和存在的就业陷阱两个方面收集信息，进行分析总结。

创业篇

第八章 大学生创业准备

案例聚焦

大连艺术学院美术系雕塑专业的一位大四学生，在短短八个月时间里，靠承接绘画、雕塑项目，与客户签订了800万元的合同，一时间在开发区引起轰动，很多同学将其称为"开发区的比尔·盖茨"。一位在商海打拼多年的企业家赞叹："这小子，零资本创业，在现在这个年代，简直是不可思议。"

创业光有热情还不行，没有计划、没有资金、没有方向、没有市场，也就是没有做好充分的准备工作时，时机再好也不能盲目的创业，否则，将会导致血本无归的后果。

第一节 市 场 调 查

市场调查是以科学的方法和手段，搜集、分析产品从生产到消费之间的一切与产品销售有关的信息，如产品的生产、定价、包装、运输、批发、零售以及产品宣传策略、销售渠道和开发情况，以至社会政治经济形势等。

通过前两章创业意识的培训，我们已经有了自己的创业项目。现在，我们需要学习市场营销方面的知识来衡量所要创办的企业生产的产品或提供的服务有没有市场。市场营销计划指明企业的发展方向，是企业各部门工作的核心和龙头。市场营销工作告诉你谁是你的顾客？他们需要什么？想要什么？怎样满足他们的需要并从中获取利润。在制订市场营销计划时，要考虑以下几个方面。

- 你向顾客提供什么样的产品或服务。
- 为你的产品或服务制订销售价格。
- 组织生产或提供服务的场所。
- 做广告宣传。

为了制订出切合实际的市场营销计划，首先要了解顾客和竞争对手的情况，即市场需求和供给两个方面的情况，也就是通常所说的市场调查。

一、了解顾客

顾客是企业的根本，如果不能以合理的价格向他们提供需要的和想要的产品，他们就会到别处去购买。对你感到满意的顾客会成为回头客，他们会向自己的朋友和其他人宣传你的产品和服务。让顾客满意，就意味着会给你带来更多的销售额和更高的利润。

1. 搜集顾客的信息

搜集顾客的信息，就是做顾客方面的市场调查，这对任何创业计划来说都是很重要的。为了帮助你了解顾客的情况，可以列出下面问题。

• 你的企业准备满足哪些顾客的需要？顾客是男人还是妇女？是老人还是儿童？

• 顾客想要什么产品或服务？你的产品或服务的哪些方面最重要？规格？价格？颜色？还是质量？

• 顾客愿意为每个产品或每项服务付多少钱？

• 他们多长时间消费一次？每年？每月？还是每天？

• 你周围的顾客在增加吗？

• 为什么顾客购买某种特定的产品或服务？

• 他们是否在寻找有特色的产品或服务？

2. 搜集顾客信息的方法

市场调查的方法多种多样，做顾客需求调查的方式有以下几种。

• 观察法——亲临调查现场进行实地观察，或在被调查者毫无察觉的情况下对他们的有关行为、反应进行调查统计。

• 情况推测——如果你对此行业很了解，可以凭自己的经验进行预测。

• 利用行业渠道获得信息——可以从业内人士那里了解本行业的有用信息。你可以与该产品的主要销售商（批发商）那里了解市场的需求量，阅读行业指南、报纸、商业报纸和杂志来了解需要的信息。

• 利用网络媒体——留心电视新闻、无线广播和互联网络，把有用的信息及时记录下来。

• 抽样访问选定的顾客——与尽可能多的潜在顾客交流，看看到底有多少人想买你的产品或服务。

二、了解竞争对手

对市场进行调查，只了解潜在顾客的情况还不够，还需要了解竞争对手的情况。因为要与提供相同或类似产品或服务的企业竞争，这些企业将是你的竞争对手。

通过了解竞争对手的情况，可以学到很多东西。通过了解他们做生意的方法，可以帮助你去琢磨怎样使创业项目变成现实。

1，了解竞争对手的有关信息

- 他们的产品或服务的价格怎样？
- 他们提供的商品或服务的质量如何？
- 他们如何推销商品或服务？
- 他们提供什么样的额外服务？
- 他们的企业坐落在什么地方？
- 他们使用的设备先进吗？
- 他们的雇员受培训吗？待遇如何？
- 他们做广告吗？如何做广告？
- 他们的优势和劣势是什么？

三、制订市场营销计划

制订市场营销计划应从四个方面考虑。即产品（Product）、价格（Price）、地点（Place）、促销（Pro motion），通常称为"4P方法"。

1. 产品

产品是指向顾客销售的东西；如果你的企业是服务型企业，那么所提供的服务就是产品。

2. 价格

价格是用产品换回的钱，是根据产品情况自己制订的。在制订产品价格时必须知道如下方面信息。

- 你产品的成本。
- 竞争对手的同类产品价格。
- 顾客愿意出多少钱买你的产品。

3. 地点

地点是指你把自己的企业设在什么地方。如果计划开办一家零售店或一家服务企业，地点对你来说非常重要，必须把它设在离顾客较近的地方，便于顾客光临。而对制造商来说，离顾客远近并不重要，重要的是能否容易获得生产所需的原材料，运输是否方便，租金是否便宜。

4. 促销

促销是指把企业的产品信息传递给顾客，吸引他们来购买产品。利用各种媒体向顾客宣传，如广告、电视、广播、画报、海报、横幅、宣传册、名片、陈列、赠品、试用品等。

四、预测销售

销售预测是制订创业计划时最重要的因素。收入来自销售，没有好的销售就不可能有利润，大多数人往往过高估计自己的销售额。因此，在预测销售时不要过分乐观，应保守一点，留有余地。做销售预测绝不是一件容易的事，必须通过市场调查来做出你的销售决定。预测销售有几种基本方法。

1. 经验

如果你在同类企业工作过，对市场有所了解，就应利用这方面的知识来预测销售。

2. 与同类企业进行对比

将你的企业资源、技术和市场营销计划与竞争对手的进行比较，根据他们的水平来预测你的企业销售，这是最常用的销售预测方法。

3. 实地调查

到与你实力相当的同类企业中去，暗中进行实地调查，做好详细记录，进行分析研究，再做出销售预测。

4. 向潜在顾客进行抽样调查

可先从亲戚、朋友和熟人入手。

各家企业以不同方式来决定其销售量，然而做出一个切合实际的销售预测是一件很不容易的事，也是极为重要的，千万不要过高估计。

第二节　预测启动资金

当确认自己具备了自主创业的基本条件，选定了创业项目，进行了市场调查后，是否就可以进行创业了呢？不，你还必须考虑自己有多少启动资金和现金流量，能否使企业顺利开业。开业后你有多少利润可以维持创业正常地生存下去？必须有一个实事求是的评估。

下面你将要了解开办自己的企业需要多少启动资金。如购买设备、装修、房租、注册费等。

一、启动资金类型

启动资金用来支付场地或房租、办公家具、设备、原材料、商品库存、办证费、广告和促销费、员工工资以及水电费和通信费等。

这些费用可分为两类。

1. 固定资产投资

为开办企业购买价值较高、使用寿命较长的物品。明智的做法是把必要的投资降到最低限度，减少投资让企业少担风险。

2. 流动资金

流动资金指维持企业正常运转的所有资金支出，包括房租、员工工资、原材料采购等费用。

二、固定资产投资预测

要开办企业必须准备足够的资金投入，这是创办企业能否成功的重要条件；对于固定资产的投入有的要等好几年才能收回投资。因此，在开办企业之前必须预算一下投资到底需要多少钱。

1. 开办企业的场所

办工厂、开公司或做买卖，都需要有合适的场地和建筑，也许是整个厂房，也许只是一个铺面，也许是一个小工作间等。但是，必须能满足你在前面做市场调查时的基本要求。根据情况决定是建房、买房、租房还是在家开业。

2. 设备投资

设备投资是开办企业时需要的所有硬件条件，如机器设备、工具、办公设备、通信设备等。即使是只需少量设备的企业，也要慎重考虑确实需要哪些设备，力行节约，能省则省，尽量减少资金投入。

三、流动资金预测

企业开张后要正常运转一段时间后才会有收入。如制造商在销售之前必须先把产品生产出来；服务企业在开始提供服务之前要买材料和用品；零售商和批发商在卖货之前必须先进货；此外企业在招揽顾客之前必须先花时间和费用进行促销。总之，你需要流动资金支付以下开销，如购买并储存原材料和成品、促销、工资、租金、税收和许多其他费用。

将以上所有费用列出清单，写入创业计划书中。

第三节　预测利润

至此，你已对自己要创办的企业有了较成熟的构想。了解了市场需求，预测了启动资金，现在还要进一步了解所办的企业能否挣钱，这是创办企业的目的。学完了这一节，你将对下列主要问题做出决策。

- 制订销售或服务价格——卖出的产品需要顾客付多少钱。
- 预测销售或服务收入——你能从前12个月的销售中挣多少钱。
- 制订销售和成本计划——看看你是挣钱，还是亏本。
- 制订现金流量计划——是否有足够的资金保证企业正常运转。

一、制订销售或服务价格

在确定产品价格之前，一定要计算出为顾客提供产品或服务所产生的成本。作为业主必须详细了解经营企业的成本。一定要控制成本，一旦成本大于收入，企业必将倒闭。

制订产品价格主要有两种方法。

- 成本加价法——将制作产品或提供服务的全部费用加起来，就是成本价格。在成本价格上加一个利润百分比得出的就是产品的销售价格。
- 价格对比法——在定价时，除了考虑成本外，还要了解一下当地同类商品或服务的价格，以保证你的定价具有竞争力。如果定的价格比竞争对手的高，你要保证更好地满足顾客的需要。

1. 成本加价法

如果企业经营有效，成本不高，用这种方法制订的销售价格在当地应该是具有竞争力的。但是，如果企业经营不好，你的成本可能会比竞争对手的高，这意味着用成本加价法制订的价格会太高，因而不具有竞争力。

（1）怎样具体地计算成本价格

首先，要了解自己生产产品或提供服务的成本构成。

其次，要了解固定资产折旧也是一种成本。

最后，计算出单位产品的成本价格。

对于一个新办企业来说，预测成本绝不是一件容易的事。最好的方法是参照一家同类企业，了解一下他们是怎么算的。在预测企业启动资金时，你已经对这些成本有所了解。表8－1是一般企业常见的成本项目。

表8－1　一般企业常见成本项目

材料费	租金	工商、税务费	工资和福利	装修费
折旧费	广告与促销费	水、电、气费	燃料费	通信费
接待费	物业卫生费	银行利息	保险费	维修费
差旅费	办公文具和邮寄费	运输费		

（2）所有企业都有两种成本

即固定成本和可变成本。固定成本不随产品产量和销售量的变化而变化，具有相对固定性质的各项成本，亦称固定费用。如厂房设备的折旧费、租金、保险费、工商和税务费、人员工资等。

随产品产量和销售量的变化而同步变化的成本称为可变成本。如材料成本、资金、加班工资、水电费、运输费等。

预测成本时，必须认真区分可变成本和固定成本。原材料成本永远属于可变成本。如果还有其他可变成本，必须知道这些成本是怎样随着销售量的增长而变化的。

折旧是一种特殊成本，它是固定资产不断贬值而产生的一种成本。如装修费、机器设备、工具、车辆、计算机及办公设备等。固定资产是一次性投入，过若干年就自动报废了。在大多数小企业里，能够折旧的物品为数不多。

2. 价格对比法

这是确定价格的另外一种方法。参照竞争对手的价格，看看你定的价格与他们的相比是否具有竞争力。

实际上，我们可以同时使用成本加价法和价格对比法来制订自己的销售价格。一方面，我们要严格控制成本，降低成本价格；另一方面，应该随时观察竞争对手的价格，并与之比较，以保证我们的价格具有较强的竞争力。

"薄利多销"是企业发展的常规做法。

二、预测销售收入

在计划新企业开业时，要知道一定量的销售能带来多少收入，叫做销售收入预测。预测销售收入是一件非常复杂的事情，它是根据销售量或业务量来计算的，而销售量和业务量又是变化的，即有时生意好，有时生意差，只能根据市场调查按月或按年进行平均估测。为了预测你的销售收入，可从以下几个方面考虑。

- 列出你的企业推出的所有产品或产品系列。
- 预测一年里每个月估计销售的业务量，它来自于你所做的市场调查。
- 为计划销售的每项产品制订价格。
- 用销售价格乘以月销售量来计算每项产品的月销售额。

销售收入预测

车参华和杨林霖根据工程量的市场预测保守估计，第一年接 12 个装修业务不会有什么问题，平均每个工程挣 8000 元不算多。如果接到单位业务收入会更可观。照这样计算一年的毛收入不会少于 1 077 元。除去他们的经营成本，每年至少可以挣到 2 万元。这正好是两个业主的工资。他俩想只要第一年不亏本，以后的日子就会好过些。他们会把每一项工程当做样板房来装修，热情为顾客服务，相信这些人会帮助他们宣传的，同时公司的知名度也会不断提高，自己的客户群会越来越大。

三、制订销售和成本计划

仅仅知道自己的销售收入是不够的。为了掌握企业实际运转的情况，一定要计算你的企业是不是有利润。只有这样，才能准确地知道企业是否有钱挣。利润来自销售收入减去企业经营成本。

利润与成本计划

杨林霖在做市场调查时，从朋友那儿拿到了一份同行装修公司的工程预算表，它反映了当前九江市装修房屋的基本行情，见表 8－2～表 8－10 所示。

工程名称：新湖柴桑春天 8 栋 402 室
客　　户：林先生

序号	项目名称	合计（元）
一	客厅、餐厅、过道、阳台装饰部分	14 254
二	厨房	1612
三	卫生间	2864
四	主卧装饰部分	8303
五	小孩房	3665
六	书房	1395
七	其他	5850
总造价		37 943
管理费	占总造价的百分之八	3035
合计工程价	注：此预算包含工时（不包括实木地板、地砖、墙砖、防盗网、灯具、洁具、龙头等建筑材料费）	40 978

表8-3 工程预算明细表（一）——客厅、餐厅、过道、阳台

工程名称：新湖柴桑春天8栋402室

客 户：林先生

序号	项目名称及规格	材料及说明	工程量	单位	单价	合计
1	进门单面门套	大芯板基层、九夹板侧向、3cm板饰面，60mm×7mm平板套线	5	m	31	155
2	进前阳台单面门套	大芯板基层、九夹板侧向、3cm板饰面，60mm×7mm平板套线	7.8	m	34	265
3	进前阳台单面门套	大芯板基层、九夹板侧向、3cm板饰面，60mm×mm平板套线	6.2	m	34	211
4	鞋柜及造型柜	大芯板、九夹板、玻璃、拉丝、饰面、门合页、油漆	3.6	m²	350	1260
5	顶面888	清理基层、括灰补缝、双飞粉打底，轻钙粉及888胶调制，粉饰打磨	56	m²	2	112
6	顶面墙漆	清理基层、配比墙漆，刷涂二遍	56	m²	8	448
7	墙面888	清理基层、括灰补缝、双飞粉打底，轻钙粉及888胶调制，粉饰打磨	168	m²	2	336
8	墙面墙漆	清理基层、配比墙漆，刷涂二遍	168	m²	8	1344
9	客厅，餐厅，过道吊顶	3cm×4cm木方骨架，九夹板，双层石膏板，螺丝钉，防锈漆	35	m²	71	2485
10	过道造型墙	3cm×4cm木方骨架，九夹板，双层石膏板，螺丝钉，防锈漆	3	m²	165	495
11	电视背景墙	墙纸，造型	13.5	m²	68	918
12	电视柜制作	饰面，大芯板基层，清漆	3.4	m²	330	1122
13	贴800×800地面砖	清理基层，调运砂浆，1：2水泥砂浆粘贴	56	m²	25	1400
14	贴阳台墙面砖	清理基层，调运砂浆，1：2水泥砂浆粘贴	12	m²	25	300
15	阳台大理石水池	中国黑大理石	1	项	250	250
16	门槛大理石	中国黑大理石	1	项	72	72
15	打墙	人工、运费	48	m²	22	1056
16	砌墙	人工、红砖，粉刷	45	m²	45	2025
小计						14 254

表8-4　工程预算明细表（二）——厨房

工程名称：新湖柴桑春天8栋402室

客　　户：林先生

序号	项目名称及规格	材料及说明	工程量	单位	单价	合计
1	贴地面防滑砖	清理基层，调运砂浆，1：2水泥砂浆粘贴，素水泥浆加107胶填缝	6	m²	24	144
2	造型吊顶	3cm×4cm木方骨架，九夹板，双层石膏板，螺丝钉，防锈漆	6	m²	55	330
3	贴墙砖（250×330）	清理基层，调运砂浆，1：2水泥砂浆粘贴，素水泥浆加107胶填缝	15.8	m²	22	348
4	防水工程	人工费、防水材料。	15.8	m²	25	395
5	门套	大芯板基层、九夹板侧向、3cm板饰面，60mm×7mm套线。	7	m	45	315
6	包下水管	清理基层，调运砂浆，1：2水泥砂浆粘贴，素水泥浆加107胶填缝	1	根	80	80
小计						1612

表8-5　工程预算明细表（三）——卫生间

工程名称：新湖柴桑春天8栋402室

客　　户：林先生

序号	项目名称及规格	材料及说明	工程量	单位	单价	合计
1	卫生间双面门套	大芯板基层、九夹板侧向、3cm板饰面，60mm×7mm门套线	5.4	m	48	259
1	卫生间双面门	塑钢门	4.2	m²	220	924
2	地面防滑砖	清理基层，调运砂浆，1：2水泥砂浆粘贴，素水泥浆加107胶填缝	5.8	m²	24	139
3	铝扣板吊顶	人工费、条形铝扣板、辅材	5.8	m²	120	696
4	防水工程	人工费、防水材料。	10	m²	25	250
5	贴墙砖（250×330）	清理基层，调运砂浆，1：2水泥砂浆粘贴	18	m²	22	396
6	包下水管	清理基层，调运砂浆，1：2水泥砂浆粘贴	1	根	100	100
7	门槛大理石	中国黑大理石	1	项	100	100
小计						2864

表 8－6　工程预算明细表（四）——主卧

工程名称：新湖柴桑春天 8 栋 402 室

客　　户：林先生

序号	项目名称及规格	材料及说明	工程量	单位	单价	合计
1	门页	大芯板、九夹板、5mm 玻璃，实木收口线，饰面板	1	扇	450	450
2	门套	大芯板基层、九夹板侧向、3cm 板饰面，60mm×7mm 门套线	5	m	45	225
3	主卧背景墙	3×4 木方骨架，九夹板，双层石膏板，螺丝钉，防锈漆	12.6	m²	35	441
4	顶面 888	清理基层、括灰补缝、双飞粉打底、轻钙粉及 888 胶调制，粉饰打磨	24	m²	2	48
5	顶面墙漆	清理基层、配比墙漆，刷涂二遍	24	m²	8	192
6	墙面 888	清理基层、括灰补缝、双飞粉打底、轻钙粉及 888 胶调制，粉饰打磨	72	m²	2	144
7	墙面墙漆	清理基层、配比墙漆，刷涂二遍	72	m²	8	576
8	无门衣柜	杉木板基层、3cm 板饰面，线条收边，油漆	13.2	m²	360	4752
9	双面石膏板隔墙	3×4 木方骨架，九夹板，双层石膏板，螺丝钉，防锈漆	9.6	m²	55	528
10	衣帽间门套	大芯板基层、九夹板侧向、3cm 板饰面，60mm×7mm 门套线	5.4	m²	45	243
11	双面门	塑钢门	2.8	m²	180	504
12	窗台大理石	中国黑大理石	1	项	120	120
13	门槛大理石	中国黑大理石	1	项	80	80
小计						8303

表 8－7　工程预算明细表（五）——小孩房

工程名称：新湖柴桑春天 8 栋 402 室

客　　户：林先生

序号	项目名称及规格	材料及说明	工程量	单位	单价	合计
1	门套	大芯板基层、九夹板侧向、3cm 板饰面，60mm×7mm 门套线	5	m	45	225

序号	项目名称及规格	材料及说明	工程量	单位	单价	合计
2	门页	大芯板、九夹板、5mm玻璃，实木收口线，饰面板	1	扇	450	450
3	顶面888	清理基层、括灰补缝、双飞粉打底，轻钙粉及888胶调制，粉饰打磨	12	m²	2	24
4	顶面墙漆	清理基层、配比墙漆，刷涂二遍	12	m²	8	96
5	墙面888	清理基层、括灰补缝、双飞粉打底，轻钙粉及888胶调制，粉饰打磨	36	m²	2	72
6	墙面墙漆	清理基层、配比墙漆，刷涂二遍	36	m²	8	288
7	窗套	大芯板基层、九夹板侧向、3cm板饰面、60mm×7mm门套线	6	m	30	180
8	塑钢门衣柜	杉木板基层、九夹板侧向、3cm板饰面	4.5	m²	500	2250
10	门槛大理石	中国黑大理石	1	项	80	80
小计						3665

表8-8 工程预算明细表（六）——书房

工程名称：新湖柴桑春天8栋402室

客 户：林先生

序号	项目名称及规格	材料及说明	工程量	单位	单价	合计
1	门套	大芯板基层、九夹板侧向、3厘米板饰面，60mm×7mm门套线	5	m	45	225
2	门页	大芯板、九夹板、5mm玻璃，实木收口线，饰面板	1	扇	450	450
3	顶面888	清理基层、括灰补缝、双飞粉打底，轻钙粉及888胶调制，粉饰打磨	12	m²	2	24
4	顶面墙漆	清理基层、配比墙漆，刷涂二遍	12	m²	8	96
5	墙面888	清理基层、括灰补缝、双飞粉打底，轻钙粉及888胶调制，粉饰打磨	34	m²	2	68
6	墙面墙漆	清理基层、配比墙漆，刷涂二遍	34	m²	8	272
7	窗套	大芯板基层、九夹板侧向、3cm板饰面，60mm×Tmm门套线	6	m	30	180
8	门槛大理石	中国黑大理石	1	项	80	80
小计						1395

表 8-9　工程预算明细表（七）——其他

工程名称：新湖柴桑春天 8 栋 402 室

客　　户：林先生

序号	项目名称及规格	材料及说明	工程量	单位	单价	合计
1	水路材料费（PPR）	按户型面积计算	1	项	750	750
2	水路人工费	按户型面积计算	1	项	450	450
3	电路材料费	按户型面积计算	1	项	1800	1800
4	水电路挖槽	按户型面积计算	1	项	350	350
5	电路人工费	按户型面积计算	1	项	600	600
6	灯具安装人工费	人工费	1	项	200	200
7	洁具、其他安装人工费	人工费	1	项	300	300
8	垃圾清理费	人工费（不含家政清理费）	1	项	500	500
9	材料运费	人工费	1	项	300	300
10	五金材料	材料费（锁、拉手）	1	项	600	600
小计						5850
	总造价					37 943
	管理费	占总造价的百分之八				3035
	合计工程价	包含设计施工				40 978

注：此预算以预算列项为标准（不包括实木地板、地砖、墙砖、防盗网、灯具、洁具、龙头）

从工程预算表中可以看到，装修 4 万元的业务只能挣 3 千多元，利润不到 10%，其实不然，在工程报价中隐含了 8%～10% 的利润，主要是材料和工时优惠价。若包工包料，利润还更可观，因为材料供应商是以批发价给装饰公司的。装修总利润大约在 25% 左右，即实际可挣到 1 万元左右。

由此可见，车参华他们想每月只要接到一个像这样的小工程，就可以维持公司的正常开销。因此，他们很有信心开办自己的公司。

车参华和杨林霖根据工程量的市场预测，对公司的销售和成本做出计划，如表 8-10 所示。

表 8—10　销售和成本计划　　　　　　　　　　现金单位：万

项目		3月	4月	5月	6月	7月	8月	9月	10月	11月	12月	1月	2月	合计
工程量（单价：个）		1	1	1	1	2	2	2	2	1	1	0	0	14
销售收入	工程收入	0.8	0.8	0.8	0.8	1.6	1.6	1.6	1.6	0.8	0.8	0.0	0.0	11.20
	增值税（4%）	0.0	0.0	0.0	0.0	0.1	0.1	0.1	0.1	0.0	0.0	0.0	0.0	0.43
销售收入	工程净收入	0.8	0.8	0.8	0.8	1.5	1.5	1.5	1.5	0.8	0.8	0.0	0.0	10.77
生产成本	工资（2人）	0.16	0.16	0.16	0.16	0.16	0.16	0.16	0.16	0.16	0.16	0.16	0.16	1.92
	营销和促销	0.1	0.1	0.1	0.1	0.1	0.1	0.1	0.1	0.1	0.1	0.0	0.0	1.00
	水电费等	0.1	0.1	0.1	0.1	0.1	0.1	0.1	0.1	0.1	0.1	0.1	0.1	1.20
	折旧费	0.1	0.1	0.1	0.1	0.1	0.1	0.1	0.1	0.1	0.1	0.1	0.1	1.20
	总成本	0.46	0.46	0.46	0.46	0.46	0.46	0.46	0.46	0.46	0.46	0.36	0.36	5.32
利润		0.3	0.3	0.3	0.3	1.1	1.1	1.1	1.1	0.3	0.3	−0.4	−0.4	5.45
税费	纳税基数													5.45
	个人所得税													0.00
	业主净收入													5.45

四、制订现金流量计划

现金流量计划显示每个月预计会有多少现金流入和流出企业。现金流量计划将保持企业正常运转，使企业在任何时候都不会出现现金短缺的威胁。

现金流量计划

按照装饰公司的一般惯例，当与客户签订了装修协议之后，客户要向装饰公司预付 30% 的费用，完成工程量的 80% 时，客户要追加 30% 的费用，等工程量全部完工，经过客户验收合格后，将剩余部分全部付清。如果是包工包料可以留2000元保证金，一年后若没有什么质量问题应全部结清。

九江市一般的家庭装修总费用在 6 万元左右，客户已经预付了 30%，中间还有追加，工人工资也是等到工程完工后才结清，中间只要付一些生活费。所以，装饰公司不需要垫付太多的资金。

由于车参华和杨林霖打算开办公司时，就已经准备了 10 万元的启动资金，按照前面的资金预测 8.28 万元（三个月的），还多出 1.7 万多元。所以，他们不用担心公司的现金流量。

车参华和杨林霖根据工程量的市场预测，对公司的现金流量做出计划，如表 8-11 所示。

表 8-11 现金流量计划　　　　　　　　　　　　现金单位：万

项目		3月	4月	5月	6月	7月	8月	9月	10月	11月	12月	1月	2月	合计
月工程量		1	1	1	2	2	2	2	1	1				14
现金流入	月初现金	1.50	1.74	1.98	2.22	3.26	4.30	5.34	6.38	6.62	6.86	7.10	6.54	
	平均利润	0.80	0.80	0.80	1.60	1.60	1.60	1.60	0.80	0.80	0.80	0.00	0.00	11.20
	可支配现金	2.30	2.54	2.78	3.82	4.86	5.90	6.94	7.18	7.42	7.66	7.10	6.54	
现金流出	公司租金	0.20	0.20	0.20	0.20	0.20	0.20	0.20	0.20	0.20	0.20	0.20	0.20	2.40
	公司人员工资	0.16	0.16	0.16	0.16	0.16	0.16	0.16	0.16	0.16	0.16	0.16	0.16	1.92
	生活费用	0.10	0.10	0.10	0.10	0.10	0.10	0.10	0.10	0.10	0.10	0.10	0.10	1.20
	其他杂费	0.10	0.10	0.10	0.10	0.10	0.10	0.10	0.10	0.10	0.10	0.10	0.10	1.20
	现金总支出	0.56	0.56	0.56	0.56	0.56	0.56	0.56	0.56	0.56	0.56	0.56	0.56	6.72
月底现金		1.74	1.98	2.22	3.26	4.30	5.34	6.38	6.62	6.86	7.10	6.54	5.98	4.48
个人所得税														0.00
两位业主年收入														4.48

说明：

• 月初现金：是指前一个月的月底现金和本月利润的和，3月份的月初现金是业主的流动资金。

• 月底现金：是可支配现金减去总支出现金。

• 工程量：是指每个月可以接到的工程数量，根据市场调查和淡旺季差别，预计一年内工程总量不会少于 14 个。

• 平均利润：仅按包工不包料计算，每个工程至少有 8000 元的利润空间，如果是包工包料，利润空间更大。

• 个人所得税：(44 800－2000) 起征点×2 人×12 月<0，所以不需要交纳所得税。

• 两位业主第一年除了吃用至少还可以挣得基本工资。

通过现金流量计划与销售和成本计划的预测，他们看到了创办企业的成功希望。但是，这一切是建立在销售量和销售价格的基础上。只有对市场调查和市场销售预测的准确把握，才能实现自己的创业梦想。

这一节是自主创业中最重要的一部分，必须认真学习，真正弄懂。在制订产品或服务价格时，必须了解成本价，还要了解市场价，即你的竞争对手的价格；

还要预测一年的销售量以及销售收入。要会制订销售和成本计划与现金流量计划。在现金流量计划表中不包含折旧费，而销售和成本计划表中包含了折旧费。

通过销售和成本计划与现金流量计划的预测，能够更好地了解企业中资金流动情况，以及销售收入。当资金出现短缺时，要想办法补救，通过贷款或借款来弥补资金的不足，从而使企业运转正常。还要知道增值税和个人所得税的计算方法。

思考与实训

1. 针对某项产品，做一份市场调查报告。
2. 如何预测一家企业利润？

第九章　大学生创业项目选择

案例聚焦

　　长相白皙，一口标准的普通话，看起来是典型的文艺男青年。学建筑的武大学子张怀引，将专业融合进自己的创意产品，一年时间，他的手绘地图《古城武汉》卖了两万本。张怀引来自重庆，本科在青岛一所大学读电子商务。毕业后他决定学建筑，并考进武汉大学城市设计学院读研究生。刚来武汉时，他对这座城市"极其反感"。然而在开学前的那段时间，他天天带着画本、笔、相机上街转悠，"没想到，我对武汉又爱又恨，这座城市已经深深长在我的心里。"

第一节　创业项目选择的依据

一、创业项目的主要来源

　　大学生创业项目的选定是创业准备中最重要的一环，直接关系到创业的成败。创业项目主要有如下几个来源。

　　1. 关注市场空白

　　市场空白，即社会有需求但没有人满足这种需求，搜索市场空白就是寻找尚未被满足的社会需求。搜索市场空白是最简单最直接的选择项目的方法。但问题是创业者本人看到的市场空白别人往往也能看到，即使你先看到，也容易被后来者模仿甚至超越。因此，搜索市场空白一般是"短平快"项目的主要来源。尽管市场竞争激烈，但只要仔细观察，深入社会调查研究，就能发现市场空白。创业者要敏锐地发现和抓住此类项目，捷足先登，等别人回过神来，你已经赚得盆满钵满。例如，温州有一个拥有千万资产的人叫叶某某，他创业成功的秘密就是"生意一火就转行"。从开酒楼，到开大排档、火锅店，每一次他都创当地行业之先河，而且盈利颇丰。

2. 寻求政策机会

有变化就有机会，环境的变化往往能够带来商机。当前，由于我国正处于社会主义市场经济体制的建立完善过程中，各种政策法规不断出台。新的政策法规的建立意味着创业环境的变化，由此必然带来越来越多的商机。这就要求创业者在日常生活中要积极收集此类信息，以便在某个时间抓住适合自己的机会，从而借助政策变化，找到创业机会。所以，关注政策变化是发现创业项目的重要渠道。比如，河南省叶县一名农民根据国家粮食收购政策的变化——允许个体进入粮食流通领域，当起了粮食经纪人，既方便了农民卖粮，自己又获得了不菲的收益。

3. 发挥技能专长

创业者自身具备的技能是成功创业的有力武器，也是选择创业项目的重要依据。由于技能是创业者在长期的学习和工作中积累形成的，如果创业项目的运作与此项技能的运用密切相关，创业者就比较容易形成他人难以模仿的经营特色，并且有助于解决经营中的技术问题，实现项目的永续经营。这里所说的技能涵盖项目运作过程中使用的所有技术和能力，既包括生产技术，也包括经营管理技能和创意能力等。因此，发挥自身技能和专长是创业者选择项目的重要来源。

4. 利用资源整合

自然资源是指创业所在地具备的在现代经济技术条件下能为人类利用的自然条件，如自然风景、气候、水土、地理位置、能源等，从创业选项的角度讲，这些自然资源应该具有独特性。社会资源内涵更为丰富，包含了除自然之外的所有物质，如民族风俗、传统工艺、人际关系等。由于各地独特的自然和社会资源的不可复制性，使得借助这种方式选择的创业项目具有独占性，客观上提高了他人进入竞争的门槛。因此，利用自然和社会资源是创业项目的普遍来源。

5. 改变经营模式

长期以来，人们总是习惯于一种固有的企业经营模式。这种模式由于屡见不鲜，便使得人们觉得这是最合理、最科学的选择。实际上，只要转换一个角度去观察和思考，在我们面前就会出现一个全新的世界。同样道理，如果把这种思想移植到企业经营领域，对某个产业（产品）的经营过程进行全部或局部的重新整合，就可能产生商业机会。此举称之为"价值链重构"。例如，美国戴尔公司将计算机产业的价值链进行了重新设计，以直销代替至今的普遍运用的代理制销售模式，使戴尔公司一跃成为世界上最著名的公司之一，戴尔本人成为最成功的创业者之一。因此，改变经营模式也是创业项目的有效来源。

6. 关注外围经营项目

任何一个产业都是生产某种产品和提供某种劳务的集合体。其中包括众多的相互关联、相互影响的经营项目，这些经营项目有核心和外围之分。例如，运输行业的核心经营项目是交通工具，外围经营项目是零配件供应、燃料供应；交通工具修理等。外围项目往往借助核心项目的发展获得"一荣俱荣"的便利。比如，安徽的奚某某，在当地政府决定大力发展养蟹业时，他开始做成品蟹的销售生意；当别人开始卖成品蟹时，他又去做成品蟹交易市场。总之，他在成品蟹养殖这一产业核心项目外围打转转，依靠这种方法，他选一个项目做成一个。

二、影响创业项目选择的因素

1. 个人兴趣与特长

兴趣是最好的老师，如果你对某件事情感兴趣一般都容易做好，并且会事半功倍；如果对某件事情不感兴趣，一般都不容易做好，即使最后能做好，往往是事倍功半。一个人只有选择了他喜欢做而又有能力做的事情，他才会自觉地、全身心地投入，并忘我地工作，有了兴趣，才有可能在遇到困难和挫折时，百折不挠勇往直前，千方百计地克服困难，实现创业目标。可见，个人兴趣与特长是影响创业者项目选择的最重要的个体因素，正在艰难选择项目的创业者，最好选择自己感兴趣的行业和项目进行创业活动。

2. 对选择行业的熟悉程度

一般来说，创业者应在自己熟悉的行业里选择创业项目，这样才能增加对创业成功的把握。熟悉的行业和项目有两层含义：一是自己所学专业领域的项目，大学生已经掌握了一定的专业知识和专业技能，如果选择项目属于自己的专业领域，这就省去了重新学习的时间，能够尽快地投入工作；二是对所选项目或者产品比较熟悉，平时关注多，研究较为深入。对所选项目或者产品熟悉可以避免走弯路，因为"新、奇、特"的项目或产品投入生产需要时间，而打开市场更需要一个过程。大量经验证明，许多工作需要的是熟悉，如开饭店、开茶馆、经营服装鞋帽、开办文化娱乐业等。深入了解、熟悉一种行业，就能总结出行业的规律，找到生财的窍门，再加上勤奋和信心就能够取得创业的成功。因此，对选择行业的熟悉程度是影响创业者项目选择的重要因素。

3. 能够承受的风险

创业存在风险，因为创业过程中存在着许多不可控的因素，一旦把资金投入进去，谁也不敢保证一定能够成功，一定能够赚钱，一定能够长盛不衰。在选择创业项目时，无论你对该项目多么有把握都必须考虑"未来最坏的情况可能是什么，最坏的情况发生时，我能不能承受"的问题。如果对以上问题的答案是明确和肯定的，那么，只要项目的预期报酬率符合你的预期目标，就可以选定实施。因此，创业者能够承受的风险是影响创业者项目选择的又一项个体因素。

4. 市场机会及其利用能力

市场机会及其利用能力，也就是调查分析拟选项目是否有市场机会以及创业者本人是否有能力利用这个市场机会，是影响创业者项目选择的决定性因素。这是因为，其一，项目本身是否科学、可行是创业成败的关键，如果项目本身不科学、不可行，即使付出再大的努力最终肯定是失败。只有查阅大量资料，开展广泛的市场调查，然后加以对比研究，才能确定市场机会的价值。其二，对于创业者来说，客观存在着的市场机会并不一定会成为创业机会。只有创业者具有利用该机会的资源能力和技术能力，并且利用该机会足以实现其经营目标，这一机会才是属于你的市场机会。

5. 国家相关政策与法律

国家相关政策与法律是影响创业者项目选择的最重要的环境因素。一般情况下，国家会出台相关政策与法律，对经济发展的相关问题作出明确规定，一方面会禁止或限制某些行业或项目的发展，另一方面又会鼓励和支持某些行业或项目的发展。因此，创业者选择项目时，一定要知道哪些行业是国家政策鼓励和支持的，哪些是允许的，哪些是禁止或限制的，要选择国家政策鼓励和支持并有发展前景的行业或项目。目前，我国出台优惠政策，大力扶持发展高科技产业，这将有助于提高科技产业创业者的成功率。大学生创业者应更多地考虑从高科技产业中选择自己的创业项目。

创业项目选择是一项非常复杂的系统工程。选择项目时，除了充分考虑上述五方面因素以外，还要做好大量技术性工作，如在预选一个项目后进行市场调查、市场预测及项目的评估。因为项目最终能否成功还要看有没有市场，市场对项目产品的需求才是创业能否成功的根本。

三、创业项目选择的原则

1. 知己知彼原则

从某种意义上讲，创业活动不亚于一场惊心动魄的战斗，创业者本人不但是这场战斗的战斗员，也是指挥员。为取得战斗的胜利，必须做到知己知彼。所谓"知己"，就是创业者在选择项目之前，应该首先对自己的状况有一个清楚的认识和判断。例如，自己可以提供多少创业资金，有哪些从业经验和技能专长，自己的兴趣和爱好是什么，社会关系状况如何，自己在性格上有哪些优势和弱点，家庭成员是否支持等。从创业者本人的角度看，"知己"越深入，越详尽，就越容易找到扬长避短并适合自己的项目，就越能提高创业成功率。所谓"知彼"，就是要了解创业所在地的社会经济环境。要认真分析当地的发展政策，包括产业结构政策、金融政策、税收政策、就业政策等；当地的消费环境，如居民的购买力水平、购买力投向、购买习惯等；当地的自然和人文资源，包括具有市场开发价值的工业原料和农林渔牧产品、传统的生产加工技术、独特的自然和人文景观等；当地市场的竞争强度，包括拟选择项目所在行业的竞争者数量、规模、实力水平等。深入考察创业环境能够帮助创业者开阔视野，敏锐捕捉到市场机会，增强项目选择的合理性。

2. 量入为出原则

在创业行动之前，不少创业者对未来充满激情，于是创业时必须考虑的财务问题往往被忽略，发展前景很好的项目往往因资金周转困难而中途夭折。所以，量入为出是创业者必须切实遵循的原则。例如，要考虑项目启动资金量是否可以承受，后续资金投入能否跟上，项目投入时固定部分和流动部分的比例如何安排等问题。要统筹规划，量入为出，不能顾此失彼。

3. 自有资源优先原则

创业者在审视了创业环境之后，应该从中甄选出重点利用和开发的资源。甄选应贯彻自有资源优先原则。所谓自有资源，就是创业者本人拥有的或自己可以直接控制的资源，包括专有技术、行业从业经验、经营管理能力、个人社会关系、私有物质资产等。相对于其他非自有资源，自有资源的取得和使用成本往往较低；同时，这些资源在利用过程中也容易使项目获得标新立异的优势，使创业者在今后的市场竞争中占据主动地位。

4. 短平快原则

由于先天条件不足，创业者在创业之前普遍缺乏资金、客户等资源，因此，为尽快脱离创业"初始危险期"，使项目运作进入良性循环，在同等条件下，应优先考虑那些"短平快"项目。如此操作一方面可以迅速收回投资，降低投资风险；另一方面，即便项目后期成长性不好，创业者也可以选择维持经营或主动退出，利用掘到的"第一桶金"另寻出路。

第二节　创业项目选择的途径与方法

一、创业项目选择的途径

1. 分析市场供求差异

市场需求不仅是多种多样的，而且是不断变化的，因此从宏观上看，市场需求总量和供给总量之间总是存在着一定的差距。选择项目必须以市场为导向，要从社会需要出发。特别是第一次创业，更要详细了解市场需要什么、需要多少、谁会来购买产品或服务、竞争对手是谁等问题。市场调研是正确决策的前提，创业者通过调查分析市场供求差异，可以从中找到创业机会，选定创业项目。例如，假定通过调查得知，我国城市家庭中洗衣机的需求量为100％，而市场供应量只有70％，那么，对于创业者来说就有30％的市场机会可供开拓。又例如，一个下岗职工，紧邻一所学校开了一家早点店，路对面是镇上唯一的菜市场，早点店占据了天时和地利。同时，他严把质量关，小店的信誉慢慢得到当地人的认可，生意异常兴隆。实际上，他就是分析了市场供求差异。满足了学校和菜市场人流的需求，成功选择了创业项目。

2. 调查顾客的抱怨和困难

创业者必须树立这样一个观点，即"企业是为解决顾客问题而存在"。著名管理大师法雷尔指出："制造满足顾客需要的产品和服务，永远是成功的秘诀。"为了创办盈利的新企业，识别机会的一个好办法就是倾听周围的人们对现有商品和服务的不满和抱怨。市场上销售的商品和服务总有这样或那样的问题：顾客认为商品的功能和性能不够完善、结构不够合理、样式呆板、颜色单一等或认为某种商品的售后服务不尽如人意，营销人员态度为顾客所不能接受等。人们所抱怨的每一个问题都可能意味着一个潜在的商机，越是难以解决的问题，带来的机会可能越有魅力。创业者如果能解决普通人抱怨的问题，关注社会特殊群体的困难，或者着力于为其他企业解决问题，也就找到了选择创业项目的途径。同样，创业者只要善于调查分析人们工作和生活中的困难，就不难找到合适的创业项目。例如，王码电脑公司的创始人王永民先生，就是为了解决人们工作台中汉字录入速度慢的困难，发明了五笔字型汉字输入软件，创业一举成功。

3. 进行市场细分

所谓市场细分，就是通过市场调研，依据消费者的需求特点、购买行为以及购买习惯等方面的差异，把某种商品的整体市场划分为若干个消费者群的一种市场分类方法。通过市场细分划分出的每个消费者群就是一个子市场。每个子市场都是具有相同或类似需求倾向的消费者构成的群体。因此，属于同一子市场的消费者对同一商品的需求极为相似，分属不同子市场的消费者对同一商品的需求存在着明显的差异。进行科学的市场细分，对创业者来说有利于发现市场机会，选定目标市场，确定创业项目；有利于集中人力、物力和财力生产经营适销对路的商品；有利于制订和调整市场营销策略。因此，进行市场细分是选择创业项目的直接渠道。

4. 分析热销商品背后隐藏的商机

所谓商品市场生命周期是指商品从投放市场到被市场淘汰所经过的时间。任何商品都有其市场生命周期，它可分为四个阶段，即投入期、成长期、成熟期、衰退期。当市场上某种商品走俏热销时，表明这种商品已经进入了成熟期。如果此时开始经营这种商品，往往以失败告终。创业者应以热销商品为导向，认真分析热销商品背后隐藏的商机，从而选定创业项目。例如，当看到市场上鸡蛋热销时，要学会分析预测鸡蛋热销背后隐藏的商机：一是马上会兴起养鸡热，二是当养鸡热兴起后，鸡饲料将会供不应求。因此，聪明的创业者既不去卖鸡蛋也不去养鸡，而是跳过这两个阶段去生产鸡饲料；这样当养鸡热兴起后，自然就会财源滚滚。所以，分析热销商品背后隐藏的商机是选择创业项目的一种较为聪明的途径。

5. 分析自身能力和经验

"走过的路上有黄金"，每个人的技术能力、工作经历、企业实践经验、爱好、社会交往和家庭背景对创业成功都有重要影响，很多人根据自己的经历、专长和经验选择创业项目。"选择项目首先是选择自己"，项目成败的决定因素是创业者的创业资格，也就是其知识、能力和经验。选择项目不仅是创业者主体对客体的选择，而且是对自身实力的考量。自身知识经验的积累、优势与强项、资源占有与构成决定了你对项目的适应能力与把握的程度。因此，面对商机，创业者要判断：哪些事情是不能做的，哪些事情可以长期做，哪些事情自己最擅长。创业者要从中找出自己最喜欢的、最有兴趣的、占有某些资源的、能够创造某种优势的项目，从而完成项目选择。因此，分析自身能力和经验是选择创业项目的根本途径。

二、创业项目选择的方法

创业项目选择方法实际上就是对项目评价的方法。目前，国内外常用的项目评价方法有：专家评价法、基于行业标准的项目评价法、层次分析法（AHP）、数理统计法、模糊评价法等。

1. 专家评价法

专家评价法是出现较早且应用较广的一种评价方法。它是在定量和定性分析的基础上，以打分等方式做出定量评价，其结果具有数理统计特性。其最大的优点在于，能够在缺乏足够统计数据和原始资料的情况下做出定量估计。专家评价法的主要步骤是：首先根据评价对象的具体情况选定评价指标，对每个指标均定出评价等级，每个等级的标准用分值表示；然后以此为基准，由专家对评价对象进行分析和评价，确定各个指标的分值，采用加法评分法、乘法评分法或加乘评分法求出各评价对象的总分值，从而得到评价结果。

专家评价的准确程度主要取决于专家的阅历以及知识丰富程度。这种方法要求参加评价的专家具有较高的学术水平和丰富的实践经验。专家评价具有使用简单、直观性强的特点，但其理论性和系统性尚有欠缺，有时难以保证评价结果的客观性和准确性。

专家评价法，一是根据评价项目的具体要求选定若干评价指标，二是根据评价指标订出评价标准，每个标准分别用 5 分、4 分、3 分、2 分、1 分记下，各专家将以此为标准分别给予一定的分值，最后以得分多少为序决定优劣。

2. 基于行业标准的项目评价法

项目与标准进行比较是目前国内使用较多的评价选择方法，经济评价主要是从现金流的角度对项目进行评价，从会计的角度来分析，实质上是以收付实现制为基础进行编制的。通常从回收期、净现值、收益率、内部收益率、获利指数、投资回收期等指标中选择一到两个指标加以计算，并与行业标准进行比较，来判别项目经济可行性，进而选择创业项目。

（1）净现值

净现值是反映投资方案在计算期内获利能力的动态评价指标。投资方案的净现值是指用一个预定的基准收益率（或设定的折现率），分别把整个计算期间内各年所发生的净现金流量都折现到投资方案开始实施时的现值之和。

$NPV = \sum (CI - CO) t (1 + ic) - t$ 式中，NPV 为净现值；$(CI - CO) t$ 为第几年的净现金流量；ic 为基准收益率；n 为投资项目计算期。

1）当 $NPV > 0$ 时，说明该方案在满足基准收益率要求的盈利之外，还能得到超额收益，该方案可行；

2）当 $NPV = 0$ 时，说明该方案基本能满足基准收益率要求的盈利水平，方案勉强可行或有待改进；

3）当 $NPV < 0$ 时，说明该方案不能满足基准收益率要求的盈利水平，该方案不可行。

（2）内部收益率（IRR）

内部收益率的实质就是使投资方案在计算期内各年净现金流量的现值累计等于零时的折现率。

$NPV (IRR) = \sum (CI - CO) t (1 + IRR) - t = 0$

当 IRR 大于等于基准收益率时，则方案或项目在经济上可以接受；当 IRR 小于基准收益率时，则方案或项目在经济上应予以拒绝。

（3）获利指数

获利指数（PI）是指投产后按基准收益率或设定折现率折算的各年净现金流量的现值合计与原始投资的现值合计之比。获利指数计算公式为

获利指数（PI）＝投产后各年净现金流量的现值合计/原始投资的现值合计

或为获利指数（PI）＝1＋净现值率

只有获利指数大于 1 或等于 1 的投资项目才具有财务可行性。

优点是可以从动态的角度反映项目投资的资金投入与总产出之间的关系；缺点是无法直接反映投资项目的实际收益率。

（4）投资回收期

投资回收期也称返本期，指以项目的净收益回收其全部投资所需要的时间，是反映投资回收能力的重要指标。

投资回收期分为静态投资回收期和动态投资回收期。

静态投资回收期是指在不考虑资金时间价值的条件下，以项目方案的净收益回收其总投资（包括建设投资和流动资金）所需要的时间。

投资回收期可以自项目建设开始年算起，也可以自项目投产年开始算起。

自建设开始年算起，投资回收期 P（以年表示）的计算公式为

$\sum (CI-CO) t=0$ 式中，Pt 为静态投资回收期；$(CI-CO)$，为第 t 年净现金流量。

将计算出的静态投资回收期与所确定的基准投资回收期进行比较：若静态投资回收期小于等于基准投资回收期，表明项目投资能在规定的时间内收回，则方案可以考虑接受；若静态投资回收期大于基准投资回收期，则方案是不可行的。

动态投资回收期是把投资项目各年的净现金流量按基准收益率折成现值之后，再来推算投资回收期。

动态投资回收期就是净现金流量累计现值等于零时的年份。

动态投资回收期的计算表达式为

$\sum (CI-CO) t (1+ic) -t=0$ 式中，P't 为动态投资回收期；$(CI-CO)$，为第 t 年净现金流量；ic 为基准收益率。

若动态投资回收期小于等于基准投资回收期时，说明项目或方案能在要求的时间内收回投资，是可行的；若动态投资回收期大于等于基准投资回收期时，则项目或方案不可行，应予拒绝。

3. 层次分析法（AHP）

层次分析法是美国著名运筹学家 Saaty 于 20 世纪 70 年代末提出的一种多层次权重解析方法，它是通过分析复杂系统所包含的因素及其相关关系，将问题分解为不同类型。层次分析所需的数据较少，能够克服一般评价方法要求样本点多、数据量大的缺点，使系统因素间的量化分析成为可能。目前，AHP 研究主要集中在权重的测算和模糊 AHP 两个方面。

4. 模糊综合评价法（FCE）

对于有着复杂特性的评价对象，评价者往往很难或无法直接给出所评价对象的量化结果，而模糊综合评价法以自然语言方式表达了信息的备制。并以数值计算方式处理了评价信息，从而为定性信息和定量信息提供了一种统一的表达预处理模式。由于模糊评价法具有坚实的数学基础和良好的结构概念和技术系统，因而应用广泛。目前，模糊综合评价法的研究主要集中于对定性客观问题的量化评价和评价方法本身的完善。

5. 数理统计法

与基于专家判断的主观方法不同，数理统计方法可以排除评价过程中人为因素的影响，是一种评价指标彼此相关程度较大的对象系统的综合评价。该方法给出的评价结果仅对方案决策或排序比较有效，并不反映现实中评价指标的真实重要性程度，使用时要求评价对象各因素要有具体的数据值。目前采用较多的是主成分分析（principal com ponent analysis，PCE）和因子分析（factor analysis，FA）等。

第三节　制订创业计划

当你选定了创业项目，在人力、资金、技术、信息、市场等方面都已有准备时，就必须提出一份完整的创业计划书。创业计划书是整个创业过程的重要一环，它能帮助创业者客观地分析创业的主要影响因素，使创业者保持清醒的头脑；一项比较完善的创业计划，可以成为创业者的创业指南或行动大纲；它不仅能让创业者明白自己的创业内容，坚定创业目标，而且兼具说服他人的功用。例如，创业者既可以用创业计划书去说服他人合资入股，也可以用来向风险投资家游说以取得创业投资基金。从这个意义上讲，一份优秀的创业计划书是创业者吸引资金的敲门砖和通行证。

一、创业计划的概念

1. 创业计划的含义

创业计划是对特定创业活动的具体筹划的系统描述。这种描述既包括特定创业活动的所有相关的外部条件，也包括特定创业活动的所有内部要素。

创业计划通常是各项职能计划如市场营销、人力资源计划等的集成，它将会回答这样的问题：我们现在在哪里，我们将要干什么，我们的目标是什么，我们将怎样实现这些目标等。创业计划不仅是企业融资的重要工具，而且是开展创业活动，提高成功率的重要手段。

2. 创业计划的类型

创业计划可以从不同角度区分为不同的类型，根据编写创业计划的目的、创业计划的结构和篇幅，大致可以分成以下四种类型。

（1）争取风险资金投资的创业计划

创业者申请风险投资时，可能已经建立一家公司，也可能是在得到风险投资后建立一家新公司。这类创业计划应该让风险投资人充分了解创业项目的商业价值、创业方案的可行性、创业团队的实力等，因此创业计划应包括以下内容：一是计划概述；二是产业背景和公司概述；三是市场调查和分析；四是公司战略；五是项目总体进度安排；六是关键风险和问题；七是管理团队的组成；八是企业经济状况；九是财务预测；十是假定公司能够提供的利益。

（2）争取他人合伙的创业计划

要争取他人合伙就必须将自己的创业思路告诉给他人，达到心理上的高度信任与沟通，这类创业计划一般包括以下八个部分：一是创业机会及其商业价值描述；二是新创企业拟提供的产品或服务以及可能的用户群；三是可能的市场竞争与拟采取的市场策略；四是可能的市场收益；五是可能遇到的风险及对策；六是希望别人以怎样的方式参与；七是将给新进入者哪些利益；八是有待与新进入者讨论的问题。

（3）争取政府支持的创业计划

某项商业化开发或产业化活动，如果符合政府产业政策，就有可能得到政府支持。为此，需要向政府有关机构提供可行性报告即创业计划。它一般应包括以下十个部分：一是总论；二是团队情况；三是产品的市场需求预测；四是项目的技术可行性；五是项目实施方案；六是投资估算与资金筹措；七是项目效益分析；八是项目风险及不确定性分析；九是关于项目可行性的综合结论；十是希望政府给予的具体支持。

（4）简略式创业计划

简略式创业计划又称为概括式创业计划，是一种比较简明、短小的计划，它包括企业的重要信息、发展方向以及少部分重要的辅助性材料。简略式计划的篇幅通常有 10～30 页。一般来说，简略式创业计划主要适用于以下情况：一是申请银行贷款；二是创业者享有盛名；三是试探投资商的兴趣；四是竞争激烈、时间紧迫。

二、创业计划的内容

编写创业计划时间的长短取决于创业者所具备的经验和知识的多少，也取决于创业者想达到的目标高低。无论所花时间是长是短，创业计划都应提供足够的信息，给潜在投资人或合作伙伴一个完整的蓝图，使他们对创业计划有足够的了解，同时也有助于创业者对创业活动有更深入的思考。事实上，创业计划是给自己设计创业目标和创业路线，是在给别人讲述自己未来的创业故事，故其虽有核心内容，但却无严格一致的格式与体例，关键是对评估者要了解的内容和问题有针对性。

1. 创业计划摘要

创业计划摘要应该使投资人或合作伙伴能够马上理解你的基本观点，快速掌握创业计划书的重点，然后做出是否愿意花时间继续读下去的决定。

如果摘要不能一下子抓住投资人的心，创业计划书后边部分写得再精彩，也没有用。所以，摘要的最主要的目的是刺激投资人的阅读欲望，使之看到你的创业计划书后有一种相见恨晚、爱不释手的感觉。因此，撰写摘要时，作者必须充满激情，满怀信心，正面阐述，让投资人或合作伙伴充分相信你的能力和判断。在摘要部分，应该重点向投资人或合作伙伴传达这样六点信息：一是你的基本经营思想正确，合乎逻辑；二是你的经营计划有科学根据和充分准备；三是你有能力管理好这个企业，你有一个强有力的领导班子和执行队伍；四是你清楚地知道进入市场的最佳时机，并知道什么时间适当地退出市场；五是你的财务分析符合实际；六是该计划确实可行，投资人不会把钱扔到水里。

2. 公司基本情况

对公司的所有介绍一定要简明扼要，使风险投资人用很短的时间即可对你的公司有一个概括的认识，从而做出一系列对你的正确判断。公司基本情况可以从以下五方面进行描述。

（1）业务性质

简要介绍公司所从事的主要业务，要求用尽可能的简短语句使风险投资人了解本企业的产品或服务。

（2）业务发展历史与展望

介绍公司成立于何时，第一次生产产品或提供服务是在什么时候，公司发展经历了哪几个重要阶段等。在介绍公司历史时，要着重介绍公司的形成过程。要回答创意源于何处，它是怎样进化的，谁是负责人等问题。在介绍你的发展阶段时，需要指出你所处的融资阶段。

按时间顺序描述公司未来业务发展计划，并指出关键发展阶段。让风险投资人了解风险企业未来五年的业务发展方向及其变动理由。在陈述公司目标时，要直截了当。

（3）公司组织结构

主要说明公司性质，如是股份制还是合伙制，公司注册地点、经营范围及公司全称。此外，还需说明本企业是否是一家有着分支机构的母公司。在公司拥有多家子公司或分支机构的复杂情况下，则应该用图表表示其法律关系，并在它们之间划上线条，写出公司所占股权的比例。

（4）供应商与合作者

主要介绍本企业生产所需原材料及必要零部件供应商。风险投资人通常会给名单中的部分或全部供应商打电话以确认该名单的真实性。

说明企业从产品生产到销售过程中的协作者或分包人。内容包括协作人名称、协作金额等，一般还需提供协作单位的地址及联系电话。

（5）专利与商标

对企业持有或将要申请的专利和商标进行描述。企业可以通过对专利与商标的描述来强调其独特性；或者在此列出企业的专利和商标清单，从而让风险投资人或合作伙伴自己来判断这种独特性。

3. 拟提供的产品或服务

创业者必须将自己的产品或者服务创意向风险投资人或合作伙伴作介绍，因为，在进行风险投资项目评估时，风险投资人必须知道公司生产并出售什么产品或者服务，以及产品或者服务能否适应市场的要求。

计划书应向风险投资人或合作伙伴展示下列内容：一是产品的名称、特征性能及用途；二是产品的研究开发过程；三是产品处于生命周期的哪个阶段；四是产品的市场前景和竞争力如何；五是产品的技术改进和更新换代计划及成本。

风险投资人在对产品或者服务的可销售程度和创新程度进行评估时，可能会提出下列问题。

- 你的产品或服务具有什么样的实用价值？
- 它能为用户提供什么样的功能？
- 它的生命周期有多长？
- 有无新产品开发计划作为储备？
- 市场上是否已经或即将有同类产品或服务？
- 与其他同类产品或服务相比，你的产品与服务是否具有独特性？
- 你对产品或服务的知识产权保护将采取哪些措施？
- 你的产品或服务的价格弹性多大？
- 当产品质量出现问题，你将如何与顾客妥善解决而不致影响公司声誉？

为说明上述问题，有时候需要附上产品的样本或样品。但一定要实事求是，绝不能随意夸大而做出不切实际的承诺。

那么，如何做到让风险投资商或合作伙伴对你的产品或服务充满信心呢？这就要对产品或服务做以下描述。

（1）产品或服务说明

解释你的产品或服务的创新性，把它与竞争对手进行比较。重点是要避免技术细节并且使解释尽可能简洁；解释你的产品（服务）能完成的功能，顾客应该认清它的哪些价值。要重点解释你的产品在竞争中具有的优势；把你摆在顾客的位置去评价你的产品（服务）存在的优点和缺陷，对竞争者的产品（服务）也做出同样的分析。要重点强调你所拥有的技术壁垒或提供有效的专利技术证明以表示你可以防止别人的盗用和模仿。

（2）产品或服务价格

主要对本企业的产品或服务做出准确描述，包括每一个产品的价格、价格形成基础、毛利及利润总额等内容。要重点注意该产品定价反映的是不是竞争条件下的价格走势？定价如此之高是不是因为你能抵御来自降价方面的压力？

（3）产品或服务特性

主要解释你的技术创新和你的产品在竞争中具有的优势。如果仍有发展中尚未解决的问题，确信在你的计划中讨论过对付它的办法。取得特殊产品（服务）的合法准入许可是另一种风险。应在计划中说明你现在已经取得了什么执照，或者你是否正在申请之中和将要申请等；解释生产过程如何进行，设备怎样取得；限定生产能力及任何扩张方案，以及取得目标市场份额和需求的必要投资。

（4）顾客

什么人使用你的产品或服务？其使用目的是什么？他们为什么会购买你的产品或服务？是因为价格还是因为其他方面的考虑？要重点列出本企业产品的前三名主要买主及其购买金额与他们的每批购买量。

4. 行业和市场分析

（1）确定目标市场

企业产品只是在其中的某一个细分市场上销售。因此，在对产品市场容量进行描述时，要避免将行业市场容量当成企业产品市场容量来描述。一个经典的例子是，一家准备生产计算机软盘驱动器的企业，在其创业计划书中将整个软盘驱动器市场界定为其产品市场。但实际上，和这种驱动器配套的软盘生产厂家不止一家，而其产品只占有 10% 左右的市场份额。很明显，在这个例子中，这家企业对其产品市场的界定夸大了。创业者应该懂得，风险投资人非常想知道风险企业产品的市场容量及市场渗透度，因此，必须全面了解自己从事的领域。确定目标市场时，市场细分不宜过细，企业要保证有足够大的目标市场，以使企业能够盈利。

（2）行业和市场分析

投资人或合作伙伴是不会因一个简单的数字就相信你的计划。因此，需要对公司将要进入的行业和市场进行分析，以便估计你的产品（服务）真正具有的潜力，使潜在的投资人能够判断公司目标的合理性以及他们将承担的风险。

首先，要找到有助于你分析的信息，既可以利用互联网、报纸、期刊、市场研究、专论、行业导向、贸易团体、政府机构、行业协会等资源，也可以向专家请教。在即将与被访者见面前，应预先准备简单的问题单，以便提高访谈效率，同时也使别人更愿意和你进行交谈。

其次，集中讨论焦点，解决关键问题。这些问题有以下几个方面。

• 该行业发展程度如何？现在的发展动态如何？

• 创新和技术进步在该行业扮演着怎样的角色？

• 该行业的总销售额有多少？总收入为多少？回报率有多少？

- 经济发展对该行业的影响程度如何？政府是如何影响该行业的？
- 竞争的本质是什么？你将采取什么样的战略？
- 进入该行业的障碍是什么？如何克服？
- 你的细分市场是什么？你为什么这样细分市场？你的目标顾客群是什么？
- 你的粗略的 5 年生产计划、收入和利润估计是多少？
- 每一个细分市场的规模对生产量的要求如何？增长率如何？潜力有多大？
- 你拥有多大的市场？你的目标市场份额为多大？你对每个细分市场的现在和将来的盈利估计、利润增长估计怎样？潜力有多大？
- 你都有些什么样的假定？
- 你将怎样赢得哪样的顾客？
- 让顾客购买你的产品（服务）的关键性因素是什么？
- 运用怎样的分销渠道？
- 每个分销渠道都应获得怎样的目标顾客群？

5. 企业生产

在这一部分，创业者应尽可能把新产品的生产制造及经营过程展示给风险投资人或合作伙伴。其主要内容包括新产品的生产经营计划、公司现有的生产技术能力、品质控制和质量改进能力、现有的生产设备或者将要购置的生产设备，购置生产设备的成本以及现有的生产工艺流程等。

另外，生产产品、工艺改进的有关情况，劳动力和雇员的有关情况，原料采购和供应商的有关情况，生产资金的安排计划，相应的厂房、土地等规划情况等，计划书中都要尽量详细介绍，以便为投资项目估值创造条件。

介绍企业生产时，具体应从以下七个方面进行。

（1）生产特征

介绍生产特征需要回答以下几个主要问题。

产品生产过程及生产工艺复杂、成熟与否？是否需要员工具有特殊生产技能？生产过程中哪几个环节最为关键？生产所需的零部件种类繁多，还是只有少数几种？哪一种或哪几种最为关键？产品实际附加值有多高？

（2）生产设备

介绍生产设备应主要从四个方面进行：一是详细介绍本企业已有或打算购买的主要设备，二是概要说明固定资产总额及可变现价值，三是说明使用现有设备能达到的产值和产量，四是设备采购周期。本部分要说明企业设备采购的难度、企业设备的复杂程度和设备运转有无技能方面的特殊要求、设备是否具有专用性等，为风险投资人或合作伙伴提供翔实信息。

（3）厂房及基础设施

对厂房的介绍主要描述企业所拥有的房地产或租用的办公室和厂房，指出厂房的面积大小和单位面积价格、相关固定资产和生产设备等。风险投资人或合作伙伴需要通过本部分判断现有厂房和生产设施能否满足风险企业增长的需要。如果厂房在较短时间内就需要搬迁，则会损害企业的持续快速增长。基础设施方面主要介绍水电供应、通信、道路等配套设施的情况。

（4）生产方案

生产方案将主要阐述以下几个问题。

你正在计划什么样的生产过程？你的生产量将有多大？你需要什么样的生产工具？你需要什么稀有材料？你将从第三者手中购买什么原料、部件或服务？你的单位生产能力有多大？产量的扩张需要多大成本？在短期内你如何调节你的生产量？生产中你的存货有什么类型？你计划如何管理存货？在计划中有怎样的质量检测手段？你需要什么样的人力资源？你的成本结构是什么类型？

6. 管理团队

人才是创业中最为重要的资源要素。创业能否成功，最终取决于企业是否拥有一个强有力的管理团队，因为，企业管理的好坏直接决定着企业生产和市场经营状况。风险投资人或合作伙伴将会对管理团队给予特别关注。因此，本部分要概述创业者及其团队主要成员的相关知识、专业、特长和技能，注明以往获得的成就，特别要强调成员的专业分工以及承担工作的能力和经验，强调团队的优势互补和团结协作，说明团队有能力和信心建立并做大做强企业。

7. 财务计划

该部分主要完成预编资产负债表、预编利润表和预编现金流量的编制工作。预编财务报表是在创业者所收集的有关市场、消费者、竞争对手、产品研发、运营以及企业其他方面信息的基础上，对新企业财务进行的预测。预编损益表分析新企业的盈亏账目；预编资产负债表显示企业的财务结构，使投资者或合作伙伴能够进行财务比率分析。一般情况下，要计算出月度或至少是季度的企业损益表，并至少按季度估计出企业的资产负债表。当编制预编财务报表时，创业者要注意两点：一是在损益表中列示的盈亏账目估计值极大地依赖于创业者对销量的估计。因此，准确的财务报表主要取决于准确的市场估计。二是在损益表中列示的盈亏账目估计值也极大地依赖于准确的成本估计。由于人们天生倾向于低估成本，所以大多数创业者在此陷入了困境。由于销售量通过产生成本的活动如广告或雇用人员等来实现，财务报表中预计销售量的任何增长都伴随着成本的上升。

8. 风险分析

在编写商业计划书时，要尽量全面地分析出企业可能面临的风险、风险大小以及创业者将来采取何种措施来避免风险或者在风险降临时以何种行动方案来减轻损失，其目的在于分析当情况背离你的预期时发生错误的可能性。创业者描述的是风险投资人投资风险企业将要面临的主要风险，所有风险都应一一列出，主要阐述的问题如下所述。

（1）你的企业面临着哪些基本风险？

（2）你将采用何种措施来应对这些风险？

（3）当强大的竞争对手进入，你将如何应对挑战？

（4）你的业务薄弱环节在哪里？

（5）超出预期成本怎么办？

（6）行业不利趋势有哪些？你将如何应对？

（7）你将可能遇到哪些外界干扰？

（8）核心人才出现流失现象怎么办？

三、制订创业计划的过程

制订创业计划的过程比创业计划书更为重要，创业计划书一般只是非正式的内部工作文件，只有当创业计划被用来获取外部融资时，它才成为"卖出文件"。创业计划就像一张行车图，而制订过程就像是绘地图，决定了自己在哪儿，要去哪儿。一张好的地图可以增加准确到达目的地的可能性。制订创业计划需要解决创业现状分析、创业目标分析和创业手段分析三个基本问题。

1. 分析创业现状

（1）拟提供的产品或服务

创业计划首先要解决创业企业的产品、技术或服务的定位问题，也就是说明企业准备提供什么产品、技术或服务，能在多大程度上解决现实生活中的问题，能否帮助顾客节约开支、增加收入等。因此，产品介绍是创业计划书中必不可少的一项内容。产品介绍的内容主要有：产品的概念、性能及特性，主要产品介绍，产品的市场竞争力，产品的研究和开发过程，发展新产品的计划和成本分析，产品的市场前景预测，产品的品牌和专利等。

产品介绍既要详细准确，又要通俗易懂。通常要附上产品原型、照片或其他介绍。一般的，产品介绍必须回答以下几个问题。

1）顾客希望企业的产品能解决什么问题，顾客能从企业的产品中获得什么好处？

2）企业的产品与竞争对手的产品相比有哪些优缺点，顾客为什么会选择本企业的产品？

3）企业为自己的产品采取了何种保护措施，企业拥有哪些专利、许可证，或与已申请专利的厂家达成了哪些协议？

4）为什么企业的产品定价可以使企业产生足够的利润，为什么用户会大批量地购买企业的产品？

5）企业采用何种方式去改进产品的质量、性能，企业对发展新产品有哪些计划等。

产品介绍内容比较具体，因而写起来相对容易。虽然夸赞自己的产品是推销所必需的，但应该注意，企业所做的每一项承诺都是"一笔债"，都要努力去兑现。创业者和投资家所建立的是一种长期合作的伙伴关系，空口许诺，只能得意于一时。如果企业不能兑现承诺，不能偿还债务，其信誉必然要受到极大的损害，创业将难以成功。

（2）顾客需求预测

创业所选择的产品和服务必须来自于真实的生活，能够满足社会大众的多样化需求。创业之初一般要根据顾客的现实需求，选择一些传统产品或服务，以保持企业的稳定和持久，而不是开发新产品，创造新需求；一般要选择市场规模足够大的项目和产品，也就是该市场中产品有足够大的市场空间，包括足够大的地域空间，足够大的消费人群，足够大的消费量。这个规模和量要达到足够获利，足够达到你的心理预期的程度。

首先，创业企业必须进行市场预测，而市场预测首先要对需求进行如下预测。

1）市场是否存在对这种产品的需求？

2）需求程度是否可以给企业带来所期望的利益？

3）新的市场规模有多大？

4）需求发展的未来趋向及其状态如何？

5）影响需求都有哪些因素？

其次，深入分析你准备提供的产品或服务的顾客需求。

1）能否辨别并正确地进入细分市场？

2）现在的顾客对自己的产品或服务满意吗？

3）市场组合有什么优点和缺点？

4）能否找到和现在的顾客群相似的更多顾客？

5）是否在向一个利基市场出售产品或服务？

再次，市场预测还要包括对市场竞争的情况——企业所面对的竞争格局进行如下分析。

1）市场中主要的竞争者有哪些？

2）是否存在有利于本企业产品的市场空白？

3）本企业预计的市场占有率是多少？

4）本企业进入市场会引起竞争者怎样的反应，这些反应对企业会有什么影响？

在创业计划书中，市场预测应包括以下内容：市场现状综述、竞争厂商概览、目标顾客和目标市场、本企业产品的市场定位、市场区隔和特征等。由于创业企业所面对的市场，变幻莫测、难以捉摸，市场预测必须建立在严密、科学的市场调查基础上，尽量扩大收集信息的范围，重视对环境的预测和采用科学的预测手段和方法。市场预测不是凭空想象，对市场错误的认识是企业经营失败的最主要原因。

（3）内部环境分析

创业企业内部环境分析至关重要，如果不能清楚地认识自身优势与劣势，市场机会再好，也不能取得成功。通过内部环境分析，创业企业就可以在产品或服务选择、生产管理和市场营销活动中扬长避短，充分发挥优势，克服或避开劣势，取得市场中的有利地位。创业企业内部环境主要包括制造能力、营销能力、盈利能力、抗风险能力、组织能力、发展能力等因素，企业可以根据自身情况对该部分进行增减。创业计划书对创业企业内部环境进行分析，至少应解决以下几个问题。

1）自己的目标是什么？

2）自己的优势和劣势是什么？

3）公司的员工和设备怎么样？

4）自己善于领导和交流吗？

5）对公司发展来说至关重要的东西是什么？

（4）市场机会与威胁

创业企业在不断变化的市场环境中经营，环境的变化既有可能为企业带来市场机会，也可能带来挑战与威胁，因此，制订创业计划需要分析环境变化的影响方向与影响程度。机会分析是指企业通过外部环境分析，找出有利于企业营销活动的因素，并具体分析其影响程度和成功的可能性的过程；威胁分析指企业通过外部环境分析，找出不利于企业营销活动的因素，并具体分析其影响程度和成功的可能性的过程。创业计划书应阐明以下问题。

1）消费者的品位是否发生了变化？

2）市场是否在成长？

3）将来可能影响你的社会、政治、经济、法律和技术环境是否发生了变化？

4）竞争者进入你所在的行业难易程度如何？

5）自己有新产品或新的服务项目的想法吗？

2. 分析创业目标

（1）确定创业宗旨

创业者是想要一种生活方式还是想努力获取企业成长？对于企业而言，创业宗旨是企业追求的基本使命。创业者在制订自己的计划书时必须明确自己的创业宗旨。例如，星巴克的创始人舒尔茨拥有非常远大的个人志向，那就是建立一家庞大、知名而又利润丰厚的企业，从而改变美国人开始一天新生活的方式。为此，他为公司确立了明确的使命：成为一家把意大利咖啡吧文化带到美国的公司；供应最优质的咖啡；拥有一个重视员工的组织。因此，他并不满足于简单地在西雅图开几家咖啡店，他最终的目的是要成为麦当劳式的连锁帝国。

（2）确立具体目标

目标就是创业征途上的里程碑，它能告诉创业者要到哪里去，并在达到目标时让创业者知道。制订创业计划书的活动在很大程度上是围绕着目标展开的，目标一旦确定，就应着手制订实现目标的方案和采取的行动。创业计划书设定的目标必须是定量的、有时间限制的，并且是可以实现的。它们可以作为有效的判断标准来评价自己的表现。比如说，一个具体的目标可以是实现10％的利润增长，最小资本回报率达到15％等。

3. 分析创业手段

（1）制订创业战略

企业竞争战略一般分为差异化战略、成本领先战略和集中战略三种类型。差异化战略要求企业具有强有力的市场开拓能力、创新能力、产品驱动能力和各部门有效协调能力；成本领先战略要求企业具有严格的成本控制、强大的工艺驱动能力、有效的分销渠道和程式化的组织机构；集中战略是指主攻某个特殊的顾客群、某产品线的一个细分区段或某一地区市场。

制订创业计划，就应明确创业战略。对于独立创业型新创企业而言，其技术和市场尚不成熟，也没有实现大规模的生产，但同样需要在技术研发和市场开拓上投入大量资金以获得市场上的竞争优势，而过分追求成本领先战略会使企业绩效下降（Shrader & Simon，1997）。相对于成熟的公司支持型新创企业，独立创业型新创企业具有完全的独立性。公司经理人可以面对市场的变化，灵活地改变自己的竞争策略。因此，独立创业型新创企业一般应具有良好的快速反应能力，但由于缺乏资源，所以应避免和大公司直接竞争，采用差异化战略，以此推动有效的创业成长。而对于公司二次创业或成熟公司新创企业则可以根据本企业的实际情况采用成本领先战略或者集中战略。

（2）制订营销计划

为了完成创业计划所规定的任务和目标，必须制订出市场营销计划，构造一个一致的连贯的营销组合，以明确如何把产品或服务卖给不同的顾客。在对市场营销环境进行充分调研的基础上，以年度为时间单位，制订市场营销计划，主要内容包括以下八部分。

1）内容提要，即市场营销计划的开头部分，这是对主要营销目标和措施的简要概括说明。

2）当前营销状况，即对产品当前营销状况的简要明确分析。

3）风险与机会，即对企业营销环境中的有利和不利因素进行分析。

4）目标和课题，在分析市场营销活动现状和预测未来机会与威胁的基础上，确定本期的营销目标和所要解决的课题，这是市场营销计划的核心内容。

5）营销策略，为了达到营销目标，必须采取一定的途径或手段。这些途径或手段就是营销策略，包括目标市场的选择和市场定位策略、营销组合策略、营销费用策略。

6）营销活动程序，要做些什么？何时开始，何时完成？由谁负责？需要多少费用？按上述问题为每项活动编制出详细程序，以便执行和检查。

7）营销预算，包括预算收入、支出和利润。

8）营销控制，对市场营销计划执行过程的控制称为营销控制，一般是将计划规定的目标和预算按月分解，随时督促检查，并根据市场变化作出相应修正。

（3）制订财务规划

财务规划包括现金流量表、损益表以及资产负债表的制备。流动资金是企业的生命线，企业在初创或扩张时，对流动资金要有预先周详的计划和进行过程中的严格控制；损益表反映了企业的盈利状况，它是企业在一段时间运作后的经营结果；资产负债表则反映在某一时刻的企业状况，投资者可以通过资产负债表得到的比率指标来衡量企业的经营状况以及可能的投资回报率。

财务规划一般包括两方面内容：一是创业计划书的条件假设；二是预计的资产负债表、预计的损益表、现金收支分析、资金的来源和使用等。财务规划是对创业计划书的支持和说明，它对于通过风险评估、获得风险资金十分关键。如果财务规划做不好，会给投资者以企业管理人员缺乏经验的印象，降低风险企业的评估价值，同时也会增加企业的经营风险。制订好的财务规划需要区分两种情况：一是为一个新市场创造一个新产品；二是进入一个财务信息较多的已有市场。着眼于一项新技术或创新产品的创业企业不可能参考现有市场的数据、价格和营销方式。因此，需要自己预测所进入市场的成长速度和可能获得的利润，并把它的设想、管理队伍和财务模型推销给投资者。而准备进入一个已有市场的风险企业则可以很容易地说明整个市场的规模和改进方式。风险企业可以在获得目标市场信息的基础上，对企业头一年的销售规模进行规划。

企业财务规划应保证和创业计划书的假设相一致。事实上，财务规划和企业的生产计划、人力资源计划、营销计划等密不可分。要完成财务规划必须明确下列几个问题。

1）产品在每一个期间的发出量有多大？

2）什么时候开始产品线扩张？

3）每件产品的生产费用是多少？

4）每件产品的定价是多少？

5）使用什么分销渠道，预期的成本和利润是多少？

6）需要雇佣哪几种类型的人？

7）雇佣何时开始，工资预算是多少？

4. 撰写创业计划

对初创企业来说，创业计划书的作用尤为重要，一个酝酿中的项目往往很模糊，通过制订创业计划书，把正反理由都书写下来，然后再逐条推敲，就会对创业计划形成清晰的认识。创业计划书不仅要把计划中创立的企业推销给创业者自己，而且要给投资者以充分的信息并使投资者激动起来。撰写创业计划书应做到以下五点。

（1）关注产品和敢于竞争

在创业计划书中，应提供所有与企业产品或服务有关的细节，包括企业所实施的所有调查。这些问题包括：产品正处于什么样的发展阶段？它的独特性怎样？企业分销产品的方法是什么？谁会使用企业的产品，为什么？产品的生产成本是多少，售价是多少？企业开发新的现代化产品的计划是什么？把投资者拉到企业的产品或服务中来，这样出资者就会和创业者一样对产品感兴趣。在创业计划书中，创业者应尽量用简单的词语来描述每件事——商品及其属性的定义对创业者非常明确，但其他人却不一定清楚它们的含义。制订创业计划书的目的是不仅要使出资者相信企业的产品会在社会上产生革命性影响，而且要使他们看到企业证明它的论据。

在创业计划书中，创业者应详细分析竞争对手的情况。竞争对手都是谁？他们的产品是如何工作的？竞争对手的产品与本企业的产品相比，有哪些相同点和不同点？竞争对手所采用的营销策略是什么？要明确每个竞争者的销售额、毛利润、收入以及市场份额，然后讨论本企业相对于每个竞争者所具有的竞争优势，要向投资者或合作伙伴展示，顾客有理由偏爱本企业的产品：本企业的产品质量好、定位适中、价格合适、送货迅速等。创业计划书要使它的读者相信，本企业不仅是行业中的有力竞争者，而且将来还会是确定行业标准的领先者。

（2）了解市场

创业计划书要向投资者或合作伙伴提供企业对目标市场的分析结果。其中包括经济、地理、职业以及心理等因素对消费者选择购买本企业产品行为的影响分析，以及各个因素所起作用的分析。同时，创业计划书应包括一个主要的营销计划，计划中应列出本企业打算开展广告、促销以及公共关系活动的地区，明确每一项活动的预算和收益，阐述企业的销售战略：企业是使用外部的销售代表还是使用内部职员？企业销售是依靠转卖商、分销商还是特许商？企业将提供何种类型的销售培训等。

（3）展示你的管理队伍

将商业创意转化为一个成功的风险企业，关键是有一支强有力的管理队伍。

管理者就是要通过计划、组织、指挥、协调和控制，以实现企业创业目标。因此，管理队伍的成员必须有较高的专业技术知识、管理才能和丰富的工作经验。在创业计划书中，应首先描述整个管理队伍及其职责，再分别介绍每位管理人员的特殊才能、特点和造诣，细致描述每个管理者将对公司所作的贡献。同时，要提出管理目标和组织机构图，以使你的创业管理队伍在投资者或合作伙伴面前得到充分展示。

（4）表明行动方针

创业计划书应明确提出创业者为了实现创业目标应采取的行动和遵循的方针，使行动计划无懈可击。所以，创业计划书应该明确下列问题：企业如何把产品推向市场？如何设计生产线？如何组装产品？企业生产需要哪些原料？企业拥有哪些生产资源，还需要什么生产资源？生产和设备的成本是多少？企业是购买设备还是租赁设备？并解释与产品组装、储存以及发送有关的固定成本和变动成本情况。

（5）出色的计划摘要

计划摘要是创业计划书的点睛之笔，它是计划书的最后一部分内容，但却是阅读者首先要看的内容。一份好的计划摘要就像一本书的封面，能够让读者产生兴趣并渴望得到更多的信息，并留下长久的印象。投资者或合作伙伴将从计划摘要中了解与筹集资金最相关的细节：对公司内部的基本情况，公司的能力以及局限性，公司的竞争对手，营销和财务战略，公司的管理队伍等情况的简明而生动的概括。这对于创业者成功融资至关重要。

思考与实训

1. 写一份你的创业计划书。
2. 尝试参与创业大赛。

第十章 大学生创业企业建立

22 岁大学生的创业故事

2005 年 9 月，个性独立的黄更灿离开福建老家，来到沈阳师范大学国际商学院，开始了自己的大学生涯。大一下学期，黄更灿看到有同学敲开寝室门上门推销，这让他萌生了推销的念头。福建的运动鞋很便宜，他通过朋友帮忙，以每双 70 元钱的价格订购了 24 双。鞋子运到之后，他开始敲开陌生同学的寝室门，以 100 多元的价格推销手中的运动鞋。

无论黄更灿将运动鞋说得如何好，到了最后，还是一双也没卖出去，这让他的心里很难受。大二上学期，黄更灿想组织高考状元给高三应届生做讲座，他帮助联系前后期的策划，并且从中收取讲座的门票钱。由于这些想法还不成熟，最后都没有实现。大三上学期，黄更灿当上了学生会主席，通过参加学校各方面的活动让他结识了很多领域的人，先前那些不成熟的想法又都突然跳了出来。

学生会里有很多优秀的学生干部，黄更灿想把这些人才整合组成团队，有了这个想法，通过和大家交流后，以校园传媒为经营范畴的团队正式成立了。黄更灿介绍，团队专业从事校园媒体开发项目，"例如，一些企业在校园内的营销活动，我们公司作为承办单位，需要负责做好校园内的策划和宣传工作。"黄更灿说。

最初，黄更灿的团队只有 6 个人，学校方面对他们的自主创业也很支持，并提供了场地供他们办公。黄更灿清晰记得第一个订单是某公司在校园内的选秀活动，他的团队作为承办单位，需要将前期后期的策划活动做好，因为不知道市场上的价格，此次活动只收取了很少的费用。"通过这次选秀活动，我才知道，以校园传媒为经营范畴，我们的团队有着很大的发展前景，只是，我们在想法和能力上还有一定的欠缺。"黄更灿说。

大三下学期，很多公司来学校搞活动，自然也就找到了黄更灿的团队，而作为一个团队，当对方要求拿出一些合法手续时，突然点醒了黄更灿。回去和团队商量后，包括黄更灿在内的 4 个股东集资 10 万元钱注册了正规的公司——沈阳后天文化传播有限公司。黄更灿说，一个核心团队是非常重要的。

创业思考

发展的步伐要加快一些

现在，黄更灿是大四的学生，他的团队成员也都是优秀的在校生。经过注册改革后，他的团队已经扩大到 18 个人。年龄最大的 25 岁，最小的 20 岁。

作为公司执行董事的黄更灿一直想把他的团队做成品牌团队，"我们发展的步伐要加快一些，要有影响力，在校园内建立一个品牌活动，是我们公司目前奋斗的最大目标。"黄更灿说。

目前，黄更灿的公司已经出现了盈利状态，客源不断，回头客也在不断地增加，谈到公司未来的前景，黄更灿充满着信心。

黄更灿总是有很多想法，也迫不及待地想把这种想法付诸实践。他最大的愿望是能够引进更多的资金，在东北地区的几百所高校内设办事处，让校园传媒进驻更多的学校。

第一节 企业的人员组成

每个员工都对企业的成功起作用。要认真对待雇用员工的问题，要考虑员工的职责，懂得如何安排他们的工作。在这一节中，你将学习有关员工的挑选、工作安排和组织管理方面的知识。

一、企业人员的组成

新创办的企业规模不大，一般由下列人员组成。

业主本人、企业合伙人（有的不需要）、员工等。

1. 业主本人

在大多数小企业中，业主就是经理。只有业主（经理）可以行使以下职责。

- 制订目标和行动计划。
- 组织和调动员工实施行动计划。
- 确保计划的执行，使企业达到预期的目标。

在计划开办新企业和制订企业计划时，要考虑自己的经营能力，要明确哪些工作可以由自己去做，哪些工作是你既没能力也没时间去做的。如果需要请一个经理，就考虑他应具备的能力和经历。

向其他有经验的业主请教，看看他们是如何管理企业和员工的。

2. 企业合伙人

如果企业不止一个业主，这些业主将以合伙人的身份共享收益、共担风险。他们将决定彼此如何分工合作。也许一个人负责销售，另一个人管采购，还有一个人抓管理。

要管理好合伙制企业，合伙人之间交流一定要透明和诚恳。合伙人之间意见不一致往往会导致企业的失败。因此，有必要准备一份书面合作协议，明文规定各自的责任和义务（合伙企业必须有合作协议，否则办不到营业执照）。

3. 员工

如果没有时间和能力把全部的工作包下来，就得考虑请员工，至于请几个员工，完全根据企业的具体情况而定，本着节约的原则应尽量少请人。

在招聘员工时，必须考虑以下几个问题。

• 根据企业的实际情况，打算请几个人？做什么工作7

• 招聘时，要详细说明所需的技能和要求。

• 付给员工月工资是多少？以及各种福利待遇等。

最好对每个岗位制订一个工作职责，以便更好地管理每个员工，这也是实行奖惩制度，提高员工工作积极性的主要依据。

第二节　选择一种企业的法律形态

当确定了自己企业的人员组成以后，就必须为自己的企业选择一种企业形态。为此，要了解不同的企业法律形态的特点。

一、我国民营企业主要的法律形态

我国民营企业主要的法律形态包括股份有限公司、有限责任公司、中外合资企业、中外合作企业、乡镇企业、股份合作制企业、合伙企业、个人独资企业、个体工商户、农村承包经营户等。

各类企业法律形态特点如表10-1所示。

表 10－1　各类企业法律形态特点

企业形态	业主数量与注册资金	成立条件	经营特点	利润分配与债务责任
个体工商户	业主是一个人或是一个家庭 无资本数量限制	业主只要有相应的经营资金和经营场所就可以了	资产属于私人所有，自己既是所有者又是劳动者和管理者	利润归个人或家庭所有，由个人或家庭经营的，以其个人或家庭资产对企业债务承担无限责任
个人独资企业	业主是一个人 无资本数量限制 公务员不能从事	投资者是一个自然人，有合法的企业名称，有固定的生产经营场所和必要的生产经营条件，有必要的从业人员	财产为投资人个人所有，业主既是投资者又是经营管理者	利润归个人所有，投资人以其个人资产对企业债务承担无限责任
合伙企业	业主为两个或两个以上的人 无资本数量限制 不能以权力入股	有两个以上合伙人，并且都依法承担无限责任，有书面合伙协议，有合伙人的实际出资，有合伙企业的名称，有经营场所和从事合伙经营的必要条件	依照合伙协议，共同出资，合伙经营，共享收益，共担风险	合伙人按照合伙协议分配利润，并共同对企业债务承担无限连带责任
有限责任公司	由 50 人以下的股东组成；注册资本以生产经营或批发为主的不少于 50 万元，以商品零售为主的不少于 30 万元，以科技开发咨询服务为主的不少于 10 万元	股东符合法定人数　股东出资达到法定资本最低限额　股东共同制订公司章程　有公司的名称，建立符合有限责任公司要求的组织机构　有固定的生产经营场所和必要的生产经营条件	公司设立股东会、董事会和监事会，并由董事会聘请职业经理管理公司经营业务	股东按出资比例分配利润，并以出资额为限承担有限责任

续表

企业形态	业主数量与注册资金	成立条件	经营特点	利润分配与债务责任
中外合作企业	投资人至少包括一个中方投资者和一个外方投资者。无特殊的注册资本限制，是有限责任公司形式的，注册资本按有限责任公司的规定执行	申请设立合作企业，应当将中外合作者签订的协议、合同、章程等文件报请国务院对外经济贸易主管部门或者国务院授权的部门和地方政府审查批准。无具体人数和注册资本限制	企业设置董事会，依照合作企业合同或者章程规定，决定合作企业的重大问题，中外合作者的一方担任董事长或主任，由另一方担任副董事长或副主任	中外合作经营企业按照合作合同分配利润，并以其全部资产承担债务责任
中外合资企业	投资人至少包括一个中方投资者和一个外方投资者。属于有限责任公司形式的，注册资本按有限责任公司的规定执行	申请设立合资企业，应当将中外合资者签订的协议、合同、章程等文件报请国务院对外经济贸易主管部门或者国务院授权的部门和地方政府审查批准，并符合有限责任公司的设立条件。外国合营者的投资比例一般不低于25%	合营企业设董事会，人数由投资各方协商，中外合资者的一方担任董事长，由另一方担任副董事长，正副经理由合营各方分别担任	股东按出资比例分配利润，并以出资额为限承担有限责任

二、小企业最常见的法律形态

小企业最常见的法律形态有个体工商户、个人独资企业、合伙企业、有限责任公司等。

选择不同的企业法律形态将会对企业有不同的要求。如注册资金、业主的风险责任、办理相关手续的难易程度、贷款的难易程度、企业的决策程序和利润所得等。

选择一种企业法律形态时要考虑的因素主要有：企业的规模、行业类型和发展前景、业主或投资者的数量、创业资金的多少、创业者的观念等。如果不清楚可以咨询工商管理部门或劳动就业部门。

• 如果准备开办的企业规模较小，投资人较少，资金较少，所有风险由自己一个人承担，那么就可以选择比较简单的企业形式，如个体工商户或合伙企业。

• 如果准备开办的企业规模较大，投资人比较多，需要的资金较多，为避免较大的债务风险，可以选择有限责任公司这种企业形式。

•如果能争取到国外的投资者，享受外商投资的有关优惠政策，则可以考虑选择中外合作企业或中外合资企业这种企业形式。

•如果有其他的合伙人，则可以选择合伙企业、有限责任公司等企业形式。

•如果所选择的是科技含量高、需要大量投资的企业，则可以选择有限责任公司或股份有限公司等企业形式。

当你准备开办企业时，应选择适当的企业法律形态。不同的企业法律形态具有不同的特点，最常见的是个体工商户、个人独资企业、合伙企业和有限责任公司等。注册企业之前可以到相关部门咨询，如工商部门或劳动部门。如果要开办一家规模较大或结构复杂的企业最好聘请一位律师帮助。

选择企业法律形态既要考虑企业规模、业务特点，也要考虑创业者的价值观念。

第三节　制订创业计划书

一位风险投资家曾有这样的经验："如果你想踏踏实实地做一份工作的话，写一份商业计划能迫使你进行系统的思考。有些创意可能听起来很棒，但是当你把所有的细节和数据写下来的时候，也许自己就崩溃了。"因此，你必须制订一份完整的创业计划书。

为了帮助你写好创业计划书，笔者在本节提供一份 SYB 创业计划书的样本。

一、完成你的创业计划书

制订创业计划书一定要考虑周全，尽量写详细一点，它应该包含以下内容。

1. 创业项目的描述和产品或服务特点

必须描述所要进入的是什么行业，卖什么产品（或服务），谁是你的客户，所属产业的生命周期是处于萌芽、成长、成熟还是衰退阶段。还有，你的企业是独资还是合伙形式，打算何时开业等。

需要描述你的产品和服务到底是什么，有什么特色，你的产品跟竞争对手有什么差异，如果并不特别，顾客为什么要买你的产品。

2. 市场调查

这一步非常重要，是确认自己创业项目的主要依据，对市场前景、顾客需求、竞争对手等有多少了解？确定产品或服务的市场定位、特点等；对价格的制订、地点的选择以及销售和促销方式等方面是否考虑成熟？

3. 人员组成和企业管理

要考虑现在、半年内、未来三年的人事需求，并且具体考虑需要引进哪些专业技术人才、全职或兼职、薪水如何计算、所需人事成本等。

中小企业 98％的失败来自于管理的缺失，其中 45％是因为管理缺乏竞争力，而且没有明确的解决之道。因此，一定要制订出科学的管理机制。

4. 财务状况和风险评估

创办企业的目的就是盈利。创业计划的这部分就是要通过测算销售量、销售额、成本和利润等，来反映企业的效益和启动资金的需求量。

创办企业不仅有来自竞争对手的风险，还有自然灾害风险、人员伤害风险、进出口汇总的风险等，因此，要提出风险应对方案。

5. 发展规划

开业后打算怎么做，三年后又如何做，这也是创业计划书所要提及的内容。企业是要能持续经营的，所以在规划时要尽量做到多元化和全球化。

6. 附件

申请哪种营业执照、产品或服务项目、价格表、岗位责任等。

可以围绕以上内容自由表达，不必局限于格式，重要的是梳理你拥有的资源、表达真实的想法，而不是完成一篇引人入胜的文学作品。对于不同类型的企业，可以采用不同类型的格式来写创业计划，只要能按照上面的要求写好就行。当你向银行申请贷款时，可能会需要提供这方面的资料。

二、企业能否开业

这是对将要开办的企业作最后一次审核，要回头慎重地考虑走过的每一步，要问问自己如下问题。

是否确认自己选择的企业类型是你熟悉的行当？

是否有足够的资金来办企业？

有没有足够的信心和能力？

有没有足够的时间和精力来管理好自己的企业？

你的企业能否赚钱？

最后，再请几位你的好朋友帮助一起审核，听听他们的意见，看看他们提出的问题是否有道理？

三、制订行动计划

通过反复审核，你现在已经决定要创办自己的企业了，接下来要为自己制订一份详细的行动计划，要想清楚有哪些工作要做，先做什么？后做什么？由谁去做？什么时间完成？把要做的所有事情——列在纸上。如选择营业场所；筹集启动资金；装修营业场所；接通水电、电话、网络线路；办理企业登记注册手续；购买或租用机器设备；添置工具和办公设备；招聘员工；制订企业规章制度和岗位职责；购买原材料或进货；宣传企业等。

要做的事情有很多，不要浪费时间，行动计划能够帮助你有效地完成任务。

一份详细的创业计划书汇集了创业者所需的全部信息，它是一份非常重要的文件，它能使你把自己的企业构想在变为现实之前有一次纸上谈兵的机会。

完成了创业计划书之后，还要反复推敲，最好请几位志同道合的朋友帮忙一起参考参考，最终决定是否开办企业。

一旦决定了开始创业，你就会有很多的事情要做，要精心安排你的行动计划，将所有要办的事情列在纸上，按照时间的顺序有条不紊地按时完成。

第四节　办理相关证照与开业

当完成了自己的创业计划书，并确认自己将要创办的企业可以生存下去，接下来就要到相关部门去办理相关证照。所有企业主都要遵守国家的法律法规，企业只有登记注册了，才能受到国家相关法律的保护。在开办和经营企业的过程中，必须遵守国家的税法、企业法、劳动合同法、环境保护法等法律法规。

一、法律和责任

国家为了使所有的公民和企业在公平和谐的环境中竞争和发展，制订了各类法律法规。它们是规范公民和企业经济行为的准则，具有权威性、强制性、公平性。依法办事是公民和企业的责任。

作为企业主，不必了解相关法律的所有内容，只要知道哪些法律中的相关内容和新办的企业有关就够了。要知道法律不仅对企业有约束的一面，也对企业有保护的一面。遵纪守法的企业将赢得客户的信任、职工的依赖、政府的支持，甚至赢得竞争对手的尊重。

与新办企业相关的法律有企业法、民法通则、劳动合同法、会计法、税收法、产品质量法、环境保护法、消费者权益保护法等。

二、工商行政登记和应缴税费

根据我国法律规定，新办企业必须经工商行政管理部门核准登记，发给营业执照并获得有关部门颁发的经营许可证（如工商证、税务证、卫生证、健康证、特种行业许可证等）。营业执照是企业主依照法律程序申请的，它规定了企业的经营范围、法人代表、注册资金、有效时间等内容。企业只有领取了营业执照，才能开展各项业务活动。

所有企业都要依法纳税。与企业和业主相关的税种主要有营业税、个人所得税、企业所得税、增值税、消费税等。

国家对生产流通环节征收的税种叫流转税，对分配环节征收的税种统称所得税。这是最基本的两个税种。

毕业 2 年以内的普通高校毕业生自主创业，凡从事个体经营（除建筑业、娱乐业以及销售不动产、转让土地使用权、广告业、房屋中介、桑拿、按摩、氧吧等外）的，自其在工商部门首次注册登记之日起 3 年内免收 26 项行政事业性收费（如表 10—2 所示）。

表 10—2　江西省从事个体经营有关人员 3 年内免收行政事业性收费项目一览表

序号	征收部门	收费项目
1	劳动保障部门	职业技能培训和考核收费
2		劳动能力鉴定费
3		职业介绍求职登记费
4		个人委托保存人事关系和档案费
5	税务部门	税务登记证工本费
6	质量技术监督部门	统一代码证书费
7		计量器具检定费
8		锅炉、压力容器检验费
9		一般劳动防护用品检验费
10	交通部门	交通部门公路运输经营许可证工本费
11		道路运输证工本费
12		船舶登记费
13	建设部门	城市排水设施有偿使用费
14		城市占道费
15	工商部门	个体工商户注册登记费（包括开业登记、变更登记、补换营业执照及营业执照副本）
16	农业部门	渔业船舶登记或变更登记费
17	水利部门	河道堤防工程修建维护管理费
18		防洪保安资金
19	体育部门	体育市场经营许可证工本费

续表

序号	征收部门	收费项目
20	卫生部门	健康合格证工本费
21		行政执法卫生监测费、卫生质量检验费
22		预防性体检费
23		预防接种劳务费
24	文化部门	娱乐场所审核合格证工本费
25		网络文化准营证工本费
26	民政部门	民办非企业单位登记费（含证书费）

个人所得税和增值税的计算如下：

1. 个人所得税的计算方法

个人所得税起征点自 2008 年 3 月 1 日起由原来的 1600 元提高到 2000 元。

个人取得的工资、薪金所得，是指个人因任职或者受雇而取得的工资、薪金、奖金、年终加薪、劳动分红、津贴、补贴以及与任职或受雇有关的其他所得。工资、薪金所得项目税率表如表 10－3 所示。

表 10－3　工资、薪金所得项目税率表

级数	全月应纳税所得额	税率（%）	速算扣除数（元）
1	不超过 500 元的	5	0
2	超过 500～2000 元的部分	10	25
3	超过 2000～5000 元的部分	15	125
4	超过 5000～20 000 元的部分	20	375
5	超过 20 000～40 000 元的部分	25	1375
6	超过 40 000～60 000 元的部分	30	3375
7	超过 60 000～80 000 元的部分	35	6375
8	超过 80 000～100 000 元的部分	40	10 375
9	超过 100 000 元的部分	45	15 375

例：王某当月取得工资收入 4000 元，当月个人承担住房公积金、基本养老保险金、医疗保险金、失业保险金共计 1000 元，费用扣除额为 2000 元，则王某当月应交纳个人税所得额为 4000－1000－2000＝1000 元。应纳个人所得税税额：1000×10％－25＝75 元。

2. 增值税计算方法

在征收管理上分为一般纳税人和小规模纳税人，在规定标准以上即从事货物生产或提供应税劳务的纳税人年销售额 100 万元以上或从事货物批发或零售的纳税人年销售额在 180 万元以上，经申请审批后认定为一般纳税人，一般纳税人基本税率为 17％或 13％，有权领购使用增值税专用发票和按规定取得进项税额的抵扣权。小规模纳税人按 6％的征收率征收，不能领购增值税专用发票，不得抵扣进项税额。

增值税应纳税额的计算如下。

我国现行增值税采用购进扣税法，根据纳税人的不同情况实行不同的计税方法。应纳税额计算的一般方法为

$$应纳增值税税额＝当期销项税额－当期进项税额$$

3. 小规模纳税人应纳税额的计算

小规模纳税人销售货物或应税劳务，按照销售额和税法规定的 6％和 4％的征收率计算应纳税额，不得抵扣进项税额。计算公式如下：

$$应纳税额＝销售额×征收率$$

小规模纳税人在销售货物或应税劳务时，只能开具普通发票，取得的销售收入均为含税销售额。而增值税为价外税，因此，必须将含税销售额换算为不含税销售额后才能计算应纳税额。小规模纳税人不含税销售额的换算公式如下：

$$不含税销售额＝含税销售额÷（1＋征收率）$$

4. 进口货物应纳税额的计算

纳税人进口货物，按照组成计税价格和规定的税率计算进口环节应纳的增值税税额，不得抵扣任何税额。组成计税价格和应纳税额的计算公式如下：

$$组成计税价格＝关税完税价格＋关税$$

属于征收消费税的进口货物，还需在组成计税价格中加上消费税。公式如下：

$$组成计税价格＝关税完税价格＋关税＋消费税$$
$$应纳税额＝组成计税价格×税率$$

三、尊重职工的权益

企业竞争力的一个关键因素就是员工的素质和积极性。在劳动力流动加快和竞争加剧的形势下，优秀的劳动者越来越成为劳动力市场上争夺的重要资源。所以新开办的企业一开始都要特别重视以下三个方面的问题。

1. 与劳动者订立劳动合同

劳动合同是劳动者与企业签订的确立劳动关系、明确双方权利和义务的协议。订立劳动合同对双方都产生约束，不仅保护劳动者的利益，也保护了企业的利益，它是解决劳动争议的法律依据。所以，绝对不能嫌麻烦或为了眼前的利益而逃避签订劳动合同。

劳动合同应当具备以下条款。

- 用人单位的名称、住所和法定代表人或者主要负责人。
- 劳动者的姓名、住址和居民身份证或者其他有效身份证件号码。
- 劳动合同期限。
- 工作内容和工作地点。
- 工作时间和休息休假。
- 劳动报酬。
- 社会保险。
- 劳动保护、劳动条件和职业危害防护。

一般当地劳动部门都有统一格式的标准合同，要严格按照劳动合同法签订。

2. 要保护劳动者的安全

对员工要加强生产安全教育，要防止工伤事故和职业病的发生，要尽量改善劳动环境和生活条件，不能超过劳动合同法规定的加班时间，加班工资应按规定加倍补偿。加强企业文化建设，善待员工。

3. 劳动报酬和社会保险

员工的工资不能低于本地区劳动部门规定的最低工资标准，必须按时以货币形式发放，不能拖欠员工工资。应给员工按时足额缴纳社会保险等费用（如养老、医疗、失业、工伤、生育等）。

四、风险转嫁

经营一个企业总会有风险。为了减少突发事件（如盗窃、水灾、火灾等）给企业带来的损失，企业主最好为自己的企业购买一定的商业保险。企业可以根据自己的情况决定如何来买保险，主要有财产险和人寿险两大类。

五、开业

鞭炮一放正式开业。接下来要做的事情实在太多，既要忙于生产，又要急于销售，还要担心资金是否能正常运转。你会发现，这要比在纸上做计划复杂得多。你将遇到许多意想不到的事情，要根据情况灵活处理。不断积累经验，学习新的东西。

1. 企业的类型不同，经营模式也不一样

对于零售商店来说日常工作就是进货、销售、存货、记账和管理好店员等；此外，还要考虑进什么样的货、哪些货好销、采取什么手段促销等都是必须考虑的。

对于服务行业来说每天的工作就是招揽生意，热情服务，保证服务质量，加强宣传力度，采购原材料，控制赊账确保资金流量，控制成本，管理好员工等。

对于制造企业来说控制生产成本，保证产品质量，推销你的产品，增加产品种类，扩大生产能力，采购原材料，组织好生产等。

2. 不论属于哪种类型的企业，以下的工作都是必不可少的

购买原材料、库存、运输、保证质量、控制成本、制订价格、加强宣传、销售产品或提供服务、业务记录、管理好员工等。一定要诚实守信。

特别是在创业初期，你会遇到各种预想不到的困难，要千方百计地解决经营过程中出现的问题，把全部精力投身到企业中，要有坚强的意志，相信一分耕耘就有一分收获，成功是属于辛勤的劳动者。

切记企业的成功是由所有员工的整体业绩带来的。如果员工的技能不足、积极性不高、配合不当，即便有一个好的企业构想，最终也无法实现。所以要尊重每个员工，要重视对员工的培训和激励。同样的要尊重客户，热情为他们服务，如果没有顾客，任何企业都无法生存下去。

目前，虽然国家出台了一系列鼓励大学生自主创业的优惠政策，但是大学生创业之路异常艰难。大学生创业成为当前就业"热"中的"冷"选择。少数人的成功和多数人的失败表明大学生创业还有很长的路要走，需要政府和社会的指导、扶持、保护，使优惠政策真正落到实处，建立一条有效引导青年创业、有利于培养创业人才的"绿色通道"是当务之急。

思考与实训

1. 如果你开办的是一家生产性企业，应如何开展市场调查的？

2. 对于服务性行业，市场调查又是怎样开展的？它与生产性企业有什么异同点？

3. 对你计划要开办的企业进行启动资金预测。

4. 对你的企业进行销售预测、制订利润和成本计划。

5. 评估你的企业现金流量计划。

6. 当你学完了创业培训的全部内容之后，并确认自己已具备了自主创业的基本条件，就可以根据自己选择的行当，完成创业计划书。

第十一章　大学生创业管理

　　他，曾经是一个贫困的大学生；他，上大学不久就靠当家教赚取学费；他，从大学一年级就开始创业；他，曾经因为办"黑班"被撵得东躲西藏；他，如今已经成为拥有千万元资产的企业家。他叫胡忠伟，1976年生于沈阳市苏家屯区一个普通的农民家庭，1994年考入沈阳大学。1995年，家境贫困的胡忠伟在当家教打工的时候，发现了儿童英语培训的巨大商机。他利用业余时间创业，用3000元办起了仅有20名学员的"小学馆儿童美语班"。如今，小小的英语培训班，已经发展成为拥有固定资产上千万元、员工400余人的教育集团。在许多人眼里，胡忠伟的创业简直就是一个奇迹。不名一文的大学生，大学一年级下海创业，9年拼搏成为千万富翁，胡忠伟的创业经历是如此的神奇，以至于有人惊呼他简直就是"沈阳的比尔·盖茨"。

第一节　大学生创业财务管理

　　企业经营活动所必需的劳动力、生产资料和信息资源都需要用资金去购买，企业运作的各项开支都必须由财务来安排，企业最终的经营效果也必须体现为资金的使用效果。企业能否成长或生存下去，财务问题是最直接的核心要素之一。加强会计核算与财务管理，对于保证企业健康发展，充分发挥潜力，增强竞争力，抵御风险具有重要的意义。

　　创业者对财务管理的认识容易产生两种偏差，一种认为创业初期没什么好管理的，将财务管理视为"记账"，只要有一个会计、一个出纳就可以了；另一种认为财务管理的重要性只有完整的财务组织架构才能实现，必须创建庞大的机构，制订繁琐的规章和财务信息流动渠道。这两种认识都没有领会到初创期财务管理的特殊性和重要性。

　　初创企业由于规模小，其财务管理的内容相对于大企业较为简单。如何构建初创企业的财务管理，将从财务会计制度、财务机构设置、资金管理、固定资产管理、成本管理等几个方面阐述。

一、财务制度的建立

企业要逐步建立完整的财务制度体系，一般财务制度包括：资金管理制度、固定资产管理制度、存货管理制度、成本费用管理制度、财务预算制度、财务分析管理制度等。但初创企业不可能在短时间内完成财务制度的建立，没有精力也没有足够的经验，但随着企业逐渐步入正轨，走上正常的经营道路，财务制度是要不断完善的。

在初期，企业可引荐其他企业的制度，结合自己的实际情况，着重建立报销制度，规定哪些项目可以报销，哪些项目不可以报销，规定报销的审批程序；建立资产管理制度，加强资产控制和营运管理，对日常用品规定领用登记办法，规定固定资产保管办法；建立现金和银行存款的管理，主要是规定现金和支票的领用和管理办法；应收账款管理制度，应收账款过多往往造成企业流动性不足，资金周转不灵，形成企业风险，因此必须设立管理制度，制订专人进行管理；成本分析制度，建立成本费用明细账，作成本分析与成本控制；同时还要建立工资制度、福利制度等。

二、财务机构和人员设置

财务部门的职责在于认真贯彻执行国家有关的财务管理制度，建立健全企业内部各种财务制度，编制财务计划，进行经营核算管理，加强财务分析，合理使用资金，检查监督财务纪律。

初创期，企业规模较小，财务部门的设置至少应当有三个岗位。

财务部门负责人，负责总账、明细账、结账、财务报表、业务情况分析、财务状况分析、财务计划，此岗位也可由创业者或者创业团队中有一定专业技能的人担任。

会计，负责收入、费用、税金、固定资产、应收账款等明细账及总账的登记工作，负责编制财务报表及纳税申报，负责日常费用报销，负责账实清查工作，负责公司各部门和内外部项目的成本核算工作，为相关部门和人员提供项目成本，核算基础信息，负责公司财务印鉴的保管工作等。

出纳，负责银行存款、现金日记账的登记与对账工作，负责支票的保管工作，编制银行存款余额调节表，审核现金收付凭证等。

三、流动资产管理

研究表明，许多初创企业在 1 年内就倒闭的直接原因是因为财务管理不善，应收账款中的坏账太多，存货积压，频频发生流动资金短缺问题。在创业初期，将流动资产问题提高到任何高度都不为过，这是创业者真正的生命线。流动资产的管理包括货币资金、应收及预付款和存货的管理。

1. 货币资金管理

货币资金是指企业（事业）暂时停留在货币形态上的资产，分为现金、银行存款和其他货币资金（在途资金）。

（1）企业应加强对货币资金的管理，严格执行国家现金管理制度和结算制度，接受银行监督。配备专职人员负责货币资金的收付结算、保管和核算工作。

（2）一笔资金收付业务不能自始至终由一个人办理，即任何一笔资金收付业务的发生和处理，都应做到申请、审批、支付、记账、复核等分别有专人负责，以起到相互牵制和制约的作用。

（3）按照内部控制原则对货币资金收入和支出的流程作出合理规定。即具体而明确地规定发生货币资金收付业务时，在业务部门、会计、出纳等各环节之间，应该如何填制审核，传递有关凭证、登记账簿等。

（4）货币资金支付使用的印鉴不能由一个人保管，必须由财务部门负责人（或指定专人）与出纳人员各自保管一种。

（5）货币资金收入应立即入账，现金应及时解缴银行，货币资金支出应有正当的审批手续，货币资金应经常或定期进行盘点与核对。

（6）企业不得保存账外公有货币资金，不得将公有货币资金以个人名义存入银行储蓄机构和账外现金等各种形式的账外货币资金，一经发现严肃处理。

（7）及时、正确地进行货币资金核算，如实反映货币资金收入、支出和结存情况，加强货币资金收支凭证的审核，保护货币资金的安全。

2. 应收及预付款管理

企业为扩大商品销路而对买方所提供的一种商业信用，允许买方在收取货物或接受劳务后一定时期内付清款项，包括应收票据、应收账款和其他应收款等，通过这种方式，企业可以争取客户，拓宽销路，增加销售收入。但是，应收账款也会增加企业的成本和风险，存在着到期不能收回的风险，将使企业因资金不能及时收回，影响生产周转而发生损失。因此，企业应建立系统的日常管理工作，采取保护措施，避免和降低这种风险，应做到以下几个方面：

（1）建立购货单位的信用记录，使应收款项进入信用管理。有条件的企业在内部应设立专管客户商业信用的部门或人，对其购货内容、金额、信用期履行情况等建立明细记录。

（2）企业应加强会计核算，对于已发生的应收款项或预付账款均要及时登记，并设置相应的明细记录账，指定专人管理，定期与客户核对，保护这些款项的完整性。

（3）监督应收账款的回收。企业应实施应收账款回收情况的监督、核对和催款工作制度化。针对发生的应收及预付账款时间有长有短，设置专人专职催款，并视逾期的不同情况采取不同的收款政策，鼓励催款人员积极清欠，努力促使货款及时足额地回收或减少到最小的资金损失。

（4）企业对于个别逾期客户，在多次上门索讨无效果的情况下，可请仲裁机构或提请诉讼，用法律手段保全资金。

（5）企业按现行企业财务制度，建立坏账损失准备金，以备弥补发生的无法收回的，应收款项。

3. 存货管理

存货是企业在生产经营过程中为耗用或销售而储备的实物资产，包括材料、燃料、低值易耗品、在产品、半成品、产成品、协作件以及外销商品等。存货的增加需要企业投入资金，企业必须承担这部分资金的成本和由于市场变化而使存货贬值带来的风险。所以，在存货管理中一定要降低存货占用的成本和风险，提高存货的收益能力。存货的日常管理要注意以下几点：

（1）企业存货的转移、收发、领退都应由仓库保管人员填制入库、出库、调拨单，并由经办人员和有关部门签字后办理入库、出库、调拨手续。

（2）企业财务部门按期到仓库进行稽核，将单据带回财务部门对存货进行核算。

（3）企业内部由于不同业务部门对于存货管理有着不同的要求，财务部门要及时了解，妥善处理，使之相互和谐，达到企业存货总体优化。

（4）企业存货的清查盘点是财务管理一项重要的基础工作，应定期或不定期进行盘点清查。但年度终了应进行一次全面的盘点清查，以确保企业存货做到账实相符，真实反映企业存货的实际情况。

（5）企业存货清查盘点出现的盘盈、盘亏、毁损和报废，按财务制度规定，应计入管理费用中。

四、预算管理

预算管理是一套行之有效的综合性企业管理方法，它将事前预测、事中控制和事后分析相结合，将企业的整体目标在部门之间有规划地进行分解，实现对企业业务全过程的管理，实现对企业各部门的协同管理，以提高企业的经济效益，实现企业的经营目标。财务预算要以效益预算和现金流量预算为中心，提高精度，加大财务预算执行情况的考核力度，发挥预算的事前控制作用。

处于初创期的企业，由于规模小和管理不规范的原因，不能设立预算委员会、预算会计等职能机构与岗位，但对于初创企业，预算管理又是非常重要的，需要对有限的资源进行合理分配，因而创业者或者创业团队成员，在没有专职人员进行预算管理时，要对此项工作进行专门的检查。一般预算管理分为三个步骤。

1. 预算的编制

编制预算的方法主要有零基预算、弹性预算、概率预算、滚动预算等。零基预算是指在编制预算时，对所有的预算支出均以零为基底，从实际需要与可能出发，逐项审议各种费用开支的必要性、合理性以及开支数额的大小，从而确定预算成本的一种方法。弹性预算是在成本习性分析的基础上，分别按一系列可能达到的预计业务量水平编制的能适应多种情况的预算。概率预算是以现代概率论原理为基础，对预算变量的多种可能结果进行分析、调整编制的预算。滚动预算是指在预算执行的过程中自动延伸，使预算期始终保持1年，每过1个月份，立即在期末增列1个月份的预算。

每月各部门对资金收支情况进行预算，总经理或者其他企业负责人确认预算合理以后，财务部门对企业的预算进行汇总，形成全企业的资金使用总预算。预算是建立在对企业业务情况的一定假设基础上的，而企业的实际业务情况不一定能在假设范围内，特别是初创企业员工对业务并不熟悉，意外情况比较多，因此各部门有时需要根据业务发展态势调整本月预算。

2. 预算的执行和控制

公司对预算的执行情况采用双轨制进行记录，即对每一笔支出，需要财务人员填制凭证，在总账子系统中自动登记总账和明细账。同时，经手人都必须填写"申请领用支票及申请付款工作联系单"，并在预算范围内控制使用。如果出现超支的行为，需要向企业负责人进行汇报，及时分析原因，并予以处理。

3. 预算的考评

月末对资金费用使用汇总，随后将汇总表和预算进行比较，找出两者的差异，并进一步分析差异形成的原因，而且事后的差异分析为各部门的业绩考核提供了依据，企业的奖惩制度有了实行的基础。

五、固定资产管理

企业固定资产实行由使用部门、管理部门、财务部门分工负责的原则，使用部门、管理部门负实物的直接管理责任，财务部门负核算和监督、检查的管理责任。各部门职责如下。

1. 使用部门

建立和贯彻固定资产的使用、保管责任制度；建立台账或卡片，及时反映固定资产的增、减变动等情况，做到账（卡）物一致；正确使用固定资产，做好维护保养；定期进行清查盘点，并提出盘点报告。

2. 管理部门

建立健全分管固定资产的账（卡），做到分管、使用、财务三账一致，账、卡、物一致，并按期填报有关的业务报表；正确及时办理增值、转移、调拨、报废等手续；对使用部门进行固定资产的维护、管理和使用情况的检查和指导；定期组织清查盘点，处理盈亏报废，提出盘点报告；负责编制分管固定资产的大修理计划；健全档案资料，组织编号钉牌。

3. 财务部门

负责本企业固定资产的统一核算，建立健全固定资产的核算凭证和账卡，正确填报有关会计报表；办理固定资产增值、转移、调拨、盈亏报废等的财务手续；正确计提折旧；组织并参与管理部门的清查盘点工作。

六、成本管理

优胜劣汰是竞争的基本法则。企业要生存、求发展，就必须苦练内功，采取各种措施降低成本，以低于竞争对手的成本进行生产经营，企业才能在竞争中立于不败之地。因此，现代企业管理必须更加关注成本，成本管理方法也必须更加科学。

成本管理是企业在生产经营过程中对各种资源耗费的规划、控制、监督和分析的过程。在收入一定的情况下，企业成本水平的高低直接决定了利润的高低，也决定了企业产品在市场上的竞争力，因而加强成本管理，是企业制胜的关键。在知识经济条件下，成本管理的内容不只局限于产品的制造过程，而在产品的研究开发、销售、售后服务以及职工培训等环节也存在着成本管理。

一般成本管理的程序是：公司各部门编制成本计划；财务部门对成本计划整理修正；各部门根据成本计划对基础人员进行培训；基础人员对基础数据进行收集、记录、计量；财务部门对基础数据进行成本核算、分析；各部门进行成本预算、控制。

初创企业的规模一般较小，无法以规模取胜，其成本管理是要避开大规模企业，以技术、创新、管理取胜。以技术创新促进成本管理，获得长期成本竞争优势，不断通过技术创新，在产品质量、款式、性能和工艺装备上不断改进，以保持成本领先。采用作业成本管理思维，使成本持续性降低。作业成本观念是根据企业在产品的设计、试制、生产、销售、管理等不同阶段，对成本发生原因进行分析，使得成本计算更具有客观性，也使得成本管理更具针对性。

七、筹资管理

企业筹集资金主要有三个目的：满足生产经营活动对资金的需求；满足企业对外投资发展的需要；进行资金结构的调整和资本结构的优化。企业筹集资金渠道是多种多样的，如举债、发行股票、租赁融资等，可划分为两大类：所有者权益性筹资和负债性筹资。

筹资管理的关键是决定各种资金来源在总资金中所占的比例，即确定资本结构。在决定了公司的资本结构后，筹资管理就应选择最佳的途径筹集所需资金，从而用最低的成本筹集到企业所需的资金，提高资金的使用效果，使筹资风险和筹资资本相配合。

大部分学生创业公司受外部环境及其自身能力的制约，筹资渠道较单一，其筹资管理一般不要考虑企业股票和债券的发行，更多需要考虑的是所有者权益性筹资和短期经营资金的筹集。需要注意的是，在筹资过程中，要注意资产结构，如果以短期借款购买资产或进行长期性投资，则大大增加了资金成本和财务风险。

八、投资管理

企业投资一般可分为两个方面：一方面是将资金投向企业内部用于购置存货，提高应收账款数额，购置固定资产和无形资产，进行企业内部资产结构和规模的调整和配置，目的是维持企业的正常经营与发展，称为企业内部投资；另一方面是将资金投放到外部，在金融市场上购买股票、债券或直接投资进行联营、兼并、收购活动，目的是为企业闲置的资金寻找出路，称为企业外部投资。无论企业将资金投向外部还是内部，企业投资的总目标是一致的，即调整投资结构，降低投资风险，提高投资效益。

内部投资是企业生存和发展的关键，投资项目的选择是否合理，能否取得效益，影响到企业的生死存亡。企业购买设备，进行厂房新建和扩建，固定资产的更新与技术改造等，投资规模比较大，具有较大的风险性。但固定资产又是企业从事生产经营活动的物质基础，企业只有事先对固定资产投资项目的可行性进行科学的预测和论证，对不同的投资方案进行比较以选择最佳的投资方案，才能回避固定资产投资的风险，提高固定资产投资效益。

初创企业的投资一般为内部投资，只有企业发展到一定规模，经营步入正轨，闲余资金较多，资金流稳定时，才会进行外部投资。无论是外部投资还是内部投资，对自身实力进行分析是十分重要的，包括财务实力分析、管理素质分析、企业经营周期分析，应量体裁衣，选择合适自身的投资方案。

九、财务分析

财务分析亦称财务报表分析，是运用财务报表的有关数据对企业过去的财务状况、经营成果及未来前景的一种评价。财务分析的主要内容是会计报表分析、财务比率分析和预算分析。不论是静态的资产负债表还是动态的损益表与现金流量表，它们所提供的有关财务状况和经营成果的信息都是历史性的描述。财务报表上所列示的各类项目的金额，如果孤立起来看是没有多大意义的，必须与其他金额相关联或相比较，才能成为有意义的信息，供决策者使用。

企业一定要加大财务分析工作的力度，在真实反映业务的财务状况（会计报表）的基础上，增加综合指标的分析内容，进行好企业偿债能力分析、盈利能力分析、资产结构分析、现金流量分析等，强化财务分析预警功能，为企业决策提供全面的、高质量的财务依据。财务部门要建立科学、全面的经济活动分析系统，定期、不定期地提供生产经营分析和统计资料，尤其对收入、成本、利润、资本保值增值、资本收益的解缴、绩效考核指标、资金动态等方面，建立科学的分析表格和提供及时的分析资料。

第二节 大学生创业营销管理

如果说创业者的事业心和创新精神是创业企业的发动机，那么创业营销就是传动装置和车轮。所谓创业营销，就是创业企业家凭借创业精神、创业团队、创业计划和创新成果，获取企业生存发展所必需的各种资源的过程，它实际上是一种崭新的创业模式。

而对于大学生创业者而言，由于既缺乏资金和社会关系，又缺乏商业经验，所拥有的只是创业激情和某种新产品的原始构思或某种新技术的初步设想，因此，要获得成功，除了勇气、勤奋和毅力外，还必须依赖于有效的创业营销来支持创业的成功。

一、创业营销的四个阶段

大学生创业营销一般需要经历四个阶段：创意营销阶段、商业计划营销阶段、产品潜力营销阶段和企业潜力营销阶段。

1. 创意营销阶段

最初，创业者萌发一种创业冲动或创业构想，但这种冲动或构想还停留在大脑中，创业企业家必须将其转变为一个清晰的概念或开发出某种产品原型或技术路线，才能与其他人进行沟通交流。

创意营销阶段面向的主要对象是团队的其他成员。因为一个人很难精通创业过程中需要的所有技能，也不一定拥有创业所需的关键资源，因此，创业者需要寻找志同道合者组成创业团队。优秀的团队是成功创业的关键因素，团队成员最好在信念、价值观和目标等方面基本一致，又具有献身共同事业的强烈愿望，而且在资源、技能、经验、个性和思维模式等方面具有互补性。在视美乐案例中，邱虹云成功地吸引了王科，王科又找到了徐中，3 个人志同道合，而且知识背景和特长也正好互补，相得益彰。

因此，在创意营销阶段的关键是要形成有吸引力的创业构想，以吸引志同道合、有能力的创业团队成员参与共同创业。

2. 商业计划营销阶段

创业团队形成之后，就要围绕创业构想着手撰写详尽的商业计划。通过商业计划吸引投资者尤其是风险投资家的注意并获取风险投资。成功的商业计划除了要有概念上的创新外，重要的是进行现实的、严谨的市场调研和分析。如果商业计划营销获得成功，创业团队获得了风险资金，就可以正式建立创业企业，进行商业化的新产品开发。

这一阶段表面上营销的是创业企业的商业计划，实际上也是对新产品和创业团队的全面检验。在视美乐案例中，邱虹云等 3 人与 30 多家企业进行了投资谈判，在创业团队组成 2 个月后就获得了风险投资，这在很大程度上得益于他们的产品概念的独特性、创业团队的优良结构、创业者的清华背景、踏实的商业计划书以及当时良好的市场环境。

3. 产品潜力营销

当创业企业获得资金支持后，便致力于新产品或新技术的开发，当商业化的新产品开发出来之后，创业企业就需要大量的投资来进行产品的批量生产和大规模销售。

由于创业企业一般难以获得银行贷款或供应商的支持，而且也缺乏丰富的商业关系和经验，因此它需要再次从外部投资者那里获得支持。这时外部投资者最好是企业的战略投资者，他们不仅可以带来资金，更重要的是还能带来管理经验和商业关系，为将来的公开上市做准备。战略投资者看重的是产品的市场潜力、企业的技术能力以及营销能力。创业企业如果能够吸引战略合作伙伴的加入，就可以利用新资金将新产品大规模推向市场。视美乐在 2000 年初开发出可以商业化的产品，由于产品比较有市场潜力，2000 年 4 月．获得了澳柯玛的战略投资。在澳柯玛的协助下，视美乐产品在 2001 年初得以正式上市。视美乐在产品研发上的投资不到 300 万元，而在大规模生产和市场推广上的投资则达到了 3000万元。

而吸引战略投资者会带来一个重要的问题，即多数战略投资者会控制创业公司的多数股权，这是很多创业者与投资者双方谈判的焦点。

4. 企业潜力营销

在多数情况下，新产品上市后并不能迅速盈利。但是如果创业企业要迅速地扩张，则可以寻求公开上市的方式以获得快速扩张所急需的资金，同时也使风险投资家得以顺利退出。公开上市可以打通创业企业从资本市场获取资金的渠道，它是创业阶段的结束，也是规范经营阶段的开始。在视美乐的案例中，由于中国目前还没有为创业企业开辟二板市场，因此他们暂时只能通过其他途径来获得资金，通过降低发展速度来确保盈亏平衡。

二、创业营销陷阱

在创业初期，如果创业企业的创意、商业计划等没有得到科学论证，那么可能会对创业企业的未来发展带来很大的隐患。因此，在创业初期要防止以下的创业营销陷阱。

1. 错误的创意

信息技术的发展使得技术的扩散速度不断加快，新的产品和技术创意层出不穷，而且理论家们也发明了各种行之有效的创意方法，如头脑风暴法、类比法等。但真正有价值的创意首先必须由创业激情来推动，并发展成明确的产品或技术概念，而不是纯粹的理论上的创意，即，创意不仅要具有创新性，还要有坚实的技术基础和市场基础。例如，有家企业在 2000 年成立时想成为中国的亚马孙，但中国当时并不具备亚马孙创业时的环境条件，这家企业当然不会成功。

尤其对于大学生创业而言，由于缺乏对市场的实际调查，许多有创新性的创意虽然在理论上是可行的，但是并不一定有坚实的技术和市场基础。因此，如果在形成创意后，在未经认真分析论证的基础上盲目地进行投资创业，则可能会导致将来的创业失败。

2. 错误的商业计划

对于现在的大学生创业而言，许多创业大学生在设计商业计划时只是为了获得风险投资，而没有想到实际可操作性。实际上，一个有利于未来创业企业发展的商业计划不仅要有市场基础和切实可行的技术基础，而且还要明确企业的经营理念和经营战略，明确、独特而又难以模仿的计划。虽然商业计划在具体的经营活动中还要进行调整，但它的优劣直接关系到创业企业的成败。

对于大学生创业者而言，由于缺乏创业实践经验，许多商业计划根本不具有实际可操作性，而且多数缺乏风险分析。例如，在大学生网络创业热潮中，许多创业企业的商业计划都是不切实际的，而且都寄希望于上市，也没有备选方案和应急措施，而导致企业难以获得风险投资。

3. 技术陷阱

对于许多技术创新型的创业企业而言，由于大学生对新技术的设计只是基于一种设想，在实际开发或应用中可能会发现自己所依赖的新技术没有设想的好，或者需要更长的时间和更多的投资，结果使企业陷入困境。

避开技术陷阱的唯一办法，就是在创业初期尽可能多地进行技术调研租论证，并在研发时间和资金上作更充分的准备。

4. 市场陷阱

市场陷阱有以下几种：一是这个市场根本不存在，例如几年前有家企业开发出家用高级美容仪，但销售时才发现有能力购买该产品的女士基本上都在美容院做美容，因此这个市场并不存在；二是竞争导致失去利润空间，例如前几年开发的 CVD 和 SVCD 产品，就因为竞争加剧和技术更新，使它们注定了一上市就赔钱的命运；三是产品消费所需的相关设施一时难以达到要求，如网络冰箱、WAP 手机等。创业企业一旦落入市场陷阱，就很难幸免于难，要避开陷阱，就必须在此前进行周密的市场调研。

5. 错误的战略

创业企业所面临的环境复杂多变，因此必须以市场为基础不断调整战略，并明确在每一阶段的发展目标。如中国有几家网络企业获得风险资本后采取大举收购战略，结果快速"烧"掉了宝贵的现金，使自己在随后的市场低迷中失去了生存能力。

在当前市场环境下，成功的创业需要有效的创业营销，而成功的创业营销不仅需要更新的技术，更好的产品和商业计划，还需要企业家具有首创精神和献身精神，具有营销意识和营销技能。

三、创业营销障碍

实际上，即使在美国，也只有少数企业能够顺利经过上述四个阶段而实现上市，达到迅速扩张的目的。除了环境因素之外，主要是因为创业营销存在着许多障碍，主要表现在以下几个方面：

第一，创业营销的营销者往往是创业者，他们虽然具有创业精神或掌握某种新技术、新产品，但一般并不是营销专才，缺乏商业知识和专门训练。而且由于在创业初期事务繁杂，又没有专门的营销部门，创业者只能身兼数职，因此难免会出现创业者不善于沟通、固执己见、不愿意与人合作、重技术不重视市场等现象。实际上，创业者的市场营销能力是十分重要的，尤其是随着企业规模的扩大，企业的主要精力应放在市场的开拓上，因此，产品的市场潜力和营销渠道的开拓建设就变得十分关键。因此，创业者需要克服障碍，学会如何有效地沟通和营销。

第二，创业营销区别于一般企业营销之处在于创业营销在不同阶段的目标顾客并不确定，随时会发生变化，因此对营销者的能力要求比较高，这就增加了实际操作的难度。从整个创业营销过程来看，要吸引潜在的团队成员、风险资本和战略投资者的注意并不难，因为他们也在寻找潜合作的机会，但真正建立起良好的合作关系则很难。因为存在信息不对称问题和利益冲突（主要是股权分配）问题，而且合作各方都有大量潜在的其他合作对象，使表面上看起来容易的事实际上困难重重。

第三，创业营销的目的是为了寻找合作伙伴，从而获取创业企业所必需的各种资源（人力资源、资金、管理经验等），但是新的合作伙伴的加入会分散未来公司的股权、控制权或潜在的市场控制权，而多数创业者对创业企业的未来控制权控制得比较严格，因此在寻找创业企业未来的战略投资者时，创业者会选择对其股权没有很大影响的投资者，这就使得双方谈判难度增加。

第四，创业企业的特点是难以找到合理、可信度比较高的评估标准来评估创业企业的未来价值。这主要是因为随着创业企业的内外部环境的变化，创业企业的未来价值是不断变动的。所以创业企业在寻找投资者时会由于信息的不对称问题而大大影响双方的决策效率，从而影响到创业营销的效率。

第五，在创业营销的各个阶段，其目标、任务、营销对象都不一样，因此要根据情况变化在不同时期迅速调整营销策略。即使在同一个阶段，针对不同的目标顾客（如拥有不同资源和合作目的的合作伙伴），营销策略也会大不一样。所以创业营销策略既需要高度的灵活性，又需要内在的一致性，因此难度很大。

第六，创业营销销售的是产品概念、商业计划或公司的未来，而不是一般企业所营销的具体产品，而且企业在创业初期没有形成成熟的商业关系，还没建立起信用。而要将这些既不确定又无信用担保的概念性产品或计划销售给专业的风险投资家，难度是很大的。因此创业者的创意要有市场价值，商业计划要周密清晰，并且还要求创业者自己也成为营销专家或雇佣专家为整个营销过程进行筹划。

最后，由于处于创业初期的企业的内部和外部资源都十分有限，而且所面临的风险比较大，所以创业企业的生存能力较差，外部环境的细微变化都可能决定企业的存亡。在这种情况下，创业营销者要有很强的整合各种资源的能力，要具有以很少的内部资源调动最大限度的外部资源的能力。

四、错误的市场营销观

当创业企业开发出新产品或新技术后，在实施实际产品或技术营销时，应该注意如下几个方面的错误的市场营销观。

1. "跟风"的品牌营销策略

多数新创企业进入的市场都是一个已经存在、只是成熟度不同的市场，因此，作为市场的后来者，新创企业难免会与竞争对手展开激烈的竞争。在这种情况下，如果采取跟风的品牌营销策略，新创企业很难取得竞争优势。

例如，在柠檬汁市场上比较成熟的品牌是"雪碧"和"七喜"，为了打入这个市场，有两个品牌先后进行过努力，一名叫"薄片（Slice）"，另一名是"风暴（Storm）"，但都以失败告终。在这种情况下，百事还是推出了"Sierra Mist"，正面出击"雪碧"和"七喜"。百事的策略与营销高级副总裁唐·胡德森（Dawn Hudson）在《华尔街日报》上说，"Sierra Mist"将是"更纯、更清、更新鲜的柠檬汁"。这种"跟风"的品牌营销策略很显然只能以失败匆匆收场。

这主要是因为，市场的已有品牌在顾客心中已经占有绝对的品牌优势，消费者先入为主的消费心理会对新产品产生一定的排斥心理。因此，跟风的营销策略是很难获得多数顾客群的。如果新创企业能够明确地定义新产品与原有产品的区隔（Differentiatio），即通过对原有的市场进行细分，然后开展品牌营销，才是比较合适的营销策略。

2. 模糊的新产品名称

对于新创企业的新产品或新技术必须首先要明确地回答"产品是什么"，因为模糊的产品名称会使消费者不了解产品具体的用途和功能。

对于新产品或新技术的命名首先要分析它的功能。例如，汽车刚刚诞生的时候，它被称为"不用马拉的车"。"有线电视"则准确描述了这个电视网络的运作方式。王子（Prince）用"加大型球拍"颠覆了网球球拍行业；Orville Redenbacher 则以"美食家爆米花"一炮打响爆米花市场。这些品类都定义得非常通俗，消费者可以在短时间内知道你在卖什么以及你的产品的与众不同之处。

吉斯通阀门公司有一个产品叫"四分之一转临界服务阀门"。虽然这是对这款阀门运作最准确的描述，但消费者在短时间内却难以弄清楚这到底是什么产品。

3. 成功导致自大盲目

创业者在创业企业取得成功后，很容易产生盲目自大、自以为是的情绪，以自己的主观判断来代替市场需求。

数码设备公司（DEC）带给世人迷你电脑。从白手起家到身怀 140 亿美元的大公司，成功使数码设备的创始人肯尼斯·奥森（Kenneth Olsen）对自己的电脑如此自恋。个人电脑、开放系统、精简指令系统计算机（Reduced lnstruction Set Computing，RISC），奥森都不屑一顾。换句话来说，他错过了这三个后来成为计算机行业最大发展趋势的产品（它们势同海潮——你无法与之抗争）。

公司规模无论大小，如果脱离市场需求，最终只能被市场所淘汰。

4. 模糊的市场定位

多数新创企业面临的是一个细分的市场，因此如果你试图要满足所有顾客的需求，而没有自己独特的市场定位，那么很可能是顾此失彼，难以取得长远发展。而且如果创业企业在某一细分市场上取得成功后，也要注意品牌延伸的宽度。

雪佛兰（Chevrolet）以前代表高品质家庭车，销量排名第一。然后，各种各样冠在它头上的说法把它变成了"四不像"：它可便宜，也可贵；它可以是私家轿车，也可以是运动车；它还可以是卡车或厢式货车。总之，它"满足所有人的所有需求"。今天，雪佛兰销售已落到第四。

5. 高层对市场营销的忽视

激烈的市场竞争使得企业的市场营销变得十分重要，尤其对于初创阶段的企业，多数创业者都会花费很多精力开拓市场。但是当企业到达一定规模后，企业的高层领导往往会忽视市场营销的重要性。放权给下属是对的，但是企业高层一定要密切关注市场营销状况，毕竟顾客是企业的衣食父母，市场是企业得以存在的根基。

思考与实训

1. 大学生创业财务管理应注意哪些方面的问题？

2. 大学生创业营销管理应注意哪些方面的事情？

第十二章　大学生创业风险控制

女大学生创业一年赔八万

丁莹莹和崔英是大学同学，2006 年从沈阳化工学院信息管理专业毕业，毕业后分别在化妆品公司和化工企业工作。2007 年 10 月，两人双双辞职，感觉婚庆是个朝阳行业，于是不顾家人的反对，向家人借款 12 万元，联手开了一家婚庆公司。然而她们的事业却一直步履维艰，目前尚未收回投资成本，一年下来赔了 8 万元。

丁莹莹和崔英都是外地人，在沈阳举目无亲。为了方便事业起步，他们选择以加盟的方式开店，光加盟费就花了 4 万元左右。2007 年 12 月，她们做成第一笔婚礼庆典，虽然收了 3000 多元，但扣除各种费用，最后还赔钱。

现在，扣除各种费用，俩人每月能剩三四千元，但是相对当初投资的高额成本，这点杯水车薪远远不能让她们安下心来。婚庆生意为什么不好做呢？面对记者的提问，丁莹莹说，第一，最主要的是店铺选址太偏僻，"蜗居"在公寓里，宣传又没有做好，现在知名度不够。第二，店铺规模档次"高不成、低不就"，而目前沈阳市婚庆公司大大小小 2000 多家，大打价格战，她们没有价格优势。另外请司仪摄像师、租花车等，每次要支付一定的费用，再扣除场地费，赢利已经很少了。再加上公司推广宣传力度不够，使得婚庆公司生意淡薄。

看来，创业仅有激情是不够的。选准行业是创业成功的首要条件，但并不是创业成功的充分条件。真正成功的企业往往是抢占了市场的空白商机，有自己的特色，并且有独创性，而且还要加强风险控制与管理。这样的企业发展起来遇到的阻力才会很小。了解创业风险的来源、创业风险的类型与表现形式，熟悉创业过程中不同发展时期的风险情况，掌握规避风险的相应策略。

第一节 创业风险概述

大多数创业者在开始时都是只抱有乐观的一面，公司只要开张，几个月内如何赢利、如何收回成本等，往往对风险的出现缺乏一定的思想准备。一位成功的创业者曾说过，创业时要从最坏处打算，比如公司能承担多大的损失、支撑多长的时间、如何应对创业瓶颈阶段、如何应对业务和财务风险等，这才是最重要的。做企业的，产品开发风险、市场风险、资金回笼风险、材料供应风险等时时都会围绕着你，所以必须时刻保持清醒的头脑。

一、什么是风险

什么是风险？美国学者 A. H·威雷特早在 1901 年就对此进行研究，他认为：“风险是关于不愿发生的时间发生的不确定性的客观体现。”我们也可以通俗地理解为，风险是指在一定环境、一定时间段内，影响决策目标实现的不确定性，或是某种损失发生的可能性。风险的存在意味着创业目标实现的可能会遇到预料之外的事。

要创业就一定要在风险和收益之间进行抉择和权衡，既不能为了收益而不顾风险的大小，也不能因害怕风险而错失良机。在明确认识了风险之后，创业者就要认真地分析自己创业过程中可能会遇到哪些风险，这些可能的风险中哪些是可控的，哪些是不可控的，哪些需要极力避免，一旦这些风险出现，应该如何应对和化解？并且特别需要注意研究的是，一定要明白最大的风险是什么？最大的损失可能有多大？这些情况如果发生，自己是否有能力承担并渡过难关？

二、创业风险的来源

1. 资金

来自资金方面的风险会在创业初期一直伴随着创业者，是否有足够的资金创办企业是创业者遇到的首要问题。企业创办起来后，能否有足够的资金支持企业的日常运作也是一个重要的问题。对于初创企业而言，如果几个月内连续地入不敷出或者因为其他原因导致企业的现金流中断，都会给创业企业带来致命的威胁。

2. 信息和信任

信息和信任的风险存在于技术专家和管理者（投资者）之间。也就是说，在创业企业存在两种不同类型的人：一种是技术专家；另一种是管理者（投资者）。

这两种人往往有着不同的专业背景，对创业有着不同的预期、信息来源和表达方式。技术专家知道哪些内容在科学上是正确的，哪些内容在技术层面上是可行的，哪些内容是根本无法实现的。在失败的创业案例中，技术专家承担的风险一般表现为学术上、声誉上受到影响，以及没有金钱回报。管理者（投资者）通常比较了解市场和将产品引入市场的程序，当涉及具体项目的技术部分时，他们不得不相信技术专家，可以说管理者是在拿别人的钱冒险。如果技术专家和管理者（投资者）之间不能相互充分信任，或者不能够进行有效的交流，那么将会带来很大的风险。

3. 竞争

如果创业者所选择的行业是一个竞争非常激烈的领域，那么在创业之初极有可能受到行业内同行的强烈排挤。一些行业内的大企业为了能把同行中的中小企业吞并或挤垮，常会采用低价销售的手段。对于大企业来说，由于规模效益或实力雄厚，降低价格并不会在短期内对它造成致命伤害，但对初创者来说，低价则可能意味着彻底的毁灭。因此，考虑好如何应对来自同行的残酷竞争是创业企业生存的必要前提。

4. 业务骨干和团队分歧

一些生产或经营性企业需要面向市场，大量的高素质业务骨干队伍是这类企业成长的重要基础。如何防止业务骨干的流失是创业者应该时刻注意的问题。而在那些依靠某种技术或专利创业的企业中，拥有或掌握这一关键技术的业务骨干的流失更是创业失败的主要风险源。

创业企业大多是弱小的，它们在诞生或成长过程中最主要的力量一般都是源自创业团队。一个优秀的创业团队能使创业企业迅速地发展起来。但与此同时，风险也就蕴藏其中，团队的力量越大，产生的风险就越大。一旦创业团队的核心成员在某些问题上产生分歧而不能达到统一时，极有可能会对企业造成强烈的震荡。

5. 资源

没有创业所必需的资源，创业者将一筹莫展。在大多数情况下，创业者不一定也不可能拥有所需的全部资源，这就形成了资源风险。如果创业者没有能力弥补相应的资源缺口，那么创业要么无法起步，要么在创业中受制于人。

6. 管理

创业者并不一定是出色的企业家，也不一定具备出色的管理才能。进行创业活动主要源于两种情况：一是创业者利用所掌握的某一新技术进行创业，他可能是技术方面的专业人才，但却不一定具有专业的管理才能，从而形成管理缺口；二是创业者往往有某种"奇思妙想"，可能是新的商业机会，也可能是新颖的营销模式，但在战略规划上往往不具备出色的管理才能，或不擅长管理具体的事务，从而形成管理缺口或风险。

三、如何正确看待风险

创业路上，风险无处不在、无时不在，但不能因为有风险就畏缩不前，而是要在争取实现目标的前提下，去管理风险，控制风险，规避风险，这才是创业者对待风险的正确态度。

如果创业者要创建的企业是一家持续性发展的企业，比如生产某种品牌消费品的公司，需要不断投资以获得可持续竞争的优势，这就必须做好冒大风险、做长期努力的准备。因为创业者可能不得不通过一系列广告来创立一个品牌，这样就需要支付大笔广告费用；创业者还必须将利润再投资，接受股份合伙人或个人担保贷款；为了培养企业中坚力量，创业者还必须授权、委托经验可能不足的雇员来做重大决策等，这些都具有极大的风险。

经营小型或生活方式型企业的创业者，面临的风险和压力可能较小。一般有能力的员工是不会到没有认股权或个人发展机会的公司去工作的，因此，创业者自己长时间工作的状况可能永远都不会改变。个人专营店很难出售，并且要求业主每天都得露面，创业者很可能会被业务纠缠得无法脱身，一旦精疲力竭或生病，就可能遇到财务困难。但总的来说经营与发展的风险要小得多。

如果创业者是把创办企业作为他终生奋斗的事业，那么他就需要加倍谨慎从事。因为他是拿自己的一生做抵押，期望通过不断的努力使自己得到最大的回报，因此对风险的管理就需要加倍用心，创业初期绝对不能急于求成。对企业核心竞争力的培育与关键资源的掌握也是不容忽略的，合理控制企业的风险与发展速度，做到最优配比是创业者很难把握的事情。

但是，绝不能为了控制风险而放弃目标。创业者要想成功就必须在目标和风险之间权衡取舍。北京伟豪铝业集团公司的张正喜就是个很好的例子。1995 年，当他辞别努力工作了 10 年的雪花冰箱厂创建自己的企业时，时年 35 岁。妻子和 6 岁的儿子同他一起搬出了原来厂里分配的住房，住进了租来的小屋。他强烈地感到肩上承载的家庭责任。他说，如果不出来创业，自己的很多理想就无法实现，但是创业又面临家庭的后顾之忧。因此，他不想冒大风险进入自己不熟悉的领域，而是选择了一个补缺市场，这块市场足够他们建立一家可持续发展的企业，但还不足以吸引行业巨头来投资，因此他和合伙人是可以接受相应的风险。他们在不计报酬的情况下苦干了两年，投入了自己全部的个人积蓄，并向朋友借了一大笔钱，1997 年的时候公司度过了生存危险期。10 年之后，他们终于将公司发展成了一个资产达 4 亿元人民币、准备在加拿大证券市场上市的公司。张正喜的成功就在于在明确创业目标的同时，合理地控制了创业风险，而不是盲目冲动地进入自己不熟悉的行业或领域。

第二节 创业风险的主要类型

商场如战场，残酷无情，各种不确定因素错综复杂，使创业者面临诸多风险。从不同的角度分析，可以划分为不同的风险类型，一般而言，创业风险主要按来源和内容分为如下几种类型。

一、市场风险

市场风险是指市场主体从事经济活动所面临的盈利或亏损的可能性以及不确定性。

1. 市场需求量

市场容量决定了产品的市场商业总价值。很多创业者在制订创业计划时，常常会根据调查的数据进行主观的推理，结果可能过大地估计了市场的需求量。如果一项高技术产品的推出投入巨大，而产品的市场容量较小或者短期内不能为市场所接受，那么产品的市场价值就无法实现，投资就无法收回，从而造成创业夭折。

2. 市场接受时间

一个全新的产品，打开市场需要一定的过程与时间，若创业企业缺乏雄厚的财力投入到广告宣传中去，产品为市场接受的过程就会更长，因而不可避免地出现产品销售不畅，造成产品积压，从而给创业企业的资金周转带来困难。例如，世界著名的贝尔实验室在 20 世纪 50 年代就推出了图像电话，但直到 20 年后，才开始了商业应用。1959 年，IBM 公司预测施乐 914 复印机在 10 年内仅能销售 5000 台，从而拒绝了与研制该产品的哈罗德公司的技术合作，然而复印技术被人们迅速采用，已改名为施乐公司的哈罗德公司 10 年内销售了 20 万台施乐 914 复印机，成为一个 10 亿美元的大公司。

3. 市场价格

高技术产品的研制开发成本一般较高，为了实现高投入的高收益回报，产品定价一般很高。但是，产品价格超出了市场的承受力，就很难为市场所接受，技术产品的商业化、产业化就无法实现，投资也就无法收回。例如，国外已有人在特定条件下人工合成了金刚石，但其成本比天然金刚石的价格高得多，因此目前人工合成金刚石还难以实现商业应用。当某种新产品逐渐被市场所接受和吸纳时，其高额的利润会吸引来众多的竞争者，可能造成供大于求的局面，导致价格下跌，从而影响高技术产品创新的投资回报。

4. 市场战略

一项好的高技术产品，如果没有好的市场战略规划，在价格定位、用户选择、上市时机、市场区域划分等方面出现失误，就会给产品的市场开拓造成困难，甚至功亏一篑。

二、机会风险

创业者选择创业也就放弃了自己原先所从事的职业。一个人只能做一件事，选择创业就丧失了其他的选择，这就是所谓的机会成本风险。例如，张乐和李悦是大学同学，同时进了一家大公司从小职员做起，张乐权衡再三，选择了创业，辞去了在公司的职务，李悦认为自己不适合创业，于是老老实实地做一个本分的小职员。对张乐而言，他就面临着机会成本风险，因为如果不去创业，张乐尚有一个可以不愁温饱的职业，现在辞去工作，不仅失去稳定的薪水，而且连医疗保险、退休金、住房福利等都没有了。假如张乐将来创业成功，有着发展前景良好的企业，和李悦相比，张乐有了自己真正的事业。李悦尽管工作勤奋，即便做上公司总经理，也不过是一辈子为他人打工。

但如果张乐创业失败了，几年以后不得不到一家公司去做小职员，那么相对李悦而言，张乐不仅失去了几年的福利，而且也失去了几年的工作资历。另外，年龄的原因也会使张乐丧失一些机会。这种机会成本风险是每个创业者所应认真考虑的问题。如果创业者认为目前创业时机成熟，正好有一个绝佳的商业机会，那么就狠下决心，立即着手创业。如果觉得没有什么太好的商业机会，而且自己对公司经营运作管理知之甚少，就可以暂时不辞去工作，而是边工作边认真观察，看看所在公司的各层领导是如何工作的，并用心学习所在公司开拓市场的技巧，以及公司老总管理公司的技巧。平时设身处地将自己当做公司老总，对不同的情况作出决定，然后和公司老总的决定比较，让事实去检验自己决定的正确与否。而且，创业者还可以边为其他公司打工，边留心建立良好的商业关系网，等待时机成熟时，再开始创业。

三、技术风险

技术风险是指在企业产品创新过程中，因技术因素导致创新失败的可能性。

1. 技术成功的不确定性

创新技术从研究开发到实现产品化、产业化的过程中，任何一个环节的技术障碍都将使产品创新前功尽弃，归于失败。很多创业企业，在技术产业化实施过程中，屡试屡败，其中的原因是多方面的。当用血汗赚来的资金或以家产抵押来的创业资金将要耗尽时，却往往还没有生产出合格的产品，这样的事例很多。

2. 技术前景的不确定性

新技术在诞生之初都是不完善的、粗糙的，对于在现有技术设备条件下，能否很快使其完善起来，工程师和创业者都没有把握。很多创业者在创业之初，声称是在"赌 XX 工程师"。一些在实验室看来很好的创新技术，到了新建的生产车间，按照实验室的工艺条件，要么很难实现，要么就是实现不了。为什么？因为工业化生产与实验室是不可能完全相同的，工程师们却常常忽视了不该忽视的各技术环节以及其他制约条件。如果赖以创业的技术不能够实现工业化，必然造成创业的夭折。

3. 技术效果的不确定性

一项高技术产品即使能成功地开发、生产，事先也难以确定其效果。例如，有的技术有副作用，会造成环境污染、破坏生态环境等，这项产品就有可能受到限制而不能实施；或者该产品达不到创业前所预期的效果，结果也会造成巨大的损失，甚至夭折。

4. 技术寿命的不确定性

高技术产品的重要特点之一就是寿命周期短、更新换代快。由于高新技术产品的寿命周期越来越短，对依托高技术产品的创业者而言，如果不能在高技术寿命周期内迅速实现产业化，收回初始投资并取得利润，那么必将遭受巨大的损失。

四、资金风险

资金风险是指因资金不能适时供应而导致创业失败的可能性。依托高技术产品进行创业，需要的创业资金有两个特点：一是资金规模较大；二是融资渠道少。对于新创企业，资金缺乏是最普遍的问题，如果创业者不能及时解决，非常容易造成创业夭折。对于高技术创业活动，由于资金不能及时供应，导致高技术迟迟不能产业化，其技术价值随着时间的推移不断贬值，甚至很快被后来的竞争对手超出，而使初始投入付诸东流。

在资金风险中，一个不可忽视的因素是通货膨胀问题。当发生通货膨胀的时候，政府一般会采取紧缩银根的金融政策，致使利率上升，贷款成本随之增加，或难以得到贷款，导致"转化"资金紧张甚至中断。同时，通货膨胀出现后，会拉动"转化"过程中所使用的材料、设备等成本上升，使资金入不敷出。如果资金来源是国内外的风险投资公司，由于通货膨胀引起的股市和汇率的波动，也会使投资者承担一定的资金风险。

五、管理风险

管理风险的大小主要由下列因素决定。

1. 决策风险

经济学家西蒙曾说:"管理就是决策。"由于决策失误而造成失败的事例实在是太多了,无论是政治、军事还是商业。对于创业者而言,绝不可以根据自己的喜怒哀乐或不切合实际的个人偏好而做出决策。不进行科学分析、仅凭个人经验或凭运气的决策方式都可能导致惨重的失败。因此,孙子曾提出:"主不可以怒而兴师,将不可以愠而致战……怒可以复喜,愠可以复悦,亡国不可以复存,死者不可以复生。""夫奉战而庙算胜者,得算多也;未战而庙算不胜者,得算少也。多算胜,少算不胜,而况于无算乎?"

2. 管理者素质

一个优秀的创业家可以不具备精深的技术知识,但必须具备这样一些素质:具有强烈的创新精神与创业意识,不墨守成规,不人云亦云;具有追求成就的强烈欲望,富于冒险精神、献身精神和忍耐力;具有敏锐的机会意识和高超的决策水平,善于发现机会,把握机会并利用机会;具有强烈的责任感和自信心,敢于在困境中奋斗,在低谷中崛起。发达国家的高技术产品创新的成功经验之一,就是技术专家、管理专家、财务专家、营销专家的有机组合,形成团队的整体优势,从而为高技术产品创新奠定坚实的组织基础。那种由技术所有者包揽一切,集众权于一身的家长式管理,往往由于管理水平、管理模式等方面的问题导致创业夭折。

3. 缉织风险

组织风险是指由于创业企业的组织结构不合理所带来的风险。创业企业的迅速发展如果不伴随着组织结构的相应调整,往往会成为创业企业潜在危机的根源。其中管理体制的不畅是主要原因之一。因此,对于新创企业,创业者从一开始就应该注意组织结构的设计、调整,人力资源的甄选、考评,薪酬的设计及学习与培训等管理。从创业初始就需要建立健全各项规章制度,并开始建立起企业文化。

六、环境风险

环境风险是指一项高技术产品创新活动由于所处的社会、政治、政策、法律环境变化或由于意外灾害发生而造成失败的可能性。因此,高技术产品创新,必须重视环境风险的分析和预测,把环境风险减到最低限度。

除了上述风险类型外，还可以从风险对所投入资金即创业投资的影响分类，将创业风险分为安全性风险、收益性风险和流动性风险。所谓安全性风险指从创业投资的安全性角度看，不仅预期实际收益有损失的可能，而且专业投资者与创业者自身投入的其他财产也可能蒙受损失，即投资方财产的安全存在危险。所谓收益性风险，是指预期的实际收益有损失的可能；所谓流动性风险，是指资金有可能不能按期转移或支付，造成资金运营的停滞，使投资方蒙受损失的可能性。

也可以从创业的一般过程分类。按照企业生命周期理论所划分的企业成长阶段，相应地存在创业初创期、发展期和成熟期的风险。我们将在下一节对创业不同时期的风险表现及其规避策略进行详细的讨论。

第三节　创业风险规避

在成长与老化的共同作用下，每一个企业都存在自身的生命周期，常常被称之为企业生命周期。企业的生命周期是指企业从诞生到死亡的时间过程。关于企业生命周期较系统地研究是由美国管理学家伊查克·艾迪博士于1989年提出的，称之为企业生命周期理论。该理论主要从企业生命周期的各个阶段，分析了企业成长与老化的本质及特征。艾迪把企业生命周期形象地比作人的成长与老化过程，认为企业的生命周期包括三个阶段十个时期：成长阶段包括孕育期、婴儿期、学步期、青春期；成熟阶段包括盛年期、稳定期；老化阶段包括贵族期、官僚化早期、官僚期、死亡。类似的，我国学者姜彦福、张帏等提出简化的创业企业生命周期理论，认为从最初创意的诞生到最终企业死亡的全部过程称为创业的生命周期。创业的生命周期分为种子期、初创期、发展期和成熟期。企业在每个时期的特点都非常鲜明。企业组织体系随着生命周期不断演变，将会展现出可以预测的行为模式，在迈向新生命阶段时，组织体系都将面临某种阵痛。此时，组织若能通过程序的制订以及有效的决策来攻克难关，促成转型的成功，则所面临的问题均属过渡性的正常现象。反之，如果组织只是一味地走老路，那么更多的异常问题将随之而来，而且会愈演愈烈，严重阻碍组织的发展。

本节主要基于创业过程讨论风险问题，即是在新企业创建以后，到成为成熟企业之前的时间区间。因此，初创期、发展期和成熟期这三个阶段才是我们讨论的对象，而且，对于成熟期，我们并不展开研究成熟后企业的管理问题，而是重点讨论从发展期过渡到成熟期的规范化过程，所以更为确切地说，是规范期的管理。概括地说，初创期的企业自新创企业成立开始，能够用产品或服务来满足目标市场的需求，业务初步稳定。进入发展期，企业基本摆脱了生存问题并开始考虑如何赢利，整合各种资源实现企业的快速成长。在迅速成长的发展期的某一时刻，企业认识到变革的必要性，公司不再单纯依靠增加人力、物力和财力来应对发展的需要，而是开展各种形式的组织建设工作，旨在使新创企业的组织机体更健康发育，从而能够更长远地应对环境变化。这时，新创企业进入了规范期。

一、创业初创期的风险

1. 浪漫主义

被称为中国电子商务 B2C（企业对消费者）模式样板的 MY8848 的董事长王峻涛某天主动请辞，他在离开的时候还坚持说："中国 B2C 的春天快到了。"同样是在 2000 年年初还称"中国互联网的春天来了"的原新浪网首席执行官王志东，也在同年 6 月份被请出局。所有乐观者均"死于"春天到来之前，如果这不是一种意外，它至少传达这样一种信息：中国互联网产业还远没有到最严酷的季节。2009 年 7 月来自中国互联网信息中心的最新调查显示，中国网民总数已经突破 3 亿人，并且仍然以超过两位数的速度快速增长。而当时，中国网民的数据仅有 7000 万人，虽然并不是太多，但这个数字是很多人对中国互联网表示乐观的理由，但在当时，这个数字该如何转化成可以让投资者欣喜的现实收益，却仍然没有人可以给出答案。当时，互联网的状况是：在线广告被认为是靠不住的，门户概念被认为是过时的，B2C 被认为是没有前途的，B2B（企业对企业）也仍然在黑夜中挣扎，对庞大的电子邮箱的用户收费也被认为是杯水车薪，宽带被认为是远水不解近渴。在所有存在的方式都被质疑之后，不管是风险资本还是产业资本，都有充分的理由对中国互联网谨慎地保持距离。

每一个中国互联网浪漫主义者的出局，都是资本市场在为中国互联网的现实而不是前景做小结，并且是以一种流血的方式。因为没有人知道，在中国互联网真正迎来春天之前，还会经历几次霜冻；甚至让投资者窒息的"冰川纪"。即使在互联网经济的圣地美国，疯狂鼓吹网络经济的证券分析师也被无限失望和愤怒的股民送上法庭。指望以股市信心的恢复来带动投资者对互联网的回归，目前来看还要经过漫长的调整期。

当"虎口脱险"成为投资者最为得意的"大片"的时候，该是中国互联网产业从浪漫主义走进最大限度地降低消耗的现实生存主义的时候了，因为谁最能坚持，谁就有可能成为最后的收获者。中国互联网并没有面临末日，但浪漫主义者的死亡却绝对不是一个意外，也不是一场悲剧。我们应该向这些浪漫主义者致敬，因为毕竟他们的存在启蒙了太多互联网的从业者甚至整个社会。

但浪漫主义者谢幕的时刻却从来没有像现在这么真切地摆在中国互联网面前，因为一个企业可以不相信英雄，却不能不相信金钱，虽然这是一种相当残酷的进步。

2. 临渊羡鱼

古代格言有"临渊羡鱼，不如退而结网"，意思是：与其面对深塘里充满诱惑力的鱼群，心痒痒地想捕，还不如回家去织一张渔网实用。有些人看到成功者品尝"甜果"时，心中好生羡慕，殊不知在"甜果"中，浸满了成功者的汗水和辛劳。应该说：一切成功都是从"苦"中得来的，创业尤其如此。

汉朝史学家司马迁，因触怒了皇帝，被逮捕入狱，在狱中受到酷刑而致残。但这并没有动摇他写《史记》的决心。他忍辱负重，历时十三载，完成了流传千秋万代的不朽巨著。

明朝医药学家李时珍为了取得第一手资料，曾冒着生命危险，试服有毒草药。正因为付出了高昂的代价，他撰写的《本草纲目》才得以流传千古。

这样的事例不胜枚举，从这些成功者的身上我们可以看到：凡是成功者，在他们前进的路上都离不开艰辛的劳动。世界上没有一个因贪图享受而事业成功的人。

对于创业者来说，创业是一个复杂艰苦的过程，必须下苦工夫。只有经过艰苦的锤炼，才有成功的欢悦。在科学的大道上没有平坦的道路，只有不畏劳苦沿着陡峭山路攀登的人，才有希望达到光辉的顶点。

3. 悲观主义

曾经有科学家专门对一些成功人士的心理做过专门研究，他们发现，成功者都具有以下特点：有积极的人生态度，有赚钱动机，内部冲突很少，勇于为结果承担责任，同时还具备风险控制和耐心这两个关键的因素。而失败的投资人普遍具有悲观主义倾向，当事情转坏时，总爱责怪别人，遇挫折容易灰心丧气。

每个正常人的内心深处都有一点悲观主义，每个人一生中难免有些时候会受到人生虚无的飘忽感的侵袭，所不同的是：有的人被悲观主义的阴影笼罩失去了行动的力量；而有的人则以积极行动抵御悲观主义。创业过程中，难免遇到挫折和困难，如果创业者是一个悲观主义者，一碰到暂时难以解决的难题就灰心丧气，再无当初的激情和雄心壮志，尤其是作为企业的领导者，当你身上有了悲观的迹象时，你的整个团队都会被一种悲观主义的情绪笼罩。要知道越是危机的时候，乐观对于一个创业企业就越发显得重要，然而悲观主义的人在危急中失去了激情，失去了面对现实环境变化的灵活和机智，尤其是当一个团队都处于被危机压倒的状态时，失败就在所难免。我们反对头脑发热、盲目乐观，但一个过分悲观的人同样难成大事。

4. 计划不明

凡事预则立，不预则废。机遇从来都是垂青有准备的人，同样，失败之神也很少放过那些胸无成竹的人。创业是走一条创新之路，是走一条冒险之路，其间的任何一步都要深谋远虑加机智灵活方能踏过，如果只是空有一番雄心，而无明了且符合实际的计划，或者计划漏洞百出，那么你的创业之路很难走远。

计划不明就意味着你是盲目的，至少你在前行的过程中视力是有问题的，碰壁对你来说是必不可免的，如果一个盲目的人成功了，那只能说是歪打正着，是一种偶然的幸运，而绝不能作为成功经验来遵奉。管理学中有一个公式：

$$成绩＝目标＋效率$$

在这里，明确的目标就代表着明确的计划，目标是一个计划的先导和核心。西方学者认为"做对的事情"比"做对事情"更重要，后者只能代表效率，前者才是关键。

计划是创业过程中指导性、方向性的东西，计划的错误或者不明确都会给创业者带来苦头，尤其是关键的步骤、关键的地方不明确，失败就会向你招手。

5. 资源不足

创业要想成功，在很大程度上依赖于市场，没有市场也就没有创业。这一点我们在前面已经说过多次。所以说，你的产品没有市场是企业失败的首要原因。你如果在创业之前错误地估计了市场，那么，在这个方面错误的估计就会导致整个企业失败的命运。有一些产品，尽管它是一种创新，而且也很管用，但是可能因为高昂的价格、或者因为信息传递有误，也可能致使无人问津。所以，如果一家创业企业的主要产品没有市场，创业就注定要失败。

其次是缺乏足够的流动资金。现代社会，空手套白狼的创业奇迹越来越少了。在中国，除非你有相当大的背景，如果没有足够的流动资金，很可能导致你的企业在创业初期就会失败。通常，一般的创业者在创业阶段的资金往往都比较缺乏或者十分有限，如果一开始在固定资产、原料存货上投入过多，就容易造成资金匮乏。而没有了现金，你的公司可能运转一天都很困难。实际上，公司要在足够规模的购买量发生之后，才会有资金的回流。所以，创业者务必在创办你的公司时充分估计到资金的需求量，而且一定要留有相当大的资金余地。这就需要对你公司的资金回流作出最为保守的估计，只要对创业初期资金的需求量作出最为大胆的估计，这两点都有助于你的公司度过最初的难关。

创业的起步成本过高。面对整个社会的浮躁和高消费，有些创业者在创业初期，追求豪华甚至是奢侈生活，要有高级办公室、出门要坐高级轿车、带上漂亮迷人的秘书小姐等。如果你真的是这样，那你所创的公司离倒闭的这天就已为期不远了。

6. 仓促上阵

首先是低估了创业起步阶段所需要的时间。

俗话说，创业难。一家公司，从无到有，从小到大，往往需要一个较长的准备时期。而在这一较长的时期内，你的公司只会投入，而不会有任何赢利。而且，从创业过程上来看，一家公司在赢利之前，必须完成大量的工作：寻找厂房、装修门面、安装设备、购入存货、联系客户等，同时，还要办理许多事情，如各种证件和手续，要和政府的许多部门打交道，而且在创业初期，很可能没有几个顾客会来光顾、访问你的公司。你要对这一点有足够的心理准备，否则，要想在较短的时间内使你的公司产生效益，产生赢利，根本就不可能，这时候很可能就会失败。

其次是创业缺乏"地利"。

中国人办任何事情都讲究"天时，地利，人和"，如果我们把"地利"狭义地理解为选择自营企业的所在地的话，它在创业中所起的作用就十分重要了。选择自营企业的所在地是一门学问，你在选择考虑的时候，房屋的租金、社区的环境、与目标顾客群的地理关系、与供应商的地理关系等，这些问题都应在考虑的范围之内。在这些问题上选择的原则是：与企业的形象、业务范围相匹配。比如说，房租的价格不要选择过高的，但如果你考虑到对企业特别重要，你就要考虑租用价格较高的写字楼或门面；最好离目标顾客群较近，或者能够方便他们接近公司；如果企业离供应商特别远，你就要充分考虑到运输成本。最好能通过开业前的市场调查来选择确定合适的营业场所的位置。

再次是缺乏创业经验。

一家企业从无到有，从小到大，其中有许多需要我们学习的地方，也需要有丰富的创业或者是管理经验。从零开始创建一个企业，实际上对创业者提出了严峻的挑战。这时候，作为一个创业者，你需要去做许多不同领域的事情，比如说销售、采购、财务、设计、广告、生产、送货等。可能创业者在有些方面是有经验的，但在另一些方面却是一点经验都没有。此外，作为整个企业的所有者，他可能一开始还不适应这个新的角色。这不仅不利于企业的经营，而且很可能会使创业者犯一些低级错误，但有时这些低级错误实际上就是致命的错误。

最后是对竞争对手缺乏应有的估计。

现代社会中，任何一个行业都存在着激烈的竞争，任何一家公司都有许多的竞争对手。所以，当你决定进入某个市场的时候，你必须要考虑该市场的现有状况，以及现有的、潜在的竞争对手的情况。有些创业者对于竞争状况不能作出一个合理的估计，不能正确地评估自己企业的竞争力，不了解竞争对手是谁，不懂得自己与竞争对手优势与劣势的比较，甚至，有些人会认为自己的能耐最大，竞争对手都不值得自己去研究。有时，一个企业进入到一个看起来似乎很和缓的新市场中，但当你真正进入之后，有可能会引起价格战或者促销战，这样的情况在我们国家企业界并不少见。因此，要创业，就必须对市场情况进行全面综合考察，要能确定现有的消费规模能否支撑为该市场服务的大量企业和公司。

二、创业发展期的风险

创业中失取的原因很多，但归根结底原因还在于创业者自身。或是选项失误，或是管理不善，或是缺乏市场意识等多种原因致使创业无法成功。面对我国每年数以万计的倒闭企业，面对在困境中苦苦挣扎的企业经营者，每一位创业者心情都显得越发沉重和焦灼。据一项媒体资料显示，目前我国注册成立的企业，3 年后依然能够生存下来的只有 32.4%。面对这触目惊心的数字，面对众多的创业失败者，不知正欲创业的你会作何感想？处在创业过程中的人往往会在不知不觉中进入另一些失败的误区。

1. 急功近利

创业的成功之路更像一场马拉松赛跑而不是百米冲刺，前 100 米领先者不一定就能成为全程的优秀者，甚至都不可能跑完全程。在这遥远的征途上，基础的积累将会起到决定性的作用。如果你自觉先天不足而又已然踏上征程，那就更要格外注意随时给自己补充营养。

凯恩斯有一句名言："在长期中，我们都要死。"正因为生命短暂、时间有限，所以每一个理性的投资人都无法忍受其投资的企业总是没有利润。而对于企业家来说，企业利润似乎永远可以是一个目标，并非"现在进行时"，也不影响他们目前的生存状态。因为只要能够参与经营，他们就有收益，例如工资、福利、在职消费，以及个人无形资产的增值等。投资人的收益只能从利润中获得，当然不是"现在进行时"；经理人的收益却正好是"现在进行时"，每天都能及时获得。更加具有讽刺意味的是：如果企业"在长期中"没有利润，那么"要死"的"都"是只顾着"长期"投钱的投资人，而不是那些"长期"赚钱的经理人。

稍懂一点经济学的人都知道，只要有无穷无尽的投资，企业家就不会有利润的压力。所谓"只要国家肯投巨资，为了振兴民族 XX 业，没有利润我们也会全力以赴，即使累死在工作岗位上，也在所不辞"，这是一种真实的写照。套用经济学的语言：假使资源不存在稀缺性，便没有成本的概念。所以，经理人在使用投资人有限的资本时，不得不考虑资本的成本，也就是投资的回报。这个回报从哪里来呢？只能从利润中来。没有利润，就没有回报。长期没有回报，投资人就都要"死亡"。

让资本变出利润来，总是离不开一个美好的商业"故事"，而这个"故事"不论多么曲折、多么复杂，其结局一定是利润。投资人之所以愿意相信经理人的一个个美好的"故事"，愿意赌明天、明年，或者更长一点的时间，只是说明他们对利润感兴趣，并不说明他们对"故事"本身感兴趣。他们要的是利润，赌的是故事中的"利润可能"，而不是故事的情节与细节。换一句话说：没有利润的

"故事"是没有人来投资的，而且实现利润数额如果太小、周期又太长的话，愿意投资和"赌一把"的人总是趋少。

我们所处的这个时代，的确是一个容易使人急功近利的浮躁的时代。在此之前的计划经济时代是不讲利润的，因此造成了社会经济效率的低下，资源的严重浪费。现在搞市场经济，又似乎有些矫枉过正，人们变得对投资缺乏起码的耐心，巴不得每投下的一分钱，到了第二天就有回报。这固然是一种不利于造就大企业的文化心态，但是，中国人从不讲利润到讲利润，这种历史性的进步不容否定。而且，重要的是，追求利润作为市场经济的原则之一，并不必然造成浮躁和急功近利。也就是说，浮躁和急功近利并不是市场经济的过错。正确的解释应该是，在市场经济初期，由于社会资源有限、经济体制不完善，加上人们对市场前景不确定的担心，无法形成对长期利益的预期。也就是说，既等不及，又输不起，才是产生浮躁和急功近利的根本原因。所以，我们没有任何理由，把追求利润作为企业的误区来描述。在利润面前，任何空泛的"长远事业目标"，任何"哥们儿义气"之类的说辞都会显得滑稽可笑。

联系到美国近年发生的上市公司（如安然、WORLDCOM 等）伪造利润的丑闻，如果认为这都是投资人追求利润"惹的祸"，那么，可能就把问题看歪了。如果我们以学生考试作弊现象来说明由于以分数录取考生，必然造成对学生的压力，从而得出学生追求考试分数是一个误区，那么，还有什么办法让大学这种有限的资源能够更为合理地进行分配呢？也就是说，如果我们没有利润的压力，是不是还有其他的办法让经理人会更加努力为投资人提供回报呢？

其实，对于投资人来说，暂时给不了利润不要紧，你给一个关于未来的故事，实在给不出这个未来的故事，也不要紧，你立即削减开支、裁员也好、降低业务费用也好，你得保证利润才是。千万不可做假账（做假账不是讲未来的故事，而是篡改历史发生过的故事），继续把投资人的钱"套"进来，以高利润企业的运作成本，玩出一个低利润或没有利润甚至亏损的企业。万万不可因为自己做不出利润，反而说做假账是因为投资人要利润而"逼良为娼"。因为长此以往，我们这个社会就可能丧失企业家精神、丧失社会的竞争规则和文明的基础。

2. 目标游离

有这样一句话："有志之人立长志，无志之人常立志。"人的精力有限，当你像走马灯一样频繁更换目标，目标就不是有效的，你就需要坐下来，调整思绪，然后清理目标。

很多时候，我们并没有一个明确的目标。今天看见别人经商成功，我们也想经商，就买来成堆的炒股书籍看。明天看见有人出国留学、移民，于是，也拼命考托福，结果呢？可能花了很多金钱和时间，但却没能得到你想要的成功。除了能力、努力、天时地利人和等许多因素之外，不能忽略一个细节：那就是，这些是真正目标吗？你想做这些事是因为真正目标在此，还是你做它只是因为别人在做，并且已经取得了成功？如果这不是你真正的目标或并非真正适合你，是不断追随潮流，那只会使你疲于奔命，一无所成。

一个明确的目标是成功的第一步，也是非常关键的一步。有了它，努力才会有方向，有的放矢，创业自然就事半功倍。试看毛泽东的一生，从在湖南长沙师范学校读书时起，他就立下了要为这个民族的前途而奋斗的决心和志向。而他的一生，始终都以此为大目标，不管经历了怎样的艰难困苦和打击，从来不曾动摇过，也因此让他能够领导中华民族走出黑暗。试想，如果毛泽东像很多人一样，时而跟从当时的留洋风潮出国求学，时而顺着不断变化的政治势力而倾斜，或许他后来只能成为一个优秀的学者，一个出色的政客，而绝不可能成为杰出的领袖和一代伟人。

我们这一生，有很多时间是在漫无目标甚或在彷徨中度过，如果我们将这些荒废的时间都用来做有效的事情，我们每个人的成就都会比今天要大得多。

3. 孤军奋战

现代社会，人与人之间的联系越来越紧密，社会专业化程度越来越高，人与人之间，公司与公司之间的相互依赖性也越来越强，现代社会不会有鲁宾逊式的人物，谁也不可能生活在孤岛上，或不同任何人发生联系就取得成功。我们需要同客户打交道，需要同政府部门打交道，需要同合作伙伴打交道，这许多事情根本不是凭着一个人的单打独斗可以完成的。因此我们需要有一个良好的社会网络，需要有一个有力的团队，成功培训大师戴尔·卡耐基说：一个人的成功只有15％来自于专业上的技能，另外的85％则来自于人际关系上的成功，这种来自于同事、团队、合作伙伴等方面的支持与互动对我们的成功起着非常关键的作用。孤军奋战不但会令我们疲于奔命，也根本不可能使创业者取得成功。

在一个人最初创业的时候，就要逐渐开始建立这些支持，一开始你不可能就有个团队和社会网络，但你可以从一点点做起，慢慢地扩大自己的联系范围，当这个强有力的团队和网络建立起来之后，你会发现，再做起事情来就会如鱼得水，游刃有余。

创业者们应当向自己提问：当我开拓时，谁是我的同盟军？当我奋斗时，谁是我的团队成员？当我遇到挫折和失败时，谁是我的支援力量和精神上的伙伴？你至少需要有一个坚强的自我，在奋斗的途中成为你自己的同盟军。

4. 遇难而退

任何成功的创业者都必须具备坚忍不拔的创业精神，这是成功的必要条件。一些失败的创业者之所以失败，就是因为缺乏创业精神。不怕苦、不怕累，不怕失败、勇往直前，不达目的决不罢休，这就是创业精神。任何人做任何事，没有一蹴而就的，创业尤其如此。在创业期间，困难和挫折往往是无法预料的，诸如销路问题、质量问题、管理问题、资金问题、人员问题等。没有创业精神的创业者，在这些困难和挫折面前，就会心灰意冷，停滞不前，急流勇退。因此，很难相信，一个没有创业精神的创业者能取得成功。

5. 用心不专

第一种是花心病：当企业有了一定实力，就开始"对外搞活"，不再专注于主业，移情别恋，想再找点能挣钱的项目干干。这种愿望很好，但发展思路超越了企业经营能力和企业实力，往往以失败告终。

第二种是多动症：比如一家生产白酒的企业，觉得碳酸饮料能挣钱就上。后来发现果汁饮料是未来发展趋势就改生产柠檬茶，或改这个汁那个汁，这并不是产品系列化，而是狗熊掰棒子，手里只剩一个，变来变去，变没了企业形象、品牌形象，从而失去了最重要的核心竞争力，丢掉了企业辛辛苦苦铸就的品牌和形象。

第三种是虚胖症：和花心病"相似"，"创业"成功后形成多业并举的态势，但主辅业不分，大都是亏本的多，挣钱的少，基本是拆了西墙补东墙，说起产业来如数家珍，其实都是"夹生饭"亏本买卖。

三、创业成熟期的风险

创业构想变成现实，并开始真正产生商业价值时，就可以说创业者的创业成功了。创业成功后，企业的未来和创业者自身的命运、结局便成为社会关注的焦点。

一般而言，创业成功后有三类结果：

一是创业者让渡企业的控制权，把企业让渡给他人经营。创业者可以选择出售企业，也可以为企业找到一个好婆家，自己成为企业的一员。上市或寻找投资都可实现企业控制权的让渡，具有传奇色彩的 .com 公司大都如此。

二是创业者让渡企业的管理权，为企业找一个好保姆，聘请职业经理人来把握企业未来的发展大业，自己则成为真正的企业家。1999 年华帝七位老板就自敲下课铃，聘请职业经理人来管理企业。

三是创业成功后，创业者仍集企业的所有者和管理者于一身。创业成功后，无论创业者如何选择自己的道路，企业都需要经历一个休整阶段，它不在于时间的长短，但却是不可能跳跃的阶段。正如人的成长要经历青春期的烦扰一样，这一阶段企业会涌现许多管理问题。如果不能及时解决这些问题，不仅会影响到企业的未来发展，也会影响到企业价值的体现。我们不仅需要优秀的创业者，更需要优质的企业。因此，创业者出于考虑企业未来的发展与自身命运这一战略问题，在创业成功后，尤应考虑在企业管理方面做些什么。然而每年仍有大量功败垂成的事实摆在我们面前。

1. 盲目冒进

当创业企业初具规模小有成就时，许多企业容易被自己营造的区域性知名度冲昏头脑，趁着手里有一两百万储蓄，不顾发展实际，盲目开拓超越实力的大市场。甚至打算将这一两百万投入电视台做广告，孤注一掷，广告词铺天盖地，知名度高速攀升，企业销售收入短时期内得以大幅增长。但这种依赖媒体极力催肥的增长却有如昙花一现，随着消费者的热情消失，其销售会电梯般的直线下滑。接着就是货款无收，供货商逼债，流动资金短缺，企业无力顾及生产经营，只好坐以待毙。

曾经夺得中央电视台广告标王的孔府宴、秦池、爱多，无一不是在媒体广告追捧到极度辉煌后很快就窒息而亡。比如秦池，这个曾经一度辉煌的品牌，就在它以3.2亿元中标的那一刻起，其命运就急转直下。相当于当时全年利润6.4倍的巨额广告费让它背负艰辛，2000年7月，当年家喻户晓的"秦池"商标因300万债务而被迫拍卖。还有一些企业患上自恋症：依靠拥有一个"好产品"风光一时，不再居安思危、创新改进，等市场格局一变，"好产品"过时了，又没有技术储备，产品垮，企业也跟着垮了。这类企业还往往对这一产品进行"炒作"，一夜之间成为名牌，又一夜之间凄凉无限。最终不是广告费白扔，就是一蹶不振，走向失败。

从核心创业者个人角度看也有深层次的原因。

第一，个人英雄主义导致企业决策出现完全的独断。因为获得成功，成功者的个人价值被社会公众所承认，其能力也被高度肯定，自然，个人自信心也快速提升。若不能正确看待个人的作用，自我意识极度膨胀，渐渐丢掉创业时期的风险感和谨慎心理，直接后果是听不进反对意见，甚至有的企业里根本不允许反对声音存在。个人英雄主义的另一面就是认为自己无所不能。在某一个行业偶然成功，就轻易闯进另一个陌生的行业，以为只要凭自己的智慧同样可以成功，且不说隔行如隔山，就是相似行业？细微差异没有把握好，结局也会相差千里。例如曾经有一位老板，做房地产代理时如蛟龙入海，但做房地产开发时却如身陷沼泽。究其原因就是他对两个行业的资金需求周期认识不够，以致后来把他经营多年的有一定实力的企业也全赔了进去。

第二，经验主义导致经营决策僵化教条。人们往往喜欢总结成功的经验。多次成功会使成功者形成固定的思维模式，当他碰到类似或表面类似的商业模式，会习惯地使用过去已经成功的方法。企业都有自己成文和不成文的规矩，而这些规矩因为过去使用成功而在企业内部有着稳固的基础。但当外界环境发生变化时，它的惯性就有可能成为一种新的障碍。如上文所列的秦池，由于初期广告效果良好，秦池酒的销售收入节节上升，1995年年底以6666万元夺取第二届标王，1996 年销售额从 2.3 亿元猛增至 9.5 亿元。于是头脑发热，同年第三届标王孤注一掷以 3.2 亿元夺得，悲剧就开始了。

2. 好大喜功

大多数创业者思想解放、个性执著、敢作敢为，这种个性使他们在创业初期的商业浪潮中获得了成功。但随着企业规模的增大和实力的增强，个人追求财富欲望的膨胀，再加上市场环境日渐规范和竞争的更加激烈，他们执著的个性开始显示出脱离实际的倾向，企业行为也围绕着个人的喜好而波动。加入世界贸易组织把我国的企业家推到了国际化舞台上，跨国公司横扫中国进行大量并购，引发了国内一些拥有较高知名度的企业跑马圈地的野心；更有一些企业把追求规模、知名度、市场占有率作为首要目标。

每当我们看到类似的信息，心情总有些矛盾，一方面希望逐步市场化的中国能产生自己的 GE 和麦当劳，同时又希望某些曾经发生的悲剧不再发生。步步为营，稳中求进才能保持基业常青。一位企业垮倒的老总说过令人深思的这样几句话："你不该挣的钱别挣，天底下黄金铺地，你不能通吃。这个世界诱惑太多，但能克制欲望的人却不多。"

一些成功的企业为何寿命短暂？究竟是什么原因使得我国一些企业的辉煌期昙花一现？难道等待成功企业家的必然是失败吗？一些企业的多元化经营为何以失败告终？所有这些，并非个别现象，而有一定的普遍性。

北京玫瑰园第二任开发商曾无奈地自称是北京最失败的人。20 世纪 80 年代中期，他靠白手起家创建了香港最大的房地产代理商利达行；同样是他，在 90 年代初期进入内地后连续创造了写字楼商铺每平方米售价和日租金的新纪录（万通新世界广场每平方米 3000 多美元的销售天价就出自此人之手）。

商海无情，像他这样在获得巨大成功后又遭遇失败的可谓不少，"太阳神"摔下神殿，"三株"叶干枝枯，"亚细亚"烟消云散……前面的还没有爬起来，后面的又趴下了。难道等待成功企业家的必然是失败吗？成功之后的失败究竟败在哪里呢？

这样的企业有共性：企业规模扩张太快，人员、资金、管理三大要素相对滞后，企业发展根基脆弱。这三大要素中的任何一个，在某一局部出现问题时都会引发本不稳固的企业整体发生塌方。不少成功者缺少处理危机的意识和经验，以致个别不和谐音符往往会发展成四面楚歌，导致全线崩溃。回顾一下三株集团当年对外公布的几组数字，我们就能看出不少问题：1995 年，三株公布第一个"五年计划"的销售额：1995 年达到 16 亿～20 亿，1996 年达到 100 亿，1997 年达到 300 亿，1998 年达到 600 亿，1999 年达到 900 亿。1997 年上半年，三株一口气收购了 20 多家制药厂，投资超过 5 亿。鼎盛时期在全国注册了 600 个子公司，另有 2000 个办事处，各级销售人员达到 15 万。如此空前规模的迅速扩张，如同在海滩上盖高楼，即使没有海浪或暴风雨也难免自然倒塌。类似三株还有当年的马胜利、郑州的"亚细亚"、"巨人"史玉柱……

3. 坐享其成

有些创业者在事业刚刚成功之时就失去了进一步的进取心，就像当年李自成进北京一样，坐享辛辛苦苦打下来的江山，却不去考虑如何巩固江山，如何开拓新的领域。当然，或许还有一些别的主客观原因使他们只满足于现状而不思进取，或者采用一些拙劣的手法、省事的途径维持现状。比如：陌生领域无兴趣经营。原有行业已处于没落之势，没有了发展潜力和赢利机会，这时，一些创业者就会转行到陌生的、具有发展潜力的领域去经营。因为是陌生的领域，投资者对市场、渠道、消费者等情况一无所知。这就需要重新了解、学习和实践，才能把握好新的市场。如果创业者对新行业没有兴趣，就会在实际经营管理中产生消极因素，最终导致失败。

有一位女老板，她投资选项时听了一位朋友的指点，去做电脑生意。由于选准了时机，开业之初就取得了很好的效益。可后来，这位老板对电脑没有兴趣，自己不懂电脑也没有兴趣学。日久天长，在企业的经营管理中失去了创业的冲动，致使企业经营出现危机。后来她断然放弃了电脑生意，做起了自己感兴趣的美容业。

照搬照抄。有很多创业者，手里拿着钱不知该做什么，于是他们四处打听，到市场上看，看到哪家企业正在大把大把赚钱，他就跟着一起来做。如果跟对了，无疑为他们减少投资风险；如果跟错了，就会掉进投资的陷阱。照搬照抄的创业者一般不会深入研究市场与供求，只是看别人怎么做，自己也怎么做。由于他们看到的和学来的都是表面现象，自己的内部管理和经营理念等深层次的经营要素跟不上，所以，别人成功了，自己却失败了。千军万马来挤独木桥，其结果是搞垮了一个很有前景的产业。

前景预测想当然。一般创业者在投资前，都要对企业的前景、未来利润和经营状况做出推算和预测。只是他们的预测大多是根据竞争对手的现状，靠想当然来完成，没有科学的依据。这样容易让创业者对前景盲目乐观，而忽视了眼前的威胁和障碍。其实，对创业前景的预测是需要下一些工夫的，要为每一个决策点都找到科学的市场依据。这就需要对所处行业的发展趋势、消费者的需求演变、竞争对手的经营能力等众多的市场要素和经营要素进行综合的分析和研究。当然，这样做要浪费一些时间，花销一些费用。

4. 挥霍浪费

在创业初期，大多数创业者都能做到开源节流，艰苦勤俭，因为当时根本就没有资金供他们浪费，手里的钱省着花还不够用，可是当创业成功之后，企业有了资源，有了资金，在某些方面多花一些和少花一些并不明显，而且有些创业者以为苦尽甘来，放松了过苦日子的意识，再加上管理上若出现混乱，虽然企业的业务在不断地增长，可到头来利润却有可能下降，关键就在于没有很好地控制成本和费用。

5. 小富即安

一种是近视症：企业经营中追求小目标，小富即安，排斥新的融资方式与能人的参与，排斥现代营销观念，看不到更为广阔的市场，甚至产生自卑心理，否定自身可以发展壮大，不敢找高手竞争。由于目光狭隘，形成企业"弱不禁风"的体质。

另一种情况是放不开本业。放不开本业就是人们常说的离不开老本行，以前在干什么，以后还想干什么。笔者有几位朋友，在服装业的圈子里转悠了几年后，想出来自己投资做点事情。在选择项目时，总是离不开服装。他们说，只知道服装能赚钱，自己还熟悉市场，除此之外，不知还有什么行业适合自己。这就是被老本行捆住了思想和手脚。对他们而言，走出这个圈子，也许就会有广阔的天地，大有作为。正是因为有很多创业者走不出这个圈子，创业时按固有的模式和套路操作，一成不变导致失败。

6. 缺乏创新

创业的过程就是不断创造与创新的过程，创新是企业的唯一生命线，失去创新，企业将停滞不前，甚至衰亡。企业得以生存与发展的根本就是要能不断地满足人类社会不断增长的物质与精神需要；企业要做到这一点，唯一的依赖是创新。目前市场上那些岌岌可危的企业和失败的创业者对此体会应该更加深刻。

在科学技术日新月异的今天，创新是企业的立足之本。本田有一个著名的"三尊重"理论，即"尊重理论、尊重创新，尊重时间"，这是本田宗一郎多年企业经营管理实践的经验总结，作为最重要的指导思想，已被写入本田公司的"五项运营方针"之中。"三尊重"可以说是本田公司的经营思想的核心。尊重理论，就是在公司经营中，凡是与公司有关的业务经营都要建立在尊重理论的基础上。当然，还要尊重每个人符合理论的想法，创新和改善才有进步和发展。他们认为，人的体力只不过二十分之一马力，而人的价值却是与理性地思考问题和合理地处理事务的智慧与能力成正比的。"如果我们公司有生命力的话，那就是不仅它的从业人员年纪轻，而且是尊重新理论。我们公司今后的发展和进步，不论何时都取决于更尊重创新理论。"

当前，科学技术日新月异的新时代，资本力量在创业经营中的重要性已经让位给知识和技术创新，就是说走在时代前列的创新将引导企业走向繁荣。没有创新，就是抱着钱袋子也赶不上时代的潮流，必然成为失败者。有些公司没有资本，但依靠创新获得发展。相反，不少企业尽管资本雄厚，工厂设备齐全，人员也不少，却因为经营不善和缺乏创新精神而出现亏损。时代的迅猛发展把企业经营中资本和"知本"的重要性位置完全颠倒过来了。

尊重时间。本田宗一郎常说:"拿纺织品作比方,技术是经线,时间是纬线,二者相交织,方成为产品——织物,为迅速生产织物,就只有增加穿引纬线的织梭的速度。"虽然发明了好技术,但若错过好时机,技术的作用也就等于零。在发明、创造和改良过程中,时间是最为重要的因素,不管多么好的发明和发现,如果比别人晚了,哪怕是百分之一秒,也就不成其为发明和发现了。创新和时间是绝对分不开的。如果说,尊重理论是要把企业的创新活动建立在"理论"这一深层次的基础之上,那么,尊重时间就是要把握时代的脉搏,掌握创新的时机,使企业永远走在时代的前列。创新就不能避免失败。不怕失败是本田公司的一大特点。

本田宗一郎在1963年总结自己的创业经验时说:"如果说现在是成功的话,那么,我在过去却是不断遭到失败的人。在失败的基础上,才有了今天的成功。"他说:"人非神仙,因此,终究难以预见一切,不得不摸索着前进,到处碰壁。一个人坐着或躺着,当然不会跌倒。然而要做事就要站起来,或者走路,或者跑步。这就有可能被石头绊倒,或者碰到路边的树上。尽管碰得鼻青脸肿,但这与那些盘腿而坐或躺在床上的人相比,至少是有前进目标了。"本田对于失败者有着与众不同的理解。他的座右铭为"1%的成功建立在99%的失败的基础上"。他鼓励技术人员发挥不怕失败的挑战精神,而不希望他们成为"不求有功,但求无过"的无所作为的人。为培养技术人员敢于实践、敢于创新的精神,本田公司甚至设有"表彰失败"的制度。

7. 管理危机

成功管理的关键不在于排除所有的问题,而在于把注意力集中到企业当前阶段所存在的主要问题上,这样企业才能成长、成熟并壮大起来。创业成功后,企业面临的主要管理问题是管理危机问题,具体表现为以下几点。

(1)管理低效和用人不当

管理是一门艺术,也是一门学问。许多企业之所以失败,是因为经营者缺乏管理方面的知识与技能。在企业的规模比较小,经营的规模也比较小的时候,他们还可以管理好自己亲手创办的企业,他们能够胜任当时的工作,但是,随着企业规模和经营规模的不断扩大,他们管理起来就会越来越吃力,到最后有可能无法控制企业。在这样的企业里,整个公司和办公室的环境非常混乱,没有秩序和条理,员工们没有几个人能够说清楚自己的明确职责到底是什么,更无法说明到底应该如何去履行自己的职责。

创业初期,往往雇员不多,但是这些人数不多的雇员对公司的意义却非同小可。比如,你选错了助手,或者任命了不称职的人担任了公司的销售主管,那么就可能使你的公司走入困境。一个不称职的助手常常会使你的经营思路发生很大的变化，如果这种变化是不利于你的公司发展的，那就会对你的公司发展造成极坏的影响；而一个不称职的销售主管可能会使一个销路很好的产品没有了销路，这对公司的发展是毁灭性的。

（2）财务混乱和管理失控

许多自营企业的创业者都有一种错误的观念，认为既然是自己的公司，就没有必要天天记账，因为这是一件很麻烦的事情，甚至是一种毫无意义的形式主义。这种想法实在是很要命的，对于创业者来说，没有比这个错误更大的错误了。很多企业就是因为账目管理混乱，甚至没有记账的"习惯"，导致创业者对于自己公司的经营状况、财务状况一点也不了解，所以走向了失败。

创业成功后，企业开始有现金流入或者盈利，招聘、迁址、购置新设备、培训等，忙得不亦乐乎，于是管理费用急剧上升。企业经营的范围和地域也会扩大，管理开始变得复杂起来，问题也多了起来。尽管创业者一如创业过程中那样果断，员工也依然贯彻执行决策，但是，管理幅度的拓展、管理层次的增加使得创业者无法一一监督、评估决策的执行情况，企业也缺乏相应的反馈机制与调控手段，因此，企业决策执行的效果会大打折扣，管理中的问题也会越积越多。

（3）利润徘徊不前

创业可能更多地依赖创业者对市场机会的把握、企业所从事的经营业务具有独创性或具有某种竞争优势。创业成功后，会有许多跟进者进入市场，企业的优势会逐渐减弱，竞争压力增大，业绩增长率会随之下降。另外，企业越是成功，创业者越是感到志得意满，有时甚至觉得无所不能，扩大经营和多元化便在所难免。摊子铺得太大和对新业务不甚了解，难免会出现失误，从而侵蚀企业的利润。

（4）创新缺乏动力和疲于奔命

创业成功后，老员工容易陶醉于曾经取得的成功，喜欢向他人讲述传奇式的创业历程。创业者考虑的是企业的未来，而老员工考虑的是作为创业者之一应该如何受到奖赏、如何分享胜利成果，考虑的是如何在企业保持相应的权力与地位。于是，大功告成、不愿继续艰苦奋斗、小富即安、贪图享乐的思想在企业蔓延，甚至会影响到创业者本人。这样，企业很容易失去继续创新的动力。

创业成功后，人员增多，业务繁忙，企业面临的问题越来越复杂。然而，创业者习惯于发号施令，事必躬亲，唱独角戏；员工也习惯于接受命令，对创业者有依赖心理，从而导致创业者日常事务过多，工作量剧增。不可避免的结果便是创业者感到力不从心，不堪重负，以致顾此失彼。

（5）新老员工冲突

新员工会说"我原来那家企业如何如何"，老员工会说"我们原来怎样怎样"。老员工讨论的是过去的"好时光"，说话办事都有一套他们自己的规矩。由于企业没有什么成文的规章制度，那些资历较深的员工就是企业的活档案，一旦他们离职，企业立刻就会陷入一片混乱。对于新员工而言，由于企业没有定规，规章制度束之高阁，一切都感到困惑不解。另外，创业者会多方关照那些曾经追随自己多年的员工，因此，老员工在企业里有极高的权威，而新招聘的员工则考虑的是自己的生存、事业和前途，于是，新员工成了挑战老员工的对立面。

（6）家庭压力增大

作为坚实的后盾，家人在创业过程中给予了创业者无私的奉献，他们当然希望创业者能够获得成功。创业成功后，配偶希望创业者更多地关心家庭，儿女希望创业者能够尽到父母的责任，而创业者则比以前更忙、更累，根本无暇顾及家人，于是家庭压力开始增大，尤其是有家庭的女性创业者。一位女企业家在周末公司会议上收到丈夫三条短信息："今天星期几?"、"女儿有一个月没有见到妈了!"和"你还知道回家吗?"无奈之下会议只能戛然而止。

如果说创业过程中企业是根据危机进行管理，那么创业成功后是管理造成了危机。创业者应该认真考虑避免和解决创业成功后企业的管理危机问题。

四、创业风险规避策略

1. 建立激励机制，凝聚人才

创业过程中，创业者与员工承担着巨大的风险，需要彼此风雨同舟，共渡难关。创业成功后，创业者关注的是未来的更大回报，而员工更关注现在的既得利益。如果处理不当，创业者会受到指责——"同患难易共富贵难"，会承受巨大的情感压力，有时甚至会感慨"没钱容易有钱难"。如果企业是合伙建立或几个人共同创立的，有时难免会因为利益分配而出现企业的裂变，给企业造成伤害，甚至一蹶不振。如果合伙关系出于家庭或家族内部，亲情关系的矛盾更是难以逾越的障碍。另外，随着企业的扩大，新员工不断加入，他们更多的是一种职业选择，创业者需要考虑建立有效的机制来维系企业所需要的更多优秀员工。

人才是企业发展的关键，人力资本是企业的核心资本。因此，创业者应该考虑建立一整套有效的激励机制，既能保障老员工或合伙人的既得利益，又能真正凝聚更多的优秀人才，使企业得以稳步发展。设计激励机制时，创业者要与员工达成有效的沟通，尽量做到一视同仁，尽量避免特例或特殊照顾，要让员工理解和接受。当然，"老人老办法、新人新制度"是创业者常常需要遵循的原则。创业者不能仅仅关注激励机制的内容，更重要的是关注激励的过程和结果。激励制度要严格执行，及时奖惩，让员工感到激励机制确实是有效的承诺和强大的奋斗动力。这样，无论是期权等制度安排，还是金钱等物质刺激都能发挥应有的作用。不过，除了激励机制以外，企业前景对于优秀人才也具有很强的吸引力和凝聚力，这就需要在这个阶段维持或提升企业的经营业绩，规划好企业的未来发展。

创业成功后，无论创业者如何处置企业，如何选择自我的命运，规避和解决企业这个阶段所出现的管理危机问题，无疑需要创业者认真对待。创业者不仅应该注重创业历程和创业后的自我命运，更应该在创业成功后，通过提升管理水平、制订正确的发展战略来为企业未来的发展奠定基础。以上三点亟待创业者在创业成功后着手实施，当然，创业者也要更多地关心家庭，并经常与家人沟通，以获得他们的支持，这也是至关重要的。

2. 完善组织架构，规范决策

创业过程中，创业者和企业只是对各种市场机会作出反应，而不是有计划、有组织、定位明确地开发利用自己所创造的未来机会。那时创业者不是在左右环境，而是被环境所左右；不是驾驭机会，而是被机会所驱使。相应的，企业的行为是被动的，而不是主动的、具有预见性的，因此，布置任务是看员工是否得空，而不一定是根据他们的岗位和能力。典型的结果是因人设事，因人设岗。创业者常常会依习惯直接给下属安排工作，而不会依照工作流程行事。创业成功后，企业为了更好地发展，必须建立一整套完善的组织架构来有效地执行决策，有计划地完成企业的既定目标。创业者不必奢求一步到位，也不要期望建立一套能持久不衰的组织架构，因为企业的组织架构也需要根据企业的目标和发展阶段来进行调整，不可能一劳永逸。创业者应该尝试围绕工作本身来进行组织，打破围绕人来组织的旧习惯，力图通过企业组织来实现自己的管理决策和管理理念。通常的做法是创业者或企业委托外部咨询公司，或者聘请具备丰富管理经验的职业经理人来帮助搭建组织架构。最稳妥的方式是先健全、完善辅助管理部门，如行政部门、财务部门和服务部门等部门的组织设计与调整，然后是价值增值部门的组织调整，如生产部门和营销部门（或销售部门）等，这样做能在最大程度上稳定企业的经营。设计企业组织架构时，创业者可以运用一些非常规的小技巧，例如，多设置几个管理岗位，但并不安排人员，这样，对员工是一种吸引力，会起到正面激励员工的作用。如把三级销售组织结构调整成五级，效果会非常明显。当然创业者还需要明白，在管理体系完善之后又应重视简化企业的管理层级，防止官僚管理的出现。此外，不仅仅是简单地设计企业的组织架构，同步需要进行的工作是完善、健全企业的管理制度和规章。

3. 尝试授权，学会解脱

创业成功后两个主要因素会导致创业者考虑开始授权：一是管理问题变得又多又复杂，创业者不堪重负；二是员工渴望分享权力，希望得到更多的空间与舞台来发挥自己。创业过程中，创业者主要是通过集权来实施管理。创业成功后，创业者需要授权，但不要分权。所谓授权是指在企业内由上向下分派任务，并让员工对所要完成的任务产生义务感的过程。所分派的任务可能是制订决策，也可能是执行决策。当所分派的任务是实施一项已经制订的决策，并且所授予的权力本质上对全局没有影响时，称其为"授权"。但如果所分派的任务就是制订决策，也就是说，让员工决定应该实施的内容则称为"分权"。分权容易产生离心力，员工会自作主张，而企业此时所需要的是向心力，否则创业者就会失去对企业的控制。当然，从集权到授权，创业者往往会感到胆战心惊，害怕失去对企业的控制，所以，创业者授权实际上准确的含义是："只准你们做我自己才会做的那种决定。"

最有效的授权是由创业者拟订哪些问题由自己来决策，哪些工作可以授权给员工去完成，哪些工作需要员工定期汇报，哪些工作可以放手不管。一般而言，创业者需要审批销售计划、财务预算、生产计划等工作，至于销售人员的行为管理、客户拜访计划、销售汇报、车间作业计划、生产排班、加班申请等就可授权给中层管理人员负责。当然，财务报账签字和人事安排等重要业务，创业者还是应该由自己来掌控，以防止费用的上涨以及人事矛盾的出现。这里，创业者也可以向一些管理人员授予一定额度的签字权。通过把一些日常性的、非核心的工作授权给中层管理人员，创业者就可以把自己从繁重的事务工作中解脱出来，把更多的精力集中在战略性问题的思考上。

初创期企业的关键在于求得生存。没有消费者，没有能够满足消费者需求的产品/服务，企业就无法生存。因此，初创期企业的关键任务在于用产品/服务把握市场机会、实践商业模式。企业目标可以是开拓全新的细分市场领域，也可以是以更符合需求的产品/服务进入已经存在的目标市场。企业可能实实在在地落实了最初的创业构想，也可能在另一个市场中站稳了脚跟。但无论如何，初创期企业必定要在某一细分市场中有所建树，否则企业将不复存在。从这个意义上说，市场拓展危机是初创期企业面临的最大风险。

成长期企业需求迅速上升，技术日趋成熟，更多的企业参与竞争，市场的定位仍未明朗。此时的企业总体原则是密切关注市场结构的变化，尤其是替代品或替代营销模式的变化，发现需求的差异，努力在形象、产品、服务、渠道上满足顾客需求，不断扩大规模提高市场占有率，以取得市场地位，提高品牌忠诚度，构筑新进入者的障碍。成长期企业要注意不被人员增加、客户递增、业务扩大、机构发展等表面现象所迷惑，而是要时刻关注企业经营的货币化结果，这种货币化的结果绝不仅仅是最终的利润表现，关键是现金流的实际状况。短期现金流的短缺，就会导致一个原本经营良好的新创企业被恶性并购或者猝死，这对于创业团队实在是一件痛心疾首的事。

进入规范期，顾客的特定需求固定下来，市场占有率也相对稳定了，销售量由加速增长变为减速增长，利润增长率开始下降。故步自封只能加速衰退，企业需要对取得成功的关键因素深刻反省，探讨改变竞争规则的可能性。此时，无论是寻求新的细分市场、发展产品的新用途，还是业务模式、营销模式的创新都可能给企业开辟一个新的利润增长点。

思考与实训

1. 创业风险主要来自哪些方面？
2. 创业风险分为哪几种类型？
3. 管理风险的大小主要由哪些因素决定？
4. 创业初创期有哪些风险？
5. 创业发展期存在哪些风险？
6. 创业成熟期存在哪些风险？
7. 如何规避创业风险？

参 考 文 献

[1] 黄凤祁．80 后商务精英的创业技巧：20 岁创业 30 岁立业．北京：中国友谊出版公司，2010

[2] 龚剑．如何进行团队建设．北京：北京大学出版社，2004

[3] 张向东．第二代互联网领袖创富秘密：创业者对话创业者．北京：中信出版社，2010

[4] 陈达萌．毕业季创业达人参考书：开店创业一本通．北京：石油工业出版社，2010

[5] 龙子民．红军精神：从优秀员工到卓越团队的行为准则．北京：北京出版社，2005

[6] 刘世英，赵举杰．就这样创业．北京：中国民主法制出版社，2008

[7] 张天桥．大学生创业第一步．北京：清华大学出版社，2008

[8] 李学东，潘玉香．大学生创业实务教程．北京：经济科学出版社，2006

[9] 张涛，熊晓云．创业管理．北京：清华大学出版社，2007

[10] 石建勋．创业管理．北京：清华大学出版社，2008

[11] 张玉立，李新春．创业管理．北京：清华大学出版社，2006

[12] 邓曦东．大学生就业指导．北京：中国国际广播出版社，2002

[13] 张建东．大学生就业案例教程．北京：中国人民大学出版社，2002

[14] 甘德安．创新创业在武汉．武汉：武汉出版社，2010

[15] 李志能，郁义鸿，罗伯特．D·西斯瑞克．创业学．上海：复旦大学出版社，2006

[16] 张涛．创业管理．北京：清华大学出版社，2007

[17] 梁巧转，赵文红．创业管理．北京：北京大学出版社，2007

[18] 王亚利，余伟萍．创业方案及点评．北京：清华大学出版社，2006

[19] 陈丰．创业培训核心教程．北京：中国劳动社会保障出版社，2006